国家自然科学基金(项目编号：51279183，51079132，50679075)
国家社科基金重大项目(项目编号：12&ZD215)
资助

和谐论

理论·方法·应用

（第二版）

左其亭 著

科学出版社
北京

内 容 简 介

本书是笔者自2005年以来对和谐问题研究的总结，系统介绍笔者首创的以和谐论量化研究为主要特色的和谐论理论方法体系。在2012年出版的《和谐论：理论•方法•应用》一书的基础上，本书增加了相关内容的深入研究成果。全书包括四篇十二章：第一篇为认识篇，是对和谐问题的认识和总结，阐述和谐论的基本概念及相关基础知识；第二篇为理论篇，是对和谐论量化研究的理论总结，提出和谐论五要素、和谐度方程、和谐分析数学方法、和谐平衡理论，构建了和谐论理论方法体系及应用框架；第三篇为方法篇，探讨和谐辨识、和谐评估、和谐调控三方面的核心技术方法；第四篇为应用篇，介绍和谐论的几个应用领域，包括社会科学、跨界河流分水、人水关系研究。本书构建的和谐论，是从定量分析的角度对自然界和人类社会中广泛存在的和谐问题进行研究，为认识和谐问题、寻找和谐途径、制定和谐策略提供了定量化方法，可以广泛应用于社会、经济、资源、环境等领域，具有重要的理论意义和应用价值。

本书可供社会学、经济学、资源学、环境学及系统科学等领域的不同专业科研工作者、管理者、在校研究生，以及企事业单位工作人员参考。

图书在版编目（CIP）数据

和谐论：理论・方法・应用 / 左其亭著. —2 版. —北京：科学出版社，2016.4

ISBN 978-7-03-047459-9

Ⅰ.①和… Ⅱ.①左… Ⅲ.①社会学—研究 Ⅳ.①C91

中国版本图书馆 CIP 数据核字（2016）第 044013 号

责任编辑：石 卉 程 凤 / 责任校对：邹慧卿

责任印制：赵 博 / 封面设计：无极书装

联系电话：010-64035853

电子邮箱：houjunlin@mail.sciencep.com

科学出版社出版

北京东黄城根北街 16 号

邮政编码：100717

http://www.sciencep.com

北京天宇星印刷厂印刷

科学出版社发行 各地新华书店经销

*

2012年1月第 一 版 开本：720×1000 1/16

2016年4月第 二 版 印张：15

2025年4月第三次印刷 字数：289 000

定价：118.00 元

（如有印装质量问题，我社负责调换）

前言

从人与人的关系来看，除了“善意的竞争”之外，还应该和谐相处。比如，人们常说的“和谐社会”“和谐城市”“和谐社区”“和谐家园”“和谐团队”等。从人与自然的关系来看，人类主宰自然是不可能的，而被迫与自然和谐相处，则正是自然界伟大力量反扑的结果。正如恩格斯所说，“我们不要过分陶醉于我们对自然界的胜利。对于每一次这样的胜利，自然界都对我们进行了报复”。“构建社会主义和谐社会”是我国于 2005 年提出的一项重大任务，体现了广大人民群众的根本利益和共同愿望。“人水和谐”是我国水利部门于 2001 年提出并一直贯彻的治水主导思想。从中都可看出，研究和谐问题具有重要的现实意义。

尽管“和谐”一词在很多地方被使用，在一些研究中也被提得很多。但是，在早期，多数研究是定性的分析，或者是从哲学、伦理学等角度进行分析研究，尚未形成完善的理论体系，尤其是缺乏涉及定量化的描述和理论研究方法。针对这些问题，我从 2005 年开始研究，于 2009 年首次提出和谐论的数学描述方法；又经过两年多的研究，继而系统提出了和谐论理论方法体系及应用成果，并于 2012 年 1 月出版了第一部以和谐论量化研究为主要特色的和谐论专著——《和谐论：理论 • 方法 • 应用》(科学出版社)。随后，我在多个研究课题的资助下，又开展了相关问题的深入研究，发表多篇相关学术论文。在总结最近几年研究成果的基础上，撰写了《和谐论：理论 • 方法·应用》第二版。第二版与第一版有比较大的区别，主要表现在三个方面。①增加了几章最新的研究内容，使理论方法体系更加完善：增加了和谐分析数学方法，使和谐论的数学基础更加牢固；增加了和谐平衡理论，是寻找“矛盾”事物的“平衡点”问题的理论基础；增加了和谐辨识方法，是科学分析和谐影响因素的技术方法。②对和谐度方程中 HD（和谐度）的取值范围进行了改动，把原来人为界定的［0，1］取值范围改为实际计算的取值范围［-1，1］，拓展了 HD 的内涵。这是对和谐论量化研究方法的重大改进。③对部分内容的描述更加完善和深入，对一些应用实例进行了补充。

本书包含四篇十二章内容。

第一篇为认识篇，包括第一、第二章，是对和谐问题的认识和总结。第一章和谐论概述，介绍提出和谐论的背景及意义，阐述和谐及和谐论的基本概念，并列举和谐论应用的几个典型例子，总结和谐论的主要论点。第二章和谐问题分析，对和谐问题进行深入分析，分类举例分析和谐问题的现实，阐述和谐的内涵。

第二篇为理论篇，包括第三至第六章，是对和谐论量化研究的理论总结。第三章和谐论五要素及和谐度方程，提出和谐论五要素，是对和谐问题的重要解读；提出和谐度方程，定量刻画和谐思想，为构建和谐论量化研究理论方法体系奠定基础。第四章和谐论的数学基础——和谐分析数学方法，分别介绍和谐论五要素、和谐度方程中参数的数学描述方法及和谐度的四则运算。第五章和谐平衡理论，提出和谐平衡的概念及计算方法，并介绍其应用实例。第六章和谐论理论方法体系及其关键问题，构建和谐论理论方法体系及应用框架，并对和谐论量化研究中的关键问题展开讨论。

第三篇为方法篇，包括第七至第九章，是对和谐论量化研究具体技术方法的总结。第七章和谐辨识，提出和谐辨识的概念及计算方法。第八章和谐评估，提出对和谐水平的两套评估方法，包括和谐度评价方法、多指标综合评价方法。第九章和谐调控，提出最优和谐行为选择的两种途径，包括和谐行为集优选方法、基于和谐度方程的优化模型方法。

第四篇为应用篇，包括第十至第十二章，介绍和谐论的几个应用领域。第十章和谐论在社会科学中的应用，阐述和谐论在社会科学中的应用前景，列举几个定性应用实例和定量应用实例。第十一章跨界河流的和谐论解读和应用，采用和谐论理念，来解读跨界河流分水问题，建立跨界河流分水的和谐论模型，并介绍应用实例。第十二章人水关系的和谐论研究，运用和谐论理论方法，介绍人水和谐评估、基于人水和谐量化的水资源优化配置模型及应用，并简要阐述水资源管理方略。

本书的研究工作得到了国家自然科学基金（编号：51279183，51079132，50679075）、国家社会科学基金重大项目（编号：12&ZD215）的资助，也得到多个应用研究课题的支持，是我所在研究团队的集体成果。特别要感谢多年来我指导的硕士和博士研究生，他们为本书的很多实例研究和相关研究做出了富有成效的工作。在第一版中介绍了参与本工作的研究生，他们分别是张云、丁相毅、贾洪涛、王丽、马兴华、沈强、林平、翟家齐、胡瑞、赵春霞、高洋洋、涂莹、庞莹莹、关锋、郭丽君、梁静静、陈耀斌、刘子辉、李冬锋、陶洁、李来山、张修宇、毛翠翠、崔国韬和许云锋。在第一版出版（2012 年）之后，又有一批新的研究生参与后续工作，他们分别是梁士奎、赵衡、陈豪、魏钰洁、刘军辉、李可任、王园欣、杨树红、张志强、杨会明、臧超、靳润芳、刘静、罗增良、郭唯、宋梦林、刘欢、韩春辉、石永强、史树洁、王亚迪、纪璎芯、王妍、韩春华，以及博士后甘容。其中，第五章第三节部分引用了博士研究生赵衡的毕业论文内容，第七章部分引用了硕士研究生刘欢的毕业论文内容，第八章第三节的第四部分（四、应用举例）和第十二章部分引用了硕士研究生张云的毕业论文内容，第九章第三节的第二部分（二、应用举例）部分引用了硕士研究生庞莹莹的毕业论文内容，第十二章第三节部分引用了硕士研究生郭丽君的毕业论文内容。

感谢科学出版社的工作人员为本书出版付出的辛勤劳动！感谢陶洁博士对全书进行审阅和文字修改！感谢国家自然科学基金、国家社会科学基金的组织单位及相关横向课题的合作单位的大力支持和帮助！感谢参加我的相关内容学术报告讨论的专家学者和研究生提出的宝贵意见！因无法一一列出姓名，在此一并致谢。

此外，我要特别感谢我的爱人马军霞女士，她既是我生活伴侣，又是我工作伙伴，不仅对我的生活给予无微不至的关怀，也参与了与本书内容相关的多个课题的研究工作，特别是对本书做了大量的修改工作。我的女儿左伟灿刻苦努力，勤奋好学，在编写第一版的内容时，她在西安交通大学读本科，参与撰写了“和谐建筑的理念”一节；现在她以优异成绩被美国明尼苏达大学录取，攻读硕士研究生。在第一版中，她从一个初学者的角度帮助修改了第一篇内容，提出了很好的修改建议，并帮助撰写第一章第四节的第五部分内容，受本书的启发提出了新的和谐建筑理念（她学的是建筑学专业），从某种意义上来说，拓宽了和谐论的应用领域。所有这些都是我安心工作的重要基础，谨以此书献给我的爱人和女儿。

由于本书涉及的问题十分复杂，需考虑因素和定性分析较多，理论性强，有些观点或说法还值得进一步商榷；虽然是再次系统总结和谐论理论方法体系，可能还会存在一些问题；虽几经改稿，但不足之处在所难免，恳请广大读者不吝赐教。

左其亭

2015年12月16日

目 录

第一篇 认识篇

第二篇 理论篇

第三篇 方法篇

第四篇 应用篇

第一篇

认识篇

Harmony Theory:

Theory

Method

Application

第一章　和谐论概述

本章在分析总结大量文献资料的基础上，介绍和谐论提出的背景及意义，阐述和谐的概念及和谐观；分析和谐论的基本概念，阐述和谐论蕴含的辩证唯物主义哲学思想。和谐论是辩证唯物主义哲学思想关于“人与自然协调发展”论断的具体体现，蕴含重要的辩证唯物主义哲学思想。为了进一步说明和谐论的概念及思想，本章列举几个简单的例子，最后介绍和谐论的主要论点，并与博弈论进行简单对比。

第一节　提出和谐论的背景及意义

一、人们经常提到“和谐”一词，急需形成一套有指导意义的理论体系

当今社会，“和谐”（harmony）一词出现频率很高，特别是现阶段常常谈论“和谐社会”“和谐团队”“人水和谐”等。2010 年 11 月 20 日，笔者在互联网上以“和谐”为搜索词，用 Google 进行搜索，共搜索到大约 6690 万条结果，涉及和谐社会、和谐校园、和谐城市、和谐家庭、和谐世界、和谐课堂、和谐企业、和谐管理、和谐法制、和谐文化、和谐权、和谐理念、

生活和谐、家庭和谐等[1, 2]。可见，“和谐”是人类社会在处理人与人关系、集体与集体关系、个人与集体关系的过程中追求的目标和频繁使用的一个词。

“和谐论”一词也有很多种用法。2010 年 11 月 20 日，笔者在互联网上以“和谐论”为搜索词，用 Google 进行搜索，共搜索到大约 205 万条结果，有的是从哲学、政治学、社会学、经济学、美学、佛学等角度讨论“和谐”问题，有的是从应用的角度与“和谐”一词联系起来。然而，多数只是搬用“和谐论”一词，并没有什么真正的理论意义，也缺乏具体的概念、内涵和定量化的理论方法及应用实例。因此，如何采用定量化的理论方法来研究和谐问题，应该是人们进一步探讨和谐问题的核心。

针对当时的状况，笔者于 2009 年在《和谐论的数学描述方法及应用》中第一次阐述和谐、和谐论的概念及其定量化问题[1]，随后在多篇文章中介绍和谐论量化研究方法及应用成果，于 2012 年 1 月出版第一本以和谐论量化研究为主要特色的专著——《和谐论：理论·方法·应用》（科学出版社）[3]。随后在多个研究课题的资助下，笔者又开展了相关问题的深入研究，发表多篇相关学术论文。在总结最近几年研究成果基础上，撰写了《和谐论：理论·方法·应用（第二版）》。

二、从研究博弈论想到“和谐论”

提及“和谐”，人们一般就会联想到“博弈”。博弈是指具有理性的个人或群体的行为发生直接相互斗争或竞争作用。博弈论又称为对策论（games theory），是研究具有斗争或竞争性质现象的理论和方法，已被广泛应用于经济学、军事、谈判、各种比赛等，在水资源研究中已被广泛用于水资源优化配置、水权分配、水市场及水资源管理等方面[4-6]。“博弈”主要针对“斗争或竞争”情形，在实践中经常碰到，如讨价还价、战役攻防、赛马比赛、拍卖等。仅考虑博弈是不够的，一方面，博弈仅仅针对具有斗争或竞争性质的现象，而自然界在很多情况下需要构建一个“和谐”的平衡，广泛存在的“和谐”问题不能用博弈论来解决；另一方面，在博弈论中出现了一些很难解决的问题，如“公共地的悲剧”问题，就是只考虑博弈而没有考虑和谐的结果。

在博弈论中，很多文献提到“公共地的悲剧”的例子。尽管各自的表述不一样，但实质基本相同。大致意思是，假如有一片草地由两户人家共用，用于放羊。当然，这片草地可供放养的羊的总数是有上限的。如果从个人的利益角度来分析，每户养的羊数越多对自己越有利。因此，从博弈的角度，个人为了追求利润最大化，就会片面地发展羊的数量。这就导致羊数太多，草地被过度使用从而退化并最终被破坏，导致悲剧性结果。这就是“公共地的悲剧”。

再比如，多个地区共用一条河流的水（称为“跨界河流的分水问题”，本书将在第十一章专门介绍），而河流的可利用水量是有限的，人类引用水量不能超过其合理的限度。因此，人们引用的水量不能无限制地增加，必须通过协商来合理分配水资源。

因此，在有些情况下只考虑博弈是不够的，还需要考虑和谐问题[1,2]。也就是说，除博弈论外，还应对应建立“和谐论”。

三、“和谐”是普遍存在的现象，和谐思想早已有之

在我国，提倡人与人和谐、人与自然和谐相处的观点由来已久。我国古代就有“天人合一”的哲学思想。老子提出“万物负阴而抱阳，冲气以为和”。孔子倡导“礼之用，和为贵”。春秋战国时期，诸子百家强调人与自然“天人调谐”、人与人“和睦相处”、人与社会“合群济众，善解能容”。大禹治水、都江堰的建设都崇尚“人与水和谐”，使人对水能够趋利避害。西汉贾让提出著名的治河三策，其上策便是人与水和谐，指出在抵御洪水的同时，要给洪水以出路[7]。

在西方，和谐思想也普遍存在。毕达哥拉斯提出“整个天就是一个和谐”，赫拉克利特提出“和谐产生于对立的东西”。马克思主义唯物辩证法的根本思想倡导的“对立与统一的辩证关系”，实际上也属于和谐思想。恩格斯提出，“我们不要过分陶醉于我们对自然界的胜利，对于每一次这样的胜

利，自然界都对我们进行了报复”[8]，倡导人与自然应和谐相处。

可见，和谐现象普遍存在，和谐思想古今中外都有很多论述，却缺乏可用于指导社会实践的定量化理论方法体系。

第二节　和谐的概念与和谐观

尽管“和谐”一词在很多地方被使用，但没有形成统一的概念。“百度百科”对和谐这样描述：“和谐是对立事物之间在一定的条件下，具体、动态、相对、辩证的统一，是不同事物之间相同相成、相辅相成、相反相成、互助合作、互利互惠、互促互补、共同发展的关系。这是辩证唯物主义和谐观的基本观点。”[9]

笔者于 2009 年在《和谐论的数学描述方法与应用》中提出如下定义：“和谐”（harmony）是为了达到“协调、一致、平衡、完整、适应”关系而采取的行动[1]。特别需要说明的是，定义中所说的“一致”，并不是指思想观点、宗教信仰、专业发展、技术水平等具体行为必须一致，而是指和谐目标一致。比如，宗教信仰可以自由，只要是为了“促进社会和谐，人类健康发展”，都应该认为是“一致”的、被允许的，也就是和谐的。

自然界中“对立与统一的辩证关系”是普遍存在的。其中，“和谐”的观点是马克思辩证唯物主义重要哲学思想的具体体现。辩证唯物主义和谐观提倡人与自然和谐相处，倡导事物之间相互协调、相互适应，保持一致、平衡、完整的和谐关系。

和谐关系并不是要求完全一致，有时也存在对立关系。自然界中“竞争”也是普遍存在的，和谐观也承认“竞争”的存在，“竞争”与“和谐”是对立与统一的辩证关系。如果通过竞争，形成新的平衡关系，也是朝着和谐方向发展。此外，和谐的关系也常常蕴藏着竞争的作用。比如，和谐团队，除了要求团队成员之间相互配合、相互支持，形成团结一致的和谐关系外，可能还会引进一定的竞争机制，促进团队和谐发展。

第三节 和谐论的基本概念及其蕴含的辩证唯物主义哲学思想

笔者于 2009 年在《和谐论的数学描述方法与应用》中把研究“和谐”行为的理论和方法体系称为和谐论（harmony theory），并进一步定义“和谐论是研究多方参与者共同实现和谐行为的理论和方法”[1]。和谐论具有广泛的应用前景，是揭示自然界和谐关系的重要理论，蕴含着辩证唯物主义哲学思想[10]。

辩证唯物主义是马克思主义的一种哲学理论，是把唯物主义和辩证法有机地统一起来的科学世界观。以马克思主义哲学的观点，从人和自然界的关系出发，来考察作为这一关系的客体的自然界、作为这一关系中的主体的人的认识和实践活动，以及作为这一关系的中介的科学与技术，这便构成了自然辩证法的三类研究对象[11]。辩证唯物主义自然观是马克思主义关于自然界的本质及其发展规律的根本观点，它旨在对自然界的存在方式、演化发展，以及人和自然界的关系，做出唯物的、辩证的说明[11]。辩证唯物主义科学技术方法论是人们对自己从事科学技术研究所运用的认识和实践方法的哲学概括，是马克思主义关于人类认识自然和改造自然的一般方法的理论，它旨在揭示科学技术研究是如何按照自然界和人类认识的客观规律辩证地进行的[11]。辩证唯物主义的科学技术观是人们对科学技术的总体看法，是马克思主义关于科学技术的本质及其发展规律的根本观点，它旨在从人和自然界的关系角度来研究人对科学技术的认识和实践活动。

（1）辩证唯物主义哲学思想特别关注人和自然界的唯物辩证关系，认为人和自然协调发展是必要的、可能的。马克思早就指出：“人靠自然界生活。这就是说，自然界是人为了不致死亡而必须与之不断交往的、人的身体。所谓人的肉体生活和精神生活与自然界相联系，也就等于说自然界同自身相联系，因为人是自然界的一部分。”[12]这段话非常明确地指出了人与自然的整体性乃是人类存在的基本因素[13]。因此，我们对自然规律的任何蔑视或忽略，对人和自然协调的任何一种破坏，其结果都不可避免地要祸及自身[11]。

（2）要树立人与自然和谐相处的观念。人与自然之间的物质、能量和信息交换，应该由人来调节。因为，在人和自然的对象性关系中，人是主体；在人和自然构成的调控系统中，人是控制者[11]。人和自然关系之间的一系列问题，常常就是由人这个调控者在观念上的错误导致的。比如，人类为了自身存在和发展的需要，盲目地、无节制地向自然界索取；片面地发展社会生产力而忽视自然生产力；单纯追求短期行为的效果而不顾及可能造成的长远影响，等等[11]。因此，必须要树立人与自然和谐相处的观念。如果没有这种观念上的进步，即使人类在实践上继续拥有先进的科学技术，也不会使其朝着协调人和自然的目标去努力，相反地还会加剧环境恶化[11]。

（3）调整好社会关系，建立合理的社会制度，是人与自然和谐的基础。人的社会关系不协调，必然会阻碍人与自然的协调发展。虽然我们强调人和自然的矛盾是由作为主体的人的活动引起的，但是人并非是单个的自然的人，而是结成一定社会关系的人，人的一切需求也都是社会的需求。只有在使社会不断进步的道路上前进，才能真正找到解决人和自然协调发展问题的方法[11]。如何创造和谐自然？答案是：①人类应当正确看待人对自然的依存关系；②人类应科学地把握人对自然的改造能力；③人类应与自然和谐相处。

和谐论是辩证唯物主义哲学思想关于“人与自然协调发展”论断的具体体现，蕴含着重要的辩证唯物主义哲学思想。首先，我们应该认识到“和谐是处理人与人关系、人与自然关系的重要思路，是构建和谐社会、和谐社区、和谐团队、和谐自然的重要保障和具体体现”；其次，要逐步树立和谐的观念，在思想意识形态上坚持和谐的理念；最后，人类应主动协调好人与人的关系，这是协调人与自然关系的基础。

第四节　和谐论的几个典型例子

为了进一步说明和谐论的概念及思想，下面列举几个简单的例子。

一、构建和谐社会问题

和谐论思想在构建和谐社会问题中有直接的表现。和谐论强调人与自然和谐、人与人和谐、人与社会和谐、地区与地区和谐、地区与国家和谐，建立一个充满创造活力的社会，实现利益关系公平的社会，形成和谐相处的人际环境的社会，稳定有序和安定团结的社会。这也是和谐社会的大致雏形和基本特征。

党中央和国务院审时度势，在我国社会主义建设发展的合适时机提出了“构建社会主义和谐社会”的重大战略思想。在 2004 年 9 月中国共产党第十六届四中全会提出的《中共中央关于加强党的执政能力建设的决定》中，首次将“构建社会主义和谐社会”正式列为中国共产党全面提高执政能力的五大能力之一。2006 年 10 月，中国共产党第十六届六中全会全面分析了形势和任务，研究了构建社会主义和谐社会的若干重大问题，通过了《中共中央关于构建社会主义和谐社会若干重大问题的决定》，指出：社会和谐是中国特色社会主义的本质属性，是国家富强、民族振兴、人民幸福的重要保证，社会和谐是中国共产党不懈奋斗的目标。

和谐社会的目标是什么？

在《中共中央关于构建社会主义和谐社会若干重大问题的决定》中指出：“社会主义民主法制更加完善，依法治国基本方略得到全面落实，人民的权益得到切实尊重和保障；城乡、区域发展差距扩大的趋势逐步扭转，合理有序的收入分配格局基本形成，家庭财产普遍增加，人民过上更加富足的生活；社会就业比较充分，覆盖城乡居民的社会保障体系基本建立；基本公共服务体系更加完备，政府管理和服务水平有较大提高；全民族的思想道德素质、科学文化素质和健康素质明显提高，良好道德风尚、和谐人际关系进一步形成；全社会创造活力显著增强，创新型国家基本建成；社会管理体系更加完善，社会秩序良好；资源利用效率显著提高，生态环境明显好转；实现全面建设惠及十几亿人口的更高水平的小康社会的目标，努力形成全体人民各尽其能、各得其所而又和谐相处的局面。”

如何构建一个和谐社会？

《中共中央关于构建社会主义和谐社会若干重大问题的决定》中指出如下几个方向。

（1）坚持协调发展，加强社会事业建设。扎实推进社会主义新农村建设，促进城乡协调发展；落实区域发展总体战略，促进区域协调发展；实施积极的就业政策，发展和谐劳动关系；坚持教育优先发展，促进教育公平；加强医疗卫生服务，提高人民健康水平；加快发展文化事业和文化产业，满足人民群众文化需求；加强环境治理保护，促进人与自然相和谐。

（2）加强制度建设，保障社会公平正义。完善民主权利保障制度，巩固人民当家作主的政治地位；完善法律制度，夯实社会和谐的法治基础；完善司法体制机制，加强社会和谐的司法保障；完善公共财政制度，逐步实现基本公共服务均等化；完善收入分配制度，规范收入分配秩序；完善社会保障制度，保障群众基本生活。

（3）建设和谐文化，巩固社会和谐的思想道德基础。建设社会主义核心价值体系，形成全民族奋发向上的精神力量和团结和睦的精神纽带；树立社会主义荣辱观，培育文明道德风尚；坚持正确导向，营造积极健康的思想舆论氛围；广泛开展和谐创建活动，形成人人促进和谐的局面。

（4）完善社会管理，保持社会安定有序。建设服务型政府，强化社会管理和公共服务职能；推进社区建设，完善基层服务和管理网络；健全社会组织，增强服务社会功能；统筹协调各方面利益关系，妥善处理社会矛盾；完善应急管理体制机制，有效应对各种风险；加强社会治安综合治理，增强人民群众安全感；加强国家安全工作和国防建设，保障国家稳定安全。

（5）激发社会活力，增进社会团结和睦。增强全社会创造活力，形成万众一心共创伟业的生动局面；巩固和壮大最广泛的爱国统一战线，充分调动各方面积极性；加强海内外中华儿女的团结，为实现中华民族的伟大复兴而奋斗；坚持走和平发展道路，营造良好外部环境。

（6）加强党对构建社会主义和谐社会的领导。提高各级领导班子和领导干部领导社会主义和谐社会建设的本领；加强基层基础工作；建设宏大的社会工作人才队伍；深入开展党风廉政建设和反腐败斗争。

如何看待不和谐因素？《中共中央关于构建社会主义和谐社会若干重大

问题的决定》中指出："目前，我国社会总体上是和谐的。但是，也存在不少影响社会和谐的矛盾和问题，主要是：城乡、区域、经济社会发展很不平衡，人口资源环境压力加大；就业、社会保障、收入分配、教育、医疗、住房、安全生产、社会治安等方面关系群众切身利益的问题比较突出；体制机制尚不完善，民主法制还不健全；一些社会成员诚信缺失、道德失范，一些领导干部的素质、能力和作风与新形势新任务的要求还不适应；一些领域的腐败现象仍然比较严重；敌对势力的渗透破坏活动危及国家安全和社会稳定。""任何社会都不可能没有矛盾，人类社会总是在矛盾运动中发展进步的。构建社会主义和谐社会是一个不断化解社会矛盾的持续过程。"

由以上介绍可以得出如下结论。

（1）描述的和谐社会极其复杂，包括多种多样的和谐关系。例如，人与人、人与单位、人与社区、单位与单位、社区与社区、地区与地区等之间的和谐。如何界定和谐社会的参与者范围与和谐关系，也是一个十分复杂的问题。

（2）构建和谐社会的过程极其复杂，包括多种因素。比如，协调发展、法制建设、文化教育、社会安全、团结和睦、队伍建设、社会风尚等。也就是说，和谐社会的影响因素很多，包含的和谐内容也很多，需要构建一个多因素影响的和谐社会。但是，如何建立一套和谐社会评估指标体系来定量描述和调控和谐社会，如何科学合理地评估和谐社会水平，查找和谐影响因素，都是需要解决的现实学术问题。

（3）什么样的社会是和谐社会？建设和谐社会的目标是什么？如何通过采取必要的措施来构建和谐社会？目前还只能从多方面定性描述，缺乏定量化研究方法。

（4）构建和谐社会是人类社会发展的主旋律，是我们人类社会长期为之奋斗的目标。当然，我们必须承认，任何社会发展不可能没有不和谐因素。针对这一问题，我们应该看到和谐社会的主流，当然也不要对不和谐因素视而不见。在实际量化研究时，应定量表达这种关系。

二、和谐家庭问题

家庭是由婚姻、血缘或收养关系所组成的社会组织的基本单位。家庭是组成社会的最基本单元，和谐家庭是构建和谐社会的重要基础。

一般来说，家庭具有以下功能。①情感和陪伴功能。在现代社会，夫妻之间在筑建的家庭中相互关爱，互为伴侣；对于小孩来说，家庭是健康成长、情感陪伴的重要场所；对于老人来说，家庭是传递温暖、获得情感和陪伴的重要依赖。因此，提供情感和陪伴已成为现代家庭的核心功能。②共同承担社会化任务的功能。从很多方面讲，家庭是一个亲密的小群体，易于沟通，易于团结，适合共同承担社会化任务。例如，对子女的教育和抚养，和谐的家庭关系会让子女有感情、有动力，父母双方的教育起到非常重要的作用。③经济合作和共同承担风险的功能。在农村，家庭是一个最基本的生产单位，家庭成员一起劳动，共同完成生产任务。在城市，一家人经常在经济上相互支持。此外，在消费方面，也存在经济合作，比如购买汽车、房屋、电器等，这些是一个家庭的共同财产。在一定程度上，家庭抵挡风险的能力大于一个人抵挡风险的能力。

因为家庭结构不同、组成家庭的人员各异，家庭情况千差万别，也很难用一个标准来衡量和谐家庭。一般来说，婚姻不稳定，家庭不稳定，子女教育不好，无力或不愿意赡养老人，家庭矛盾较多，这样的家庭就不能称为和谐家庭。

一般来说，一个和谐家庭应该具备以下特征：家庭成员之间、家庭与社会之间和谐共处，家庭成员全面发展，民主平等，积极上进，老有所养，少有所学，崇尚健康的道德风尚，节约环保，家庭与自然和谐相处。

建设和谐家庭是一个社会学问题，除了家庭成员之间的和谐关系外，还包括家庭与社会之间、家庭与自然之间的和谐关系，和谐关系也比较复杂。此外，影响家庭和谐的因素也很多，包括发展状况、婚姻状况、家庭稳定、家庭教育、成员关系、道德风尚、男女平等、尊老爱幼、夫妻和睦、勤俭持家、邻里团结、节约环保等。

从学术角度来看，目前还有待研究的问题是：什么样的家庭是和谐家庭？建设和谐家庭的目标是什么？如何通过采取必要的措施来实现家庭和谐？如何建立一套评估指标体系来定量描述和谐家庭？如何科学合理地评估家庭和谐水平，查找和谐影响因素？目前还只能从多方面定性描述，缺乏定量化研究方法。

三、和谐校园建设问题

校园是学生学习知识、健康成长的重要场所。创建和谐的校园是发展教育事业、培养优秀人才、促进经济社会发展的重要基础。

校园范围有大有小，人数有多有少，有高等教育校园也有初等教育校园，因此，很难一一列出各种各样的校园情况。但创建和谐校园是所有校园的共同主题。和谐校园建设主要包括以下几个方面。

（一）学生与学生的和谐关系——“和谐的同学关系”

校园的主体是学生，建立和谐的同学关系是构建和谐校园的重要方面。同学之间应互相帮助、互相关心、相互学习、相互促进。当同学遇到困难时，大家应关心帮助，献出仁爱之心，让他感受到和谐校园的温馨。对待同学，要保持良好的心态，宽容待人，友好相处，打造和谐的同学关系。学生在处理人际关系中也不断得到锻炼，为走向社会、成为对社会有用的人奠定基础。

（二）学生与老师的和谐关系——“和谐的师生关系”

校园的两个重要群体是学生和老师，建立和谐的师生关系是构建和谐校园的另一个重要方面。教师是传道授业解惑的使者，是学生获得知识、从无知到有知、从幼稚走向成熟的重要领路人。可见，教师在校园文化建设中占有重要地位。俗话说“德高为师，学高为范”，教师本身也要注重自身建设，具备良好的教师职业道德，做到为人师表，做好传授文化知识的使者。学生要尊重教师的劳动。师生互敬互爱，从而营造和谐的师生关系。

（三）教师与教师的和谐关系——“和谐的教师团队”

在校园，教师是教学工作的主导因素，是学生学习、成长的直接领路人。教师队伍建设是非常重要的一个方面。教师首先要有积极上进的敬业精神，蓬勃向上的团队作风，为打造和谐的教师团队打下基础。

（四）建立好的学风、校风、教风——“和谐的校园文化”

在校园，我们应倡导脚踏实地的学习精神，艰苦奋斗的工作作风，积极向上的校园风尚，求真务实的教育氛围，诚实守信、文明严谨、坦诚相待、互相帮助，从而打造和谐的校园文化。

（五）保障校园安全、稳定、祥和——“和谐的校园环境”

除了建立以上和谐关系外，还需要保障校园的安全、稳定、祥和。校园是学生学习、生活的主要场所，是教师教书育人的主要场所。校园安全稳定，才能让学生安心学习，教师安心工作。相反，如果校园中经常出现打架斗殴现象，校园周边治安混乱、人心惶惶，教师不能安心教学，学生不能安心学习，肯定会影响人才培养的效果。

因此，打造和谐的校园需要学生、教师、社会的共同努力，只有在和谐的校园中学生才能愉快地学习，健康地成长。

四、国际关系的和谐问题

国际关系是指人们超越国家界限建立起来的一种特殊社会关系，包括政治、经济、军事、社会等关系。从全球化到领土争端、核危机、种族主义、恐怖主义、人权、经济发展、消除贫困、疾病防治等，都属国际关系范畴。

国际关系十分复杂，每个国家的国情不同，习惯和观念不同，对问题的理解和看法也各异。因此，需要理解各国的不同立场和观点，允许不同国家之间存在差异（即不和谐因素），通过对话处理各种矛盾和冲突，建立一种相互理解、相互信任的和谐国际关系。这是促进全球可持续发展、保障人类社会不断进步的重要国际氛围。

构建和谐国际关系是当今中国外交的重要战略目标，受到了国际社会的广泛关注。2005 年 9 月 15 日，时任国家主席胡锦涛在联合国成立 60 周年首脑会议上发表了题为“努力建设持久和平、共同繁荣的和谐世界”的讲话，主张世界各国应“坚持多边主义，实现共同安全；坚持互利合作，实现共同繁荣；坚持包容精神，共建和谐世界”。中国在对外国际关系中，始终坚持“和平共处五项原则”，即“互相尊重主权和领土完整，互不侵犯，互不干涉内政，平等互利，和平共处”。中国奉行独立自主的和平外交政策，在和平共处五项原则的基础上同世界各国发展友好合作关系。“和平共处”思想就是“和谐国际关系”理念的重要体现。

建立和谐的国际关系，需要坚持：①允许各国存在差异，理解不同国家有不同的立场和观点，对国际上存在的矛盾和冲突不要“大惊小怪”；②对待国际矛盾和冲突要通过对话解决，坚持包容精神，求同存异，和平共处。

五、和谐建筑的理念[①]

建筑是人们用土、石、砖、瓦、木、钢、玻璃、塑料、植物杆和叶等一切可以利用的材料构筑的建筑物，也就是利用各种材料构成的一种供人居住和使用的空间，如住宅、体育馆、车站、机场、桥梁、窑洞、水塔、寺庙等。构筑建筑物，是一个从无到有的过程，只有形成了空间，才能供人们使用。在建造过程中，我们不仅要关注建筑物本身的造型、色彩，也要关注其创造出的空间。因此，人们构筑的建筑物并不是孤零零的，而是需要与周边建筑、当地文化、人的心理感受、宗教信仰、经济和政治协调起来，这样才能建造出完美的建筑，这就是和谐建筑的理念。

首先，在外部造型满足视觉美观的要求和形成的空间功能要求之间，要进行协调。其次，为了形成这个空间，就要动用许多物质因素，比如砖、瓦、钢筋、水泥等，需要各种建筑材料的相互配合。最后，建筑要充分考虑

① 本部分由左伟灿于 2011 年在本书第一版中撰写。在此内容的基础上，左伟灿撰写《从国外的有机建筑和适应性住宅谈中国建筑》一文，发表在《山西建筑》2012 年第 17 期

自然因素，如地理位置、光、声、温度、湿度等，要与自然和谐起来，以满足人的要求。此外，建筑还会体现各种人文因素，如宗教、价值观、风俗、学术思想、科学技术，甚至是阶级社会形态等。所以，和谐建筑不仅体现在物质、自然、人文等各方面之间的和谐上，还体现在每个方面中各个因素之间的和谐上，更是艺术与功能之间的和谐。可见，和谐建筑将各种因素综合在建筑中，使建筑趋于完美。

（一）建筑与周边建筑

建筑与周边建筑的协调，往大了说，就是城市规划，按照整合原则、美学原则、经济原则协调各方面在发展中的关系，统筹安排各项建设，为人们的居住、劳动、学习、交通、休息及各种社会活动创造良好条件。往小了说，就是楼与楼之间的关系，包括楼与楼之间的距离、不同类型建筑的相邻关系、美学一致协调关系等。

（二）建筑与文化

建筑形成一种文化，同时文化又催生各种建筑，因此建筑和文化是相辅相成的。建筑是凝固的音乐，而建筑的灵魂则在于文化。建造和谐建筑，前提就是建筑与自身灵魂的和谐，与当今先进文化发展的方向一致。

如果将古希腊的帕提农神庙建到现代社会，会有什么结果呢？当今的建筑讲求便捷、实用，如此笨重、耗用大量石材的神庙若建立在马路旁，可能不会有人欣赏它。但是，将帕提农神庙放在古希腊这个大的历史文化背景下，则堪称建筑史上不可逾越的高峰，精品中的精品，即使被毁坏，也仍然为后人所称道。这不仅是因为它是在科技不发达的情况下，完全依靠人力创造出的奇迹，更是因为建筑师伊克蒂诺将古希腊文明融入神庙的每个细节中。

上海世界博览会的中国馆备受世人瞩目。其最重要的一点就是设计师紧紧围绕中国文化，设计出了只可能属于中国的建筑。中国馆居中升起，采用极富中国建筑文化意韵的“斗冠”造型，外墙表面覆以“叠篆文字”，呈水平展开之势[14]。另外，红色也是中华民族最为喜爱的颜色。

（三）建筑与心理感受

建筑学中，有一门相当重要的课程就是环境心理学。建筑创造不同的环境带给人们不同的心理感受。一个建筑设计是否成功，最重要的有两点：一是是否符合实际需要；二是是否符合人们的心理需要。所以和谐建筑就应在特定的环境中带给人们合适的心理感受。

北京的故宫，大尺度的房屋、广场、城墙，金碧辉煌，给人以威严、庄重、神圣不可冒犯的心理感受。苏州园林，在袖珍的山水环绕下，精巧的房屋、走廊、扇形门，满目的青翠，则给人以亲切宜人、放松舒畅的心理感受。

（四）建筑与自然

建筑改变着自然，自然也影响着建筑。古人就地取材，建造遮风避雨的场所。直至今日仍有不少传统民居是沿用传统方法建造的，如傣族的竹楼、藏族的碉楼等。虽然当今随着科技的进步，绝大多数建筑所用的建筑材料受自然的影响越来越小，但自然对建筑的影响还是不可忽视的。此外，建筑设计应与自然环境相协调，就像这座房屋本来就应合理地存在于这个自然环境中一样。同时，建筑应以不破坏自然环境为前提，科学掌握改造自然的程度。

我国自古就有“风水”之说，一部分确实是迷信，另一部分却极有道理，但当时古人并没有做出科学的解释，只是将经验流传给后人。例如，坐北朝南原则，有利于建筑物的采光和避风；顺乘生气原则，有利于建筑物空气流通和人的身体健康。因此，“风水”中科学的那部分建筑原则符合和谐建筑中与自然和谐的观点。

（五）建筑与宗教信仰

在建筑历史中，神庙、教堂、寺庙都有举足轻重的地位，因为它们的建造大都得到统治者的支持，所以它们能够代表当时最高的建筑水平。世界上三大宗教——佛教、伊斯兰教、基督教，每个教派都有不同风格的建筑。在我国流传最久远的佛教，早期以塔为主，后来随着佛殿的兴建，逐渐以寺庙为主；伊斯兰教建筑则以清真寺为主；基督教建筑则以教堂为主，教堂的建筑风格主要有哥特式、拜占庭式、罗马式，都是在不同的历史条件下，结合不同国度的文化形成的。此外，在建筑设计中要考虑当地或建筑物周边地区的宗教信仰，比如在佛教圣地，要充分考虑佛教的习惯。由此可见，在建筑设计中，要考虑人们的宗教信仰，将宗教文化融入建筑设计中，实现建筑与宗教信仰的和谐。

（六）建筑与经济

建筑是建立在一定的经济基础之上的。建筑造价估算，是建筑建造过程中非常重要的一个步骤。只有做出正确的预算，并与实际经济承受能力相符合，才算是真正符合实际需要的建筑，而不是没有建完就资金不足的“乌托邦”。此外，建筑完工后，要充分实现其经济价值也是重点之一。所以，建筑与经济之间也有着非常紧密的联系。建筑只有符合经济承受能力，而且建后能实现其应有的经济价值，才能称为和谐建筑。

（七）建筑与政治

人们在谈及建筑与政治的关系时，经常会说：“建筑是权利和财富的纪念碑，它要在水泥、钢铁和玻璃的组合中，炫示高贵的身份。”自古就有“以建筑之名，膜拜权利”这一说法。例如，希特勒主持设计的新柏林宫，即希特勒的新总理府，给外国来访者较强的心理震撼，让人陷入对权利的敬畏之中。当然，这也与建筑的尺度对人们心理的影响有关。但建造新的总理府的目的不仅仅是用来威慑小国元首，它的大尺度和背后的故事也是使德国普通民众受到感染的重要因素[15]。

第五节　和谐论主要论点

综观以上和谐论的概念及举例分析，可以总结出以下主要论点。

（1）和谐论提倡用“以和为贵”的理念来处理各种关系。和谐的思想是和谐论的基石。比如，对待家庭关系，主张建立和谐家庭；对待国际关系，主张建立和谐世界；对待人与人之间的关系，主张和谐相处；对待人与自然关系，主张人与自然和谐。

（2）和谐论提倡理性地认识各种关系中存在的矛盾和冲突，允许存在“差异”，提倡以和谐的态度来处理各种不和谐的因素和问题，当然也不是对不和谐因素视而不见。既要看到和谐的主流，又要看到不和谐的存在。例如，在处理国际关系时，允许各国和地区存在不同立场和观点，像中国对香港地区和澳门地区实行“一国两制”。

（3）和谐论坚持以人为本、全面、协调、可持续的科学发展观，解决自然界和人类社会面临的各种问题。比如，解决因人口增加和经济社会高速发展而出现的洪涝灾害、干旱缺水、水环境污染等水问题，使人和水的关系达到一种协调的状态，使宝贵有限的水资源为经济社会可持续发展提供久远的支撑，从而实现人水和谐[10]。

（4）和谐论坚持辩证唯物主义哲学思想，关注人与自然界的辩证唯物关系，提倡人与自然和谐相处的观念，认为人与自然协调发展是必要的、可能的；主张人类应主动协调好人与人的关系，这是协调人与自然关系的基础。例如，人水关系的调整特别是人水矛盾的解决主要是通过调整人类的行为来实现的，需要调整好社会关系，合理分配不同地区、不同部门、不同用户的用水量和排污量，既共享水资源又共同承担保护水资源的责任[10]。

（5）和谐论坚持系统的观点，提倡采用系统论的理论方法来研究和谐问题。因为和谐关系一般比较复杂，至少涉及两个以上的参与者，实现和谐目标本身就是一个系统科学问题。例如，研究人水关系，必须将人和水纳入各自的系统（人文系统与水系统）或人水大系统中进行研究，对人与水关系的研究不能就水论水、就人论人，要系统研究[10]。

（6）和谐论是研究多种多样关系的重要理论方法。自然界和人类社会包括各种各样的关系，如人与人、人与单位、人与社区、单位与单位、社区与社区、地区与地区、人与自然、各种事物之间、生物与生物等。如何处理这些关系以达到“和谐共处”，具有重要的现实意义。和谐论为揭示自然界和人类社会的和谐关系奠定了理论基础，具有广阔的应用前景。

第六节 和谐论与博弈论对比

一、博弈论简介

博弈论又称为对策论（game theory），是研究竞争环境下的多人决策理论，它既是现代数学的一个分支，也是运筹学的一个重要分支。博弈论产生于 20 世纪初，是研究具有斗争或竞争性质现象的理论和方法。其产生之初主要用于经济学研究领域，之后又扩展到了政治、军事、文化、法律和自然科学等领域[5]。

博弈论思想自古有之，如象棋、桥牌、赛马、赌博中的胜负等问题都用到博弈论思想。最初，人们对博弈的认识和结果把握只停留在经验上，没有向理论化发展，正式发展成一门学科则是在 20 世纪初。1944 年，John Von Neumann 和 Oskar Morgenstern 合著的《博弈论与经济行为》（*Game Theory and Economic Behaviors*）一书出版，标志着博弈论的正式诞生。该书主要研究双人零和博弈。1950 年，纳什（John Nash）发表了《*n* 人博弈中的均衡点》一文，在博弈论中具有奠基性意义，提出了博弈论中最重要的解的概念——纳什均衡。在博弈论中，均衡指的是所有参与者的最优战略的组合，是博弈论最重要、最基础的一个概念，对于不同类型、不同条件的博弈问题又形成各种各样特定的均衡概念，它们构成了博弈论五彩缤纷的预测结果[16]。

在博弈论发展的过程中，根据实际研究的需要，出现了静态博弈和动态博弈、完全信息博弈和不完全信息博弈、合作博弈和非合作博弈等类型和理论。博弈论的应用也扩展到了经济、政治、文化、法律，以及生物学、计算机、水资源等诸多自然科学的研究当中。

二、和谐论与博弈论对比

提及“和谐”，就会联想到“博弈”。和谐论和博弈论有什么样的关系呢？这里对比分析如下。

（1）和谐论和博弈论都是处理各种关系的理论，但它们的研究对象有所不同。博弈论的研究对象是具有理性的个人或群体，即人类社会，不包括人类社会以外的对象；和谐论的研究对象不仅包括具有理性的个人或群体，还包括个人或群体之外的其他各种关系，如人与自然的和谐关系、生物群落与生物群落的依存和谐关系。博弈论所考虑的博弈决策者为具有完全理性的个人或群体，这一前提要求就影响到了博弈论在自然科学领域中的某些应用。和谐论的应用则更加广泛。

（2）两者的出发点不同。博弈论的出发点是“博弈”，是针对“斗争或竞争”情形，通过“博弈”达到一个均衡结果。和谐论的出发点是“和谐”，是针对各种可能关系，通过“协调、一致、平衡、完整、适应”而达到一种和谐状态。

（3）两者的目标不同。博弈论的目标是找到对自己最有利的战略（最优战略），从而达到所有参与者的一种均衡（均衡是指所有参与者的最优战略的组合）。和谐论的目标是达到总体最有利的和谐状态，通过参与者的共同努力实现总体和谐的目标。博弈论的目标对单个参与者是最有利的，但对全体不一定是最有利的，所以导致像“公共地的悲剧”这样的结果。和谐论的目标是达到总体的和谐状态，可能会影响或限制某些参与者的利益。

（4）两者的实现途径不同。博弈论是通过“博弈”，也就是“斗争或竞争”实现最后的结果。和谐论是通过“协调、协商”，限制或约束某些行为，来实现最后和谐状态的结果。所以，两者从“出发点”到“目标”的实现途径有所不同。

第二章　和谐问题分析

本章按照和谐参与对象的情况，对和谐进行分类，并对每类和谐问题举例分析，在分析的基础上，阐述和谐的内涵。

第一节　和 谐 分 类

和谐参与对象可以分成两大类，即“人类”和“自然界”。两者的不同排列组合，构成了 3 类和谐问题，分别是人与人和谐、人与自然和谐、自然界和谐，如图 2.1 所示。和谐社会、和谐校园、和谐城市、和谐家庭、和谐课堂、和谐企业等，都是人与人和谐。人水和谐、资源开发利用和谐、人与生态环境和谐等，都是人与自然和谐。此外，自然界中和谐问题也普遍存在，如生物群落间和谐，自然界生物链也是一个生物和谐共处的例子。

参与对象	人类	自然界
人类	人与人和谐	人与自然和谐
自然界		自然界和谐

图 2.1　和谐分类大类示意图

各大类可以进一步细分，如图 2.2 所示。“人类”进一步分为单个人、单位（或集体、企业）、地区（或城市）、民族、国家等。“自然界”也可以进一步细划，如水系统、生态环境、资源（土地资源、矿产资源等）。如图 2.2 所示，各类和谐包括：①人与人和谐，主要针对人与人之间的关系，是和谐关系中最广泛的一种，目前所探讨的很多和谐关系都涉及人与人的关系，如和谐家庭、和谐社区、和谐团队、和谐人际关系；②单位与单位和谐，主要针对单位（或集体、企业）之间的关系，如单位间和谐用水关系、单位间和谐相邻关系；③地区与地区和谐，主要针对地区（或城市）之间的关系，如地区间和谐、地区间和谐用水关系、和谐城市、和谐省；④民族间和谐，主要针对不同民族之间的关系，如和谐民族、和谐民族文化；⑤国家与国家和谐，主要针对国家之间的关系，如和谐世界、和谐国家关系；⑥人与自然和谐，主要指人类社会与自然界之间的和谐关系；⑦自然界和谐，主要指自然界本身内部的和谐，如生物群落间和谐、水量与水质和谐、山水植被和谐；⑧人水和谐，是指人文系统与水系统之间的和谐；⑨人与生态环境和谐，是指人类与生存环境之间的和谐关系；⑩人与资源和谐，主要指人类开发、保护自然界资源的关系，如资源开发与保护和谐（包括土地资源、矿产资源等）；⑪不同水系统间和谐，是指不同流域（或区域）或不同类型（如地表水、地下水）水系统之间的相互联系、相互影响关系；⑫水系统与生态环境和谐，是指水系统与生态环境之间的关系；⑬水系统与其他资源和谐，是指水系统与水资源以外的其他资源（在开发、利用、保护等方面）之间的关系；⑭不同生态环境间和谐，是指不同区域（或类型）生态环境系统之间相互联系、相互作用、相互影响的关系；⑮生态环境与资源和谐，是指生态环境系统与不同资源开发利用之间的关系；⑯不同资源间和谐，是指不同类型（或区域）资源（在开发、利用、保护等方面）间的相互关系。

当然，以上分类仅仅是比较笼统的一般描述性分类，为了便于对和谐问题做进一步分析，实际具体的某一个和谐问题可能属于其中一个分类中的一个具体事例。关于各个分类的举例将在下节介绍。

参与对象	人	单位	地区	民族	国家	自然界	某水系统	某生态环境系统	某种资源
人	人与人和谐					人与自然和谐	人水和谐	人与生态环境和谐	人与资源和谐
单位		单位与单位和谐							
地区			地区与地区和谐						
民族				民族间和谐					
国家					国家与国家和谐				
自然界						自然界和谐			
某水系统							不同水系统间和谐	水系统与生态环境和谐	水系统与其他资源和谐
某生态环境系统								不同生态环境间和谐	生态环境与资源和谐
某种资源									不同资源间和谐

图 2.2　和谐分类网格图

第二节　分类举例分析

下面进一步对第一节提到的前 10 类和谐逐一举例说明。

一、人与人和谐

人与人结成了一定的社会关系，就组成人类社会，人类社会的主要基础是人与人的关系。人的社会关系不协调，必然会阻碍人与自然和谐。处理好人与人和谐，是构建和谐社会、实现人与自然和谐的重要前提。

人与人和谐的例子非常多，小到两个人、几个人之间的和谐，如和谐夫妻、和谐家庭；再到大一些的人群和谐，如和谐团队、和谐社区。此外，其他类型的和谐中有时也暗含着人与人和谐，如和谐社会，不仅包括人与人和谐，也包括人与自然和谐，如和谐世界，包括国家和谐、地区和谐等，其最根本的还是人与人和谐。

二、单位与单位和谐

机关、团体、法人、企业等非自然人的实体或其下属部门，可以称为一个单位，是工薪阶层上班的地方，是社会活动的重要单元。因此，保障单位与单位和谐，对构建和谐社会具有重要意义。

单位与单位和谐的例子非常多。例如，要处理好相邻单位间的睦邻友好关系（单位间和谐相邻关系）；为了合理利用水资源，通过协商，分配各单位的用水量，建立单位间和谐用水关系；单位之间的经济往来，要有诚信，互惠互利，这是建立和谐经济关系的基础。

三、地区与地区和谐

这里所指的地区有大有小。较小的区域，如某一城区、市区、乡镇、县、省等，也可以表示为较大的区域，如沿海地区、中部地区、西部地区、发达地区等。地区与地区之间的往来非常频繁，如人员往来、经济往来、文化交流。此外，还可能存在其他因素的相互联系。例如，地区间因为河流的连接形成用水之间的联系，大气环流作用形成大气环境（如沙尘暴）之间的联系。这些因素都是地区与地区之间联系的纽带，导致地区间关系呈现复杂性。保持地区与地区和谐是实现地区稳定、保障地区可持续发展的重要基础。

地区与地区和谐的例子比较多，如地区间和谐用水关系、矿产资源利用关系，地区间和谐执法、和谐交通、和谐贸易、和谐人才交流、和谐劳务协作平台。当然，如果地区间不和谐，甚至出现地区间矛盾和冲突，对各地区发展和稳定都没有好处。例如，河流上游地区用水、排污不顾及下游，就会严重影响下游地区的用水和环境；下游地区贫困，可能会导致部分居民移居上游，从而影响上游地区的社会稳定；下游地区环境恶化，也可能会殃及上游地区生存环境，如生物链破坏、大气环流影响等。

四、民族间和谐

民族是由于不同地域的各种族（或部落）在经济生活、语言文字、生活习惯和历史发展上的不同而形成的一个有共同语言、共同地域、共同经济生活及表现于共同文化上的共同心理素质的稳定的共同体。中国是一个多民族国家，有 56 个民族。

民族关系是指民族之间政治、经济、文化等方面相互关系的总和。由于民族间政治、经济、文化、语言文字、风俗习惯、宗教信仰等存在着差异，在民族活动、交往联系中必然会产生民族问题，这是经常遇到的社会问题。民族问题长期存在，但表现形态和内容不尽相同，甚至差异很大。在阶级社会，民族问题主要表现为民族歧视、民族压迫、民族剥削、民族奴役、民族纠纷和民族斗争。当然，在和谐社会也存在许多不和谐因素。例如，经济发展不平衡问题、教育条件差异问题、就业机会不均衡问题等，这些是民族差异带来的现实问题，与阶级社会民族问题截然不同。

民族和谐是中华各民族自古以来共同创造的精神财富，也是多民族国家社会和谐的重要内容。只有消除贫困，缩小民族间经济发展水平的差距，平等、团结和互助，促进民族和谐，才能为构建和谐社会创造条件。

五、国家与国家和谐

国家是国际公认而又有相对明确政治边界的某一国土区域。从外在表现形式上看，国家是一个具有明确边界的区域。从政治意义上看，国家是一种拥有治理一个社会的权力的机构，在一定的领土内拥有主权。从国际关系上看，一个国家具有自己的主权，就自然会为了自己的国家利益，与其他国家发生矛盾和冲突（当然有大有小，大到战争，小到经济摩擦）。因此，妥善处理好国家与国家之间的关系，是建立和谐国际关系、实现和谐世界的重要基础。

国家与国家和谐的例子也比较多，如和谐国际关系、和谐军事关系（战略同盟关系）、和谐外交关系、和谐政治氛围、和谐国际组织（政府国际组织、非政府国际组织）、和谐经济体（跨国公司）。

六、人与自然和谐

自然界是人类生存发展的摇篮，能提供人类生存的必需物质，如供人类呼吸的新鲜空气、饮用水、食物等，没有自然界就不可能有人类的存在，正如马克思所指出的“人靠自然界生活……人是自然界的一部分”[12]。因此，保护好人类赖以生存的自然界，既是保护自然界也是保护人类自己。

人类的生存和发展，一刻也离不开自然界，必然要通过生产劳动同自然界进行物质、能量交换，获得人类所需要的物质。可以说，人类通过劳动改造自然，自然界为人类发展做出不可或缺的贡献。然而，如果人类不克制自己的行为，无节制地去开发自然，改造自然，以满足人类发展不断增加的欲望，可能会在一定程度上实现发展的目标。但是，自然界的承受能力是有限的，可恢复能力也是有限的，当人的行为超过其可接受的限度时，必然会破坏自然界内部的平衡，以至于破坏自然界，从而也就破坏了人类生存的环境，因而受自然界的报复也就在所难免。正如恩格斯所说，“我们不要过分陶醉于我们对自然界的胜利。对于每一次这样的胜利，自然界都对我们进行了报复”[8]。因此，人与自然必须和谐相处。人与自然和谐是处理人与自然界关系的必由之路，共同维系人与自然和谐是支撑可持续发展、构建和谐社会的重要保障和具体体现。

人与自然和谐的直接表现很多，影响因素也非常复杂。例如，对自然界资源的消耗不能超过自然界的承载能力；对自然界的污染不能超过其环境容量；对自然界植被的砍伐不能超过可恢复能力；对自然界的开发和大型工程建设不能超过自然界生态环境可接受的极限。这就要求人类与自然界和谐共处，共生、共赢、共荣，而不是征服、改造、索取。人类必须要克制自己的行为，去爱护自然、保护自然，树立人与自然和谐的理念，利用自然界自身固有的规律，更好地创造人类文明，包括物质文明、精神文明和生态文明。

七、自然界和谐

自然界是地球生态系统（包括无机界和有机界）的总称，包括水、空气、山脉、河流、微生物、植物、动物等，是人类赖以生存的基础。可见，自然界的组成极其复杂，是一个生机勃勃、五彩缤纷的世界。要实现人与自然和谐，首先要使自然界自身一直处于和谐状态。

自然界和谐的例子也比较多。例如，自然界中生物链本身也是一个和谐关系。自然界生物可以分为三大类——植物、动物、微生物。微生物（细菌和真菌）被低等植物或动物吸收，植物摄入某种物质后，制造出或本身就是另一种生物的营养食物而被其食入，再通过植物、动物、捕食与被捕食等的食物营养纽带依次连锁转移，最终被人食入，就形成一条完整的生物链。一个生态系统中常存在着许多条生物链，由这些生物链彼此相互交错联结成的复杂营养关系成为生物链网。一个复杂的生物链网是使生态系统保持稳定的重要条件。一般认为，生物链网越复杂，生态系统抵抗外力干扰的能力就越强，生物链网越简单，生态系统就越容易发生波动和毁灭。生物间这种依存关系实际上也是组成五彩缤纷世界的基础，也是一种和谐共存关系。如果某一个环节遭到破坏，可能会带来生态系统的破坏，造成自然界的不和谐。这样的例子非常多，这里列举草原生态系统的一个例子。在草原上，狼吃田鼠、野兔和黄羊，田鼠、野兔和黄羊又吃草，草又是羊和马的主要饲料，羊和马又是人的主要食物来源。但是，狼吃羊和马，又是牲畜和人的大敌。如果狼少了，田鼠、野兔和黄羊就会大量繁衍，危害草的生长。就这样，组成了一个庞大的草原生物链，它们相互制约、相互依存，共同发展。假如人们看到狼吃羊和马，觉得狼是羊和马的大敌，就采用各种方法消灭狼，以期保护他们的羊和马。可是，由于狼少了，大量田鼠、野兔和黄羊繁殖生长，用草量大增，经常将草连根拔起，给草原带来破坏，不仅影响羊和马的生长质量，也危及人类的生存环境。从狼和田鼠、野兔、黄羊、草的关系来看，狼对于草原是有利的，因此保持一个和谐的草原生态系统是十分必要的，所要做的工作也是十分复杂的。

八、人水和谐

人水关系可以简单地理解为“人文系统”与“水系统”之间的关系。人水关系十分复杂，人类对人水关系的认识也在不断变化。在人类社会发展的不同阶段，人水关系也不相同。在古代，由于人类生产力水平较低，人类只能顺从自然，多数在河流取用水方便的地区生活，人水关系还算大体和谐，这是一种原始的和谐关系。这个时期，人类对洪水规律并无认识或认识较少，洪水肆虐，人类束手无策，只好避之。到了工业革命以后，人类社会生产力水平迅速提高，人类改造自然的能力不断增强，受“人定胜天”思想观念的影响，人类开始征服自然，以自然的主人自居。为了满足人类对水的需要，人类加大了水资源开发利用的力度。结果虽然人类社会的物质文明达到了前所未有的高度，但由于人类对自然界的肆意污染和破坏，最终也遭到了来自自然的报复，引发各种水问题，人水冲突日益尖锐，影响到了人类的生存和发展。面对这些危机，现代人类社会开始反思自己的发展历程和行为，迫使人类重新看待水资源的价值和内容，重新认识人水关系，强调水资源的可持续利用，强调人水和谐相处[17, 18]。1999 年 11 月 16 日，时任水利部部长汪恕诚在中国水利报社通讯报道工作会议上，谈到人们对水的 9 个方面认识的转变时，第一次提出水利工程建设应坚持人与自然和谐共处的思想。2001 年才将人水和谐思想首次纳入现代水利内涵和体系之中。2004 年我国将“中国水周”活动的宣传主题确定为“人水和谐”。

尽管“人水和谐”概念一提出就得到了大多数人的认可，但是对人水和谐概念的认识和内涵理解尚难以统一，其主要思想、理念和理论体系研究仍有待完善。笔者曾于 2008 年给出“人水和谐”的定义：人水和谐是指“人文系统与水系统相互协调的良性循环状态，即在不断改善水系统自我维持和更新能力的前提下，使水资源能为人类生存和经济社会可持续发展提供久远的支撑和保障”[17, 18]。

“人”和“水”之间的关系不是主宰和被主宰的关系，应该是和谐共处。为了保护人类赖以生存的生命支撑系统，就需要协调好人水关系，走可持续发展道路。

九、人与生态环境和谐

生态环境是指影响人类生存与发展的一切外部条件的总称，包括生物因子（如植物、动物等）和非生物因子（如光、水分、大气、土壤等）。它是人类生存和发展的基础，是自然界的重要组成部分。因此，人与生态环境的关系实际上是人与自然关系的一部分。这里只探讨人与生态环境的关系。

人类的生存和发展离不开生态环境。生态环境中的水资源、土地资源、生物资源及气候资源都是人类所必需的。人类需要从生态环境中摄取食物和各种需要的元素，同时，人类又希望生活在充满生机、环境美好的世界。

人类不合理开发利用资源，会危害生态环境。目前已经出现的生态环境问题有森林破坏、水土流失与荒漠化、土地资源丧失、淡水资源紧缺、水污染、大量生物物种消失、大气质量恶化。

为了保护人类生存的环境，就必须采取积极的保护措施。例如，实施绿色工程，防止土地荒漠化，发展绿色经济，提倡绿色消费；节约物质资源，减少污染物排放和污染环境。这样做，既是保护生态环境，也是保护人类自己。

十、人与资源和谐

自然界中资源是一个国家或地区内拥有的土地资源、矿产资源、水利资源、生物资源、气候资源等各种物质要素的总称。人类生存和发展必然需要从自然界开发利用资源，可见，自然资源是人类生存和发展的基础，是自然界的重要组成部分。因此，人与资源的关系实际上是人与自然关系的一部分。这里只探讨人与资源的关系。

自然界中的资源具有两重性，它既是人类生存和发展的基础，又是环境要素。人类生存和发展离不开资源。当然，人类不合理开发利用资源，也会破坏自然界资源。因此，要协调好资源开发与保护的关系。

第三节 和谐的内涵

上文对和谐的概念论述了很多，基本可以总结出和谐问题的大体轮廓。尽管和谐参与对象不同，具体的事例不一样，但都强调了“和谐”的思想。从和谐的思想来分析，至少具有以下内涵。

一、明确的参与对象

无论是人与人和谐，还是人与自然和谐，都有明确的和谐参与对象。也就是说，谁跟谁和谐都非常明确。例如，和谐家庭就是家庭成员间和谐，单位间和谐就是单位与单位之间的和谐，民族和谐就是民族与民族之间的和谐，国际关系和谐就是国家与国家间关系的和谐，此外还有人与自然和谐、生物群落间和谐、人水和谐等，都有明确的和谐参与对象。

当然，不同和谐问题的和谐参与对象有多有少，有两个或三个参与对象的和谐，也有很多甚至无法用准确数据描述的参与对象的和谐。例如，夫妻和谐就是夫妻两人之间的和谐，参与对象有两个；相邻两个单位之间的和谐、两个国家之间的和谐，参与对象都是两个；如果一个家庭有三名成员，则家庭和谐问题的参与对象就有三个，如果家庭成员是四人，参与对象就有四个；和谐学校、和谐社区、和谐城市、和谐地区、和谐世界，参与对象就更多了。另外，还有对象比较明确但个数不易准确表达或不必要准确表达的和谐问题。例如，生物链的和谐，和谐参与对象就是相关的生物，非常明确，当然由于生物链本身的复杂性，有些生物链还不完全被人们熟知，明确哪些生物参与其中还比较困难，这时的参与对象比较明确但具体参与个数不确切。再如，和谐城市，和谐参与对象是城市中所有的人，其个数是明确的，也能得到，但一般没必要准确表达，只需明确描述就可以了。

另外，不同和谐问题的和谐参与对象有的复杂、有的简单。有些和谐对象非常简单，一看就比较清楚；有些和谐对象比较复杂，很难有明确的界定范围，如上文提及的夫妻和谐、家庭和谐、地区间和谐、国家和谐、民族和谐等，这些和谐对象都比较清楚。而有些就不易界定，例如，在和谐社会，到底“社会”包括哪些范围，比较复杂；在人与自然和谐、人与生态环境和谐中，“自然”“生态环境”难以准确界定，比较复杂。

二、明确的考虑因素

任意一个和谐问题，都会特指或考虑在哪些方面和谐。例如，和谐社区，考虑的因素包括睦邻友好、社会稳定、尊老爱幼、文明礼貌、生活愉快、环境优美等；和谐的国际关系，考虑的因素包括政治关系、军事关系、社会稳定、经济贸易、文化交流等；人水和谐，考虑的因素包括水资源可持续开发、用水安全、水环境、相关地区相关部门的用水协调等。

当然，不同和谐问题的考虑因素有多有少，有单个因素，也有多个因素，甚至有难以统计的很多因素。例如，相邻单位间和谐用水问题、草原上公共地羊马用草问题，这些都是单一因素和谐问题。像和谐社区、和谐国际关系，这些都是多因素和谐问题。

另外，不同和谐问题的考虑因素也有复杂与简单之分，如和谐社会、人与自然和谐、人水和谐等，这些问题的考虑因素较多，且有些情况难以准确地列出全部因素。

三、具有一定的目标要求

在上文介绍的各类和谐问题中，都暗含一定的目标要求。我们一般所讲的和谐问题，至少都以“和谐”为目标，在和谐的概念中也体现出“协调、一致、平衡、完整、适应”的要求。例如，和谐家庭是以家庭和睦为目标，和谐社区是以社区祥和为目标，单位间和谐是以单位间睦邻友好为目标，民族和谐是以民族平等、团结、互助为目标，和谐国际关系是以相互尊重主权和领土完整、互不侵犯、互不干涉内政、平等互利、和平共处为目标，人与自然和谐是以人类对自然界的开发不超过自然界的承受能力为目标，人水和谐是以水资源能为人类生存和经济社会可持续发展提供久远的支撑和保障为目标。

四、层次性

和谐问题的层次性是指，较高层次或较综合和谐包括或暗含较低层次或较单一和谐，甚至有多个层次，如人与自然和谐，包括人与水和谐、人与生态环境和谐、人与资源和谐及人与人和谐等。可以把“人与自然和谐”看成是第一层次，把人与水和谐、人与生态环境和谐、人与资源和谐及人与人和谐看成是第二层次。在人与人和谐中，又包括家庭和谐、团队和谐、企业和谐等，可以将这些更低一级的和谐看成是第三层次。

现实中很多较复杂的和谐问题都有层次性。例如，一个社区由多栋楼组成，一栋楼又由多个家庭组成，那么，和谐社区可以看成是第一层次，多栋楼之间和谐可以看成是第二层次，每栋楼家庭之间和谐可以看成是第三层次，每个家庭和谐可以看成是第四层次。

另外，在考虑因素（或指标）上也具有层次性。例如，人与自然和谐，第一层次考虑指标是社会、经济、资源、环境，第二层次考虑指标更加具体，如人口、国民生产总值、工业用水、农业用水、水质指标等。

五、动态性

和谐状况不是一成不变的，具有动态性。也就是说，随着时间的变化，原来的和谐问题可能发生变化，和谐程度也可能提高或降低。例如，社区和谐问题，如果社区管理体制改善、社区业主都很重视，随着人民生活水平不断提高，社区和谐状况就会不断改善。相反，则有可能不断恶化。因此，在评估和谐程度时，要指明研究时段，并注意不同阶段和谐程度可能发生的变化。

六、空间性

和谐的空间性是针对区域变化而言的，因为不同区域的人口密度、宗教信仰、教育程度、生活习惯、劳动观念、资源条件、生态环境状况等可能不同，同样的和谐问题可能会有不同的结果。例如，同样类型的社区可能和谐程度不一样；同样的水资源条件可能出现人水和谐程度不一样。所以，在研究和谐问题时，要注意研究区域的特性，注意空间上的变化。

第二篇

理论篇

第三章　和谐论五要素及和谐度方程

笔者于 2009 年在《和谐论的数学描述方法及应用》中首次提出和谐论五要素、和谐度方程[1]。本章在此基础上，阐述和谐论五要素，介绍和谐度方程，用以表征和谐程度。随后，全面论述和谐度方程为什么能表征和谐程度，并阐述和谐度与匹配度、协调度的区别与联系，介绍和谐度方程中各参数的确定方法。最后介绍其几个应用举例。

第一节　和谐论五要素

为了科学合理表达和谐问题，定量描述和谐程度，需要搞清楚以下五个要素，简称和谐论五要素（five essential factors of harmony theory）[1]。只要把和谐论五要素描述清楚，该和谐问题的描述基本就清楚了。

（1）和谐参与者（harmony participator），就是参与和谐的各方，一般为双方或多方，称为“和谐方”，其集合表示为 $H=\{H_1，H_2，\cdots，H_n\}$（n 为和谐方个数），又称为“n 方和谐”（n-participator harmony）。某一和谐方表示为 H_k（k=1，2，…，n）。例如，夫妻和谐的参与者就是夫妻双方；家庭和谐的参与者就是家庭的所有成员；人水和谐的参与者就是人文系统与水系统；和谐社区的参与者可以是各栋楼，也可以是社区里所有人。因此，可以根据不同的讨论对象来确定参与者。

（2）和谐目标（harmony objective），是指和谐参与者为了达到和谐状态所必须满足的要求。如果不满足这一要求，整个问题就不可能达到和谐状态。当然，实现这一目标只能说明有可能达到和谐状态。这是从和谐问题的整体出发，要求要达到的状态。例如，有 n 户人家共同拥有一片草地，主要用于放羊，为了避免这片草地被破坏，必须保证放养的总羊数不能超过一定数量（即载畜量），这就是这 n 户人家共用草地的和谐目标。又如，“跨界河流的分水问题”（第十一章第一节将专门论述），要求总引用水量不得超过该河流的某个限值，这就是这几个地区共用一条河流的和谐目标。

（3）和谐规则（harmony regulation），是指和谐参与者为了实现和谐目标所制定的一切规则或约束。为了实现和谐，必然要有一些规则或约束。例如，上文提到的 n 户人家共同拥有一片草地，为了保证公平合理，允许每户人家所养的羊数与其人口数成正比。又如，跨界河流的分水问题，可以协商制定一定的分水比例或分水量来约束用水量。这都是保障和谐的“规则”。也就是在这些和谐规则的条件下再探讨其和谐问题。

（4）和谐因素（harmony factor），是指和谐参与者为了达到总体和谐所需要考虑的因素。其集合表示为 $F=\{F^1, F^2, \cdots, F^m\}$，第 p 个和谐因素表示为 F^p，共 m 个和谐因素。当 $m=1$ 时，称为单因素和谐（single-factor harmony），直接表示为 F。当 $m\geqslant 2$ 时，称为多因素和谐（multiple-factor harmony）。例如，上文提到的 n 户人家共同拥有一片草地的和谐问题，这是单因素和谐。假如 n 户人家的和谐，不仅包括“共同拥有一片草地”这一因素，还有“用水问题”“用电问题”等，就是一个多因素和谐问题。如果仅仅考察某一因素的和谐问题，就转化为单因素和谐问题。

（5）和谐行为（harmony action），是指和谐参与者针对和谐因素所采取的具体行为的总称。例如，n 户人家共同拥有一片草地问题，具体行为是养羊数量；跨界河流的分水问题，具体行为是各区引用水量。n 方和谐 m 个和谐因素所采取的和谐行为集合可表示为一个矩阵，如下：

$$A=\begin{Bmatrix} A_1^1 & A_2^1 & \cdots & A_n^1 \\ A_1^2 & A_2^2 & \cdots & A_n^2 \\ \vdots & \vdots & & \vdots \\ A_1^m & A_2^m & \cdots & A_n^m \end{Bmatrix}$$

单因素和谐行为，表示为 $\boldsymbol{A}=\{A_1, A_2, \cdots, A_n\}$。例如，8 个分区的水资源管理问题，考虑“用水量问题”“排污量问题”两个和谐因素，这里，n=8，m=2，和谐行为就是 8 个分区的用水量（A_1^1，A_2^1，…，A_8^1）、8 个分区的排污量（A_1^2，A_2^2，…，A_8^2）。

最优和谐行为（the optimal harmony actions）是指和谐参与者在一定和谐规则下满足和谐目标要求时的最佳和谐行为。单因素最优和谐行为表示为 $\boldsymbol{A}^*=\{A_1^*, A_2^*, \cdots, A_n^*\}$（针对 n 方和谐）。多因素最优和谐行为表示为

$$\boldsymbol{A}^*=\begin{Bmatrix} A_1^{1*} & A_2^{1*} & \cdots & A_n^{1*} \\ A_1^{2*} & A_2^{2*} & \cdots & A_n^{2*} \\ \vdots & \vdots & & \vdots \\ A_1^{m*} & A_2^{m*} & \cdots & A_n^{m*} \end{Bmatrix}$$

最优和谐行为对应的状态，可以看作该和谐问题的一个最优和谐平衡状态，称为最优和谐平衡（the optimal harmony equilibrium）。比如，为了保障水资源可持续利用和经济社会可持续发展，需要达到经济社会发展与水资源保护之间的和谐平衡。寻找该问题的和谐平衡实际上就是得到该问题的最优和谐行为。有关和谐平衡的详细论述请见第五章。

第二节　基于和谐论五要素的和谐问题分类

根据和谐论五要素，可以对和谐问题进行分类。

（1）根据和谐参与者的多少，分为双方和谐、三方和谐……n 方和谐。

（2）根据和谐目标是否变化，分为定目标和谐、变目标和谐。假如和谐目标随着时间或外部条件变化而变化时，称为“变目标和谐”；如果和谐目标始终不变时，称为“定目标和谐”。

（3）根据和谐规则是否变化，分为定规则和谐、变规则和谐。假如和谐规则随着时间或外部条件变化而变化时，称为“变规则和谐”；如果和谐规则始终不变时，称为“定规则和谐”。

（4）根据和谐规则复杂情况，分为简单规则和谐、复杂规则和谐。

（5）根据和谐因素多少，分为单因素和谐、多因素和谐。

（6）根据和谐行为是否随时间变化，分为动态和谐、静态和谐。

（7）根据和谐层次性特征，分为单层次和谐、多层次和谐。

第三节　和谐度方程

为了定量表达和谐程度，笔者于 2009 年首次提出了和谐度方程[1]。下面，先介绍某一单因素 F^p 和谐度方程，再介绍多因素、多层次综合和谐度计算方法。

一、单因素和谐度方程

某一单因素（F^p）和谐度方程定义为

$$\mathrm{HD}_p=ai-bj \tag{3.1}$$

或简写为

$$\mathrm{HD}=ai-bj$$

式中，HD_p（或简写为 HD）为某一因素 F^p 对应的和谐度（harmony degree)，是表达和谐程度的指标，HD∈［-1，1］。HD 值越大（或越接近于 1），和谐程度越高；a、b 分别为统一度（unity degree）、分歧度（difference degree)，统一度 a 表示和谐参与者按照和谐规则具有“相同目标”所占的比重。分歧度 b 表示和谐参与者对照和谐规则和目标存在分歧情况所占的比重。a、b∈［0，1］，且 $a+b\leqslant1$（由于可能存在“既不统一也不分歧的情况”，即存在“弃权”现象，此时 $a+b<1$。假如没有弃权现象，则 $a+b=1$）。

假如 n 方和谐某因素和谐行为 A_1，A_2，…，A_n，按照和谐规则，如果 n 方和谐具有“相同目标”、符合和谐规则的和谐行为分别为 G_1，G_2，…，G_n，则可以用下式计算（当然也可以选用其他计算式）：

$$a=\frac{\sum_{k=1}^{n}G_k}{\sum_{k=1}^{n}A_k}$$

如果不存在弃权现象，则 $b=1-a$。

例如，A_1 与 A_2 的和谐规则是 $A_1:A_2=2:1$，已知 A_1 与 A_2 分别为 100、40，则 G_1 与 G_2 分别是 80、40，$a=（80+40）/（100+40）=0.8571$，$b=1-a=0.1429$；已知 A_1 与 A_2 分别为 100、80，则 G_1 与 G_2 分别是 100、50，$a=（100+50）/（100+80）=0.8333$，$b=1-a=0.1667$。

i 为和谐系数（harmony coefficient），反映和谐目标的满足程度，可依据和谐目标计算确定，$i\in[0,1]$。当完全满足和谐目标时，$i=1$；当完全不满足时，$i=0$；其他情况介于 1 和 0 之间。可以根据和谐目标满足程度确定和谐系数曲线或函数（举例见本章第六节第二部分）。

j 为不和谐系数（disharmony coefficient），反映和谐参与者对存在分歧现象的重视程度，可以根据分歧度计算确定，$j\in[0,1]$。当完全反对时，$j=1$；当完全不反对时，$j=0$；其他情况介于 1 和 0 之间。可以根据分歧度确定不和谐系数曲线或函数，或者根据和谐参与者对存在分歧现象的重视程度给出不和谐系数（举例见本章第六节第三部分）。

对于单因素和谐（$m=1$），和谐度方程为

$$\mathrm{HD}=ai-bj \tag{3.2}$$

式（3.1）和式（3.2）或者简单表达式 $\mathrm{HD}=ai-bj$ 被称为“和谐度方程”（harmony degree equation；或 function of harmony degree，简称 HD 方程），最早于 2009 年首次提出[1]，后于 2015 年在文献［19］中被英文期刊 *The Scientific World Journal* 编辑注释为“Zuo-harmony degree equation”（左氏和谐度方程），简称 Z-HD 方程（Z-HD equation）。

二、多因素和谐度方程

多因素综合和谐度（comprehensive harmony degree）：如果和谐问题考虑多个因素，需要在单因素和谐度的基础上计算多因素综合和谐度，计算方法有两种：一种是加权平均计算；另一种是指数权重加权计算。

（1）加权平均计算

$$\mathrm{HD}=\sum_{p=1}^{m} w_p\,\mathrm{HD}_p \tag{3.3}$$

式中，HD 为综合和谐度，HD∈［-1，1］；w_p 为权重，$w_p\in$［0，1］，$\sum_{p=1}^{m} w_p=1$。其他符号含义同前。

（2）指数权重加权计算

$$\mathrm{HD}=\prod_{p=1}^{m}(\mathrm{HD}_p)^{\beta_p} \tag{3.4}$$

式中，β_p 为指数权重，$\beta_p\in$［0，1］，$\sum_{p=1}^{m}\beta_p=1$。其他符号含义同前。

三、多层次和谐度计算

在第二章第三节介绍了和谐的层次性，有些情况下，和谐度需要分层次计算。如图 3.1 所示，是一个具有两个层次的和谐问题，第一层次是最高层次，其和谐度用 HD 表示。第二层次是次一级和谐问题，表示为 HD_{21}，HD_{22}，…，HD_{2P}（P 为第二层次和谐问题个数）。第二层次各和谐问题均有对应的指标，HD_{21} 对应的指标为 Z_{11}、Z_{12}，…；HD_{22} 对应的指标为 Z_{21}，Z_{22}，…；HD_{2P} 对应的指标为 Z_{P1}，Z_{P2}，…。

多层次和谐度计算过程：①从最低层次和谐度计算开始，计算方法与上文介绍的多因素和谐度计算方法相同；②根据最低层次和谐度，按照加权平均或指数权重加权的方法计算上一层次和谐度，图 3.1 中，可采用式（3.5）或式（3.6）计算；③依次重复第②步，直至算到最高层次和谐度为止。

$$HD=\sum_{k=1}^{P} w_k HD_{2k} \tag{3.5}$$

$$HD=\prod_{k=1}^{P} (HD_{2k})^{\beta_k} \tag{3.6}$$

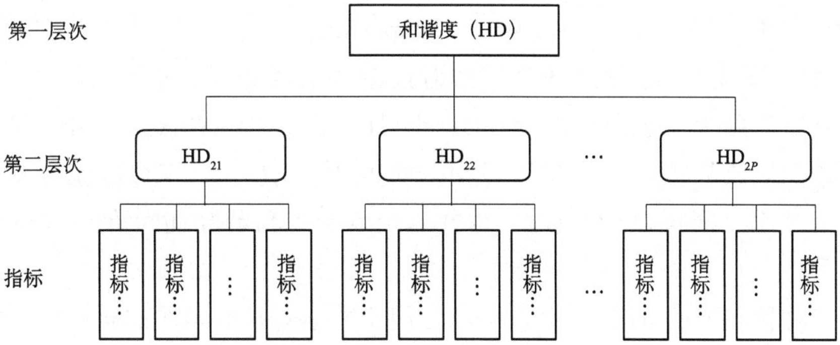

图 3.1 多层次和谐指标体系及和谐度计算框图

四、关于和谐度 HD 取值范围的说明

在 2012 年出版的《和谐论：理论·方法·应用》一书中及在 2015 年 12 月之前发表的相关论文中，均定义：当计算的 HD<0 时，取 HD=0，这样就保证 HD∈［0，1］。也就是说，把 HD 的取值范围界定为［0，1］，而实际计算中也会出现小于 0 的情况。按照数学上分析，因为 a、b、i、j∈［0，1］，所以 HD=ai–bj∈［-1，1］。

2015 年 11 月 3 日，笔者在四川大学作学术报告介绍这一内容后，在讨论中王文圣教授和他的学生认为“人为界定 HD 范围，说明该方程在数学上有瑕疵”。在这一观点的启发下，经过笔者的深入思考和对比分析，认为出现小于 0 的情况是符合实际的，没有必要硬性界定 HD∈［0，1］。

按照常理的定性分析如下：当 HD=1 时，可以认为是完全和谐；当 HD=0 时，可以认为是完全不和谐。即使是完全不和谐，也没有走向完全的敌对状态；当 HD＜0 时，不仅仅是不和谐，实际上开始走向敌对

（opposition）状态；当 HD=−1 时，可以认为是完全的敌对状态。因此，把 HD 的取值范围从［0，1］扩展到［-1，1］也是必要的。

考虑到和谐度方程的数学分析结果和定性对比分析，本书中不再对 HD 的取值范围进行硬性界定，所以，HD 的取值范围应为［-1，1］。

此外，为了表述上的方便，根据 HD 是否大于 0，分为两个区域：①［-1，0］表达 HD 的敌对状态（the state of opposition），从“完全敌对”到“完全不敌对”；②［0，1］表达 HD 的和谐状态（the state of harmony），从“完全不和谐”到“完全和谐”。当 HD=0 时，处于“敌对状态”与“和谐状态”之间的临界点。“不和谐”并不一定就是“敌对”，有可能就是没有任何和谐关系。同样，“不敌对”也并一定就是“和谐”，也可能没有任何敌对关系。

敌对状态下的 HD 计算，可以应用于军事对抗等问题的研究。在实践中，针对和谐问题的计算，一般所得到的 HD≥0，这种情况只讨论和谐状态对应的问题。在后文计算中，在没有特别说明的情况下，一般针对 HD≥0 的情况。

五、和谐程度等级划分

为了表述上的方便，根据HD大小，把和谐程度按照和谐状态、敌对状态两类，各分成 7 个等级，如表 3.1 所示。当 HD=1 时，处于完全和谐；当 HD=0 时，处于完全不和谐；当 HD=−1 时，处于完全敌对；当 HD=0 时，处于完全不敌对；其他等级介于二者之间。需要说明的是，这种划分仅仅是定性描述上的需要，人为按照等间距划分的，没有其他原由。

表 3.1　和谐程度等级划分表

敌对状态的等级	HD 的取值范围	和谐状态的等级	HD 的取值范围
完全敌对	−1	完全和谐	1
基本敌对	［−0.8，−1）	基本和谐	［0.8，1）
较敌对	［−0.6，−0.8）	较和谐	［0.6，0.8）

续表

敌对状态的等级	HD 的取值范围	和谐状态的等级	HD 的取值范围
接近不敌对	[-0.4，-0.6)	接近不和谐	[0.4，0.6)
较不敌对	[-0.2，-0.4)	较不和谐	[0.2，0.4)
基本不敌对	(0，-0.2)	基本不和谐	(0，0.2)
完全不敌对	0	完全不和谐	0

为了表示得更直观，从和谐角度出发，右边为和谐状态、左边为敌对状态，不同级别用不同深浅的颜色表示，如图 3.2 所示。

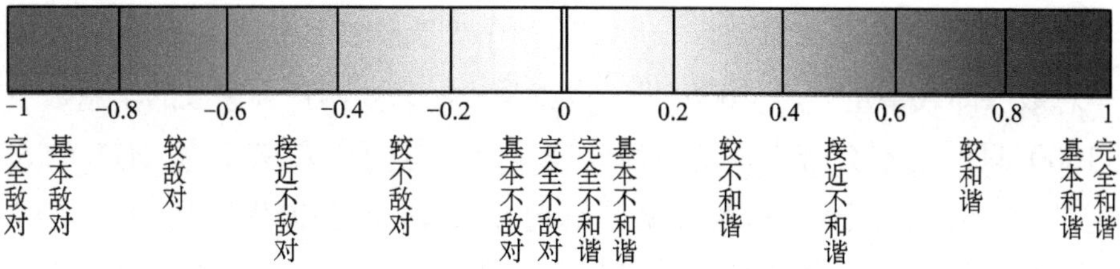

图 3.2　和谐程度等级划分示意图

通过一定指标的计算，可以得到不同区域或不同时期的和谐度大小，据此可以进一步分析确定某一区域某一时期的和谐程度等级，以及空间上、时间上的变化趋势。因为 HD 值都标定在 [-1，0] 或 [0，1] 上，针对任何和谐问题所计算的 HD 值都有“可公度性”，有利于同一和谐问题不同区域、不同时期的对比，也有利于不同和谐问题的横向对比。

第四节　和谐度方程能表征和谐程度的论述

上文提出的和谐度方程，是否能够用来表达和谐程度？下面对此进行全面论述。

一、假如和谐度方程中 *bj*=0 且 *i*=1 情况

这种情况的寓意是，不考虑（或不在乎）出现的分歧（*bj*=0），并且完

全满足和谐目标（i=1）。在这种情况下，HD=a，和谐度等于统一度。也就是说，和谐参与者按照和谐规则具有"相同目标"所占的比重，就表达了和谐程度大小，这是符合实际的。

例如，在夫妻和谐关系中，假如总共有 10 件事，夫妻具有共同目标的是 7 件事，则统一度 a=0.7。如果夫妻对"存在分歧"没有任何意见，则 j=0；另外，假如夫妻关系满足和谐目标，i=1。计算得 HD=a=0.7。如果 10 件事有 9 件具有共同目标，则 HD=a=0.9。依此类推，可见，这种情况下和谐度计算结果是符合实际的。

再以"两户人家共同拥有一片草地放羊"为例。假如这片草地可以放养的羊总数（即载畜量）为 1000 只，也就是说，只要两户人家放的羊总数不超过 1000 只，就不会带来草地破坏问题。再假定两户人家（A_1，A_2）的人口比例是 2∶1，按照人口分配羊数，这时 A_1、A_2 的和谐规则是 A_1∶A_2=2∶1。假定几组 A_1、A_2 值，按照和谐规则的要求确定 G_1、G_2 值，据此计算得到统一度 a，如表 3.2 所示。先假定 A_1 值为 500 不变，A_2 值从 400 递减到 100，计算的统一度 a 值从 0.8333 增到 1 再降到 0.5，只是在 A_2 等于 250，正好 A_1∶A_2=2∶1 满足和谐规则时，统一度 a 值为 1。再假定 A_2 值为 300 不变，A_1 值从 700 递减到 200，计算的统一度 a 值从 0.9 增到 1 再降到 0.6，只是在 A_1 等于 600，正好 A_1∶A_2=2∶1 满足和谐规则时，统一度 a 值为 1。通过各种情况分析来看，应用和谐度方程能够比较客观地表征和谐程度。

表 3.2 "两户人家共同拥有一片草地放羊"和谐问题的统一度计算过程表

编号	A_1 值	A_2 值	A_1∶A_2	G_1 值	G_2 值	统一度 a
1	500	400	1.25	500	250	0.8333
2	500	350	1.429	500	250	0.8824
3	500	300	1.667	500	250	0.9375
4	500	250	2	500	250	1.0000
5	500	200	2.5	400	200	0.8571
6	500	150	3.333	300	150	0.6923
7	500	100	5	200	100	0.5000
8	700	300	2.333	600	300	0.9000

续表

编号	A_1值	A_2值	$A_1:A_2$	G_1值	G_2值	统一度 a
9	600	300	2	600	300	1.0000
10	550	300	1.833	550	275	0.9706
11	450	300	1.5	450	225	0.9000
12	400	300	1.333	400	200	0.8571
13	350	300	1.167	350	175	0.8077
14	300	300	1	300	150	0.7500
15	250	300	0.833	250	125	0.6818
16	200	300	0.667	200	100	0.6000

二、假如和谐度方程中 $bj=0$ 但 $i\neq1$ 情况

这种情况的寓意是，不考虑（或不在乎）出现的分歧（$bj=0$），这时，HD=ai。如果完全满足和谐目标，$i=1$，则 HD=a，与第一种情况相同。如果 $i\neq1$，这时的 HD 值相当于对“统一度 a”打个折。具体打多少折，主要看和谐目标的满足程度（即和谐系数 i）大小。如果 i 越接近于 1，打的折越少，相反越多。从思路上分析，这种情况下 HD=ai 就表达了和谐程度大小，这是符合实际的。

再以“两户人家共同拥有一片草地放羊”为例。假如这片草地可以放养的羊总数（即载畜量）为 1000 只，同样假定两户人家（A_1，A_2）的人口比例是 2∶1，按照人口分配羊数，这时 A_1、A_2 的和谐规则是 $A_1:A_2=2:1$。假如两户人家放的羊总数不超过 1000 只，就不会带来草地破坏问题，这时 $i=1$。假如羊总数超过 1000 只，就会带来草地破坏，超出的羊数越多，对和谐度的影响越大。假定 i 值有以下关系（图 3.3）。

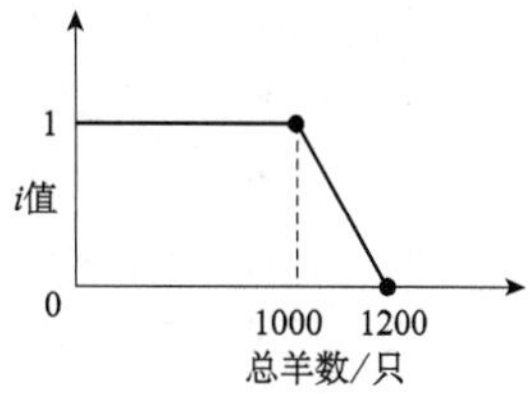

图 3.3 i 值线段图

$$i=\begin{cases}1, & 0\leqslant A_1+A_2\leqslant 1000\\ \dfrac{1200-(A_1+A_2)}{1200-1000}, & 1000<A_1+A_2<1200\\ 0, & A_1+A_2\geqslant 1200\end{cases}$$

假定几组 A_1、A_2 值，按照和谐规则的要求确定 G_1、G_2 值，据此计算得到统一度 a，如表 3.3 所示。先假定 A_1 值为 700 不变，A_2 值从 500 递减到 150，计算的统一度 a 值从 0.8750 增到 1 再降到 0.5294，只是在 A_2 等于 350，正好 A_1∶A_2=2∶1 满足和谐规则时，统一度 a 值为 1。按照图 3.3 的直线方程，计算的和谐系数 i 从 0 增加到 1。进一步计算得到和谐度 HD=ai，可以看到，它从 0 增加到 0.9 再降到 0.5294。再假定 A_2 值为 400 不变，A_1 值从 800 递减到 450，计算的统一度 a 值从 1 降到 0.7941，和谐系数 i 从 0 增加到 1。进一步计算得到和谐度 HD=ai，从 0 增加到 0.9 再降到 0.7941。分析各种计算结果，基本可以看出和谐程度的变化规律。

表 3.3 “两户人家共同拥有一片草地放羊”和谐问题的和谐度计算过程表

编号	A_1 值	A_2 值	A_1∶A_2	G_1 值	G_2 值	统一度 a	和谐系数 i	和谐度 HD=ai
1	700	500	1.4	700	350	0.8750	0	0.0000
2	700	450	1.556	700	350	0.9130	0.25	0.2283
3	700	400	1.750	700	350	0.9545	0.5	0.4773
4	700	350	2	700	350	1.0000	0.75	0.7500
5	700	300	2.333	600	300	0.9000	1	0.9000
6	700	250	2.800	500	250	0.7895	1	0.7895
7	700	200	3.5	400	200	0.6667	1	0.6667
8	700	150	4.667	300	150	0.5294	1	0.5294
9	800	400	2	800	400	1.0000	0	0.0000
10	750	400	1.875	750	375	0.9783	0.25	0.2446
11	700	400	1.75	700	350	0.9545	0.5	0.4773
12	650	400	1.625	650	325	0.9286	0.75	0.6964
13	600	400	1.500	600	300	0.9000	1	0.9000
14	550	400	1.375	550	275	0.8684	1	0.8684
15	500	400	1.250	500	250	0.8333	1	0.8333
16	450	400	1.125	450	225	0.7941	1	0.7941

三、假如和谐度方程中 $bj \neq 0$ 且 $i \neq 1$ 情况

这种情况就是针对一般的和谐度方程，HD=$ai-bj$，相当于上一种情况再减去一项 bj。b 表达分歧程度，如果 $bj \neq 0$，说明要考虑分歧的存在，从和谐度中减去表达分歧程度的 bj 是可以理解的。j 是不和谐系数，如果 $j \neq 1$，相当于对“分歧度 b”打个折。具体打多少折，主要看和谐参与者对存在分歧现象的重视程度。如果 j 越接近于 1，打的折越少，就是越看重分歧现象；相反则对分歧现象越不看重。从思路上分析，这是符合实际的。

这里，仅从表 3.3 中选择 8 组有代表性的例子来简单分析。假定 $b=1-a$，不和谐系数 j 先假设为 1，计算和谐度 HD。再假定不和谐系数 j 为 0.5，再次计算 HD。结果如表 3.4 所示。在考虑分歧程度时计算的和谐度 HD 受分歧度与不和谐系数乘积的影响。

表 3.4 考虑分歧程度下的和谐度计算过程表

编号	A_1值	A_2值	$A_1 : A_2$	G_1值	G_2值	统一度 a	分歧度 b	和谐系数 i	不和谐系数 j	和谐度 HD
1	700	450	1.556	700	350	0.913	0.087	0.25	1	0.1413
2	700	350	2	700	350	1	0	0.75	1	0.75
3	700	300	2.333	600	300	0.9	0.1	1	1	0.8
4	700	200	3.5	400	200	0.6667	0.3333	1	1	0.3334
5	800	400	2	800	400	1	0	0	1	0
6	700	400	1.75	700	350	0.9545	0.0455	0.5	1	0.4318
7	600	400	1.5	600	300	0.9	0.1	1	1	0.8
8	500	400	1.25	500	250	0.8333	0.1667	1	1	0.6666
9	700	450	1.556	700	350	0.913	0.087	0.25	0.5	0.1848
10	700	350	2	700	350	1	0	0.75	0.5	0.75
11	700	300	2.333	600	300	0.9	0.1	1	0.5	0.85
12	700	200	3.5	400	200	0.6667	0.3333	1	0.5	0.5001
13	800	400	2	800	400	1	0	0	0.5	0
14	700	400	1.75	700	350	0.9545	0.0455	0.5	0.5	0.4545
15	600	400	1.5	600	300	0.9	0.1	1	0.5	0.85
16	500	400	1.25	500	250	0.8333	0.1667	1	0.5	0.7500

四、假如特别看重“分歧”，尽管统一度 a 较高，但认为并不和谐，怎么表达

这时除了有 bj 表达分歧，从 HD 中减去 bj 外，还可以根据 a 值高低，确定和谐系数 i。也就是把“分歧程度的最低限度”看作和谐问题的一个目标，再根据和谐目标确定和谐系数 i 值。例如，假如 $0\leqslant a<0.8$ 时，就认为不和谐，这时可令 $i=0$；当 $0.8\leqslant a\leqslant 1$ 时，$i=1$。假如 $a=0.9$，则 $b=0.1$，$i=1$，$j=1$，计算得 HD=0.8；假如 $a=0.8$，则 $b=0.2$，$i=1$，$j=1$，计算得 HD=0.6；假如 $a=0.78$，则 $b=0.22$，$i=0$，$j=1$，计算得 HD=−0.22，出现了“敌对状态”。

再列举一个常见例子“一票否决制”选举问题（详细介绍可见本章第八节）。可以理解为“只要统一度 $a<1$，就认为 HD=0”。这一问题就可以表述为：当 $a<1$，$i=0$；只有 $a=1$，$i=1$。假如 100 人，有一个人不同意，统一度 $a=0.99$，分歧度 $b=0.01$，根据定义，因为 $a<1$，$i=0$，则有 HD=0。

第五节　和谐度与匹配度、协调度的区别与联系

一、概念对比

“匹配”（matching），是指两种或两种以上系统或系统要素之间正相关或负相关的配合关系，是描述事物之间对称关系的概念。“协调”（coordination），是指两种或两种以上系统或系统要素之间相互协作、步调一致、配合得当的关系，是描述事物之间协作关系的概念。上文已对“和谐”（harmony）给出过定义，“和谐”（harmony）是指两种或两种以上系统或系统要素之间协调、一致、平衡、完整、适应的关系，是描述事物之间整体处于良好状态的概念。

根据以上对概念的界定可以得出如下结论。①匹配是“两种或两种以上系统或系统要素之间”的对称关系、配合关系。匹配并不一定是一种好的关

系，匹配并不一定就是协调的。②协调是相互协作、步调一致、配合得当的关系。协调是一种步调一致的相互关系，但不一定是一种好的、和谐的状态。③和谐是协调、一致、平衡、完整、适应的关系。和谐不仅仅是一种协调关系，而且强调整体和谐状态。④因此，三个概念是有区别的，一般从低到高的层次关系是匹配→协调→和谐。比如，有两个小偷，他们干小偷的事，和他们的身份是匹配的，也就是说，这两个人与偷东西这件事情是匹配的。相反，如果这两个人干好事，好像就与他们的身份不匹配。如果两个小偷分工合作去偷东西，可以说这两个小偷是协调的，但显然是不和谐之事。

二、匹配度计算

用匹配度（matching degree）来表征匹配程度的指标，用 MD 表示，MD∈［0，1］。MD 值越大（或越接近于 1），匹配程度越高。关于匹配度计算的思路和方法可以给出很多种。下面介绍笔者在文献［20］中提出的基于数列的匹配度计算方法。

（一）空间上的匹配度计算方法

假设需要分析计算变量 A_1 和 A_2 的匹配程度，而在研究空间上有 K 个单元，每个单元的变量 A_1 和 A_2 的值分别为（A_1（1），A_2（1）），（A_1（2），A_2（2）），…，（A_1（K），A_2（K））。可以用下列方法计算得到不同单元 A_1 和 A_2 的匹配度。

（1）可以对 K 个单元的 A_1 值 A_1（1），A_1（2），…，A_1（K）从小到大进行排序，对应的序号为 n_1（1），n_1（2），…，n_1（K）（最小为 1，最大为 K）。同样，对 K 个单元的 A_2 值 A_2（1），A_2（2），…，A_2（K）从小到大进行排序，对应的序号为 n_2（1），n_2（2），…，n_2（K）（最小为 1，最大为 K）。

第一，如果 A_1 值越大则 A_2 值越大，两个变量越匹配，则按照式（3.7）进行计算。

$$\mathrm{MD}(p)=1-\frac{|n_1(p)-n_2(p)|}{K-1} \tag{3.7}$$

式中，p=1，2，…，K。

可以根据序号的差异来度量变量之间的匹配程度。当 n_1（p）= n_2（p）时，完全匹配，匹配度 MD（p）=1；反之当 n_1（p）与 n_2（p）序号相差越大时，匹配越差，匹配度 MD（p）越接近于 0。

第二，如果 A_1 值越大而 A_2 值越小，两个变量越匹配，则按照式（3.8）进行计算。

$$\mathrm{MD}(p)=1-\frac{\left|n_1(p)+n_2(p)-K-1\right|}{K-1} \tag{3.8}$$

这种情况下，当 n_1（p）与 n_2（p）差距越大越匹配，匹配度 MD（p）=1；反之当 n_1（p）与 n_2（p）的差距越小，匹配度 MD（p）越接近于 0。

（2）另外，可以按照各个单元上，变量的具体数值占研究区该变量总值的比例进行匹配度的计算，同样分为两种情况，计算公式如下：

$$\mathrm{MD}(p)=1-\frac{\left|x_1(p)-x_2(p)\right|}{\max\limits_{K=1}^{K}(x_1(k),x_2(k))-\min\limits_{K=1}^{K}(x_1(k),x_2(k))} \tag{3.9}$$

$$\mathrm{MD}(p)=1-\frac{\left|x_1(p)+x_2(p)-\max\limits_{K=1}^{K}(x_1(k),x_2(k))-\min\limits_{K=1}^{K}(x_1(k),x_2(k))\right|}{\max\limits_{K=1}^{K}(x_1(k),x_2(k))-\min\limits_{K=1}^{K}(x_1(k),x_2(k))} \tag{3.10}$$

其中，

$$x_1(k)=\frac{A_1(k)}{\sum\limits_{p=1}^{K}A_1(p)},\quad x_2(k)=\frac{A_2(k)}{\sum\limits_{p=1}^{K}A_2(p)},\quad k=1,\ 2,\ \cdots,\ K$$

（二）时间上的匹配度计算方法

如果对具体的研究区域不同时间段内，不同变量之间的匹配程度进行分析计算，可以按照需要，将研究时段分为 T 个时间段，分时段的变量值分别为（A_1（1），A_2（1）），（A_1（2），A_2（2）），…，（A_1（T），A_2（T））。同样对这些指标值进行排序，序号为 n_1（1），n_1（2），…，n_1（T）；n_2（1），n_2（2），…，n_2（T）。则分时段变量间的匹配度的计算公式在两种情况下变为式（3.11）和式（3.12）。

$$\text{MD}(q)=1-\frac{|n_1(q)-n_2(q)|}{T-1} \tag{3.11}$$

$$\text{MD}(q)=1-\frac{|n_1(q)+n_2(q)-T-1|}{T-1} \tag{3.12}$$

式中，q=1，2，…，T。

同样，也可以按照分时段内，变量的具体数值占研究时段内该变量总值的比例进行匹配度的计算。计算公式为式（3.13）和式（3.14）。

$$\text{MD}(p)=1-\frac{|x_1(q)-x_2(q)|}{\max\limits_{k=1}^{T}(x_1(k),x_2(k))-\min\limits_{k=1}^{T}(x_1(k),x_2(k))} \tag{3.13}$$

$$\text{MD}(p)=1-\frac{\left|x_1(q)+x_2(q)-\max\limits_{k=1}^{T}(x_1(k),x_2(k))-\min\limits_{k=1}^{T}(x_1(k),x_2(k))\right|}{\max\limits_{k=1}^{T}(x_1(k),x_2(k))-\min\limits_{k=1}^{T}(x_1(k),x_2(k))} \tag{3.14}$$

其中，

$$x_1(k)=\frac{A_1(k)}{\sum\limits_{q=1}^{T}A_1(q)},\quad x_2(k)=\frac{A_2(k)}{\sum\limits_{q=1}^{T}A_2(q)},\quad k=1,\ 2,\ \cdots,\ T$$

为了定性描述上的方便，根据匹配度大小，仿照和谐程度等级划分思路，人为按照等间距对匹配程度等级进行划分，如表 3.5 所示。

表 3.5　匹配等级划分表

匹配等级	MD 的取值范围
完全匹配	1
基本匹配	[0.8，1)
较匹配	[0.6，0.8)
接近不匹配	[0.4，0.6)
较不匹配	[0.2，0.4)
基本不匹配	(0，0.2)
完全不匹配	0

（三）应用实例

假如针对不同区域或不同时间段内水资源利用与经济社会发展之间的匹配程度进行计算，分别选取人均用水量和人均 GDP 作为代表性变量，采用上述方法定量计算两者之间的匹配程度。这里引用文献［20］中的例子，仅以我国不同省级行政区（港澳台地区数据未统计在内）水资源利用与经济社会发展之间的匹配度计算为例。依据《中国水资源公报》（2008）全国不同省级行政区的人均用水量和人均 GDP 产值数据，采用式（3.7）按照排序的方法进行计算，结果如表 3.6 所示。

表 3.6　2008 年我国不同行政区人均用水量与人均 GDP 之间的匹配度

序号	省级行政区	人均 GDP/万元	人均用水量/米^3	人均 GDP 从小到大排序序号 n_1（p）	人均用水量从小到大排序序号 n_2（p）	匹配度 MD（p）
1	北京	6.303	211	30	3	0.10
2	天津	5.547	195	29	2	0.10
3	河北	2.324	280	20	9	0.63
4	山西	2.04	167	18	1	0.43
5	内蒙古	3.221	730	24	26	0.93
6	辽宁	3.126	332	23	11	0.60
7	吉林	2.351	381	21	13	0.73
8	黑龙江	2.173	777	19	28	0.70
9	上海	7.314	639	31	24	0.77
10	江苏	3.962	730	27	27	1.00
11	浙江	4.221	426	28	14	0.53
12	安徽	1.448	435	5	15	0.67
13	福建	3.013	551	22	21	0.97
14	江西	1.478	534	6	20	0.53
15	山东	3.308	234	25	5	0.33
16	河南	1.959	242	15	6	0.70
17	湖北	1.986	475	16	17	0.97
18	湖南	1.752	508	11	19	0.73

续表

序号	省级行政区	人均 GDP/万元	人均用水量/米 ^{3}	人均 GDP 从小到大排序序号 n_1（p）	人均用水量从小到大排序序号 n_2（p）	匹配度 MD（p）
19	广东	3.759	486	26	18	0.73
20	广西	1.497	647	7	25	0.40
21	海南	1.718	552	9	22	0.57
22	重庆	1.803	293	13	10	0.90
23	四川	1.538	255	8	7	0.97
24	贵州	0.882	270	1	8	0.77
25	云南	1.259	338	3	12	0.70
26	西藏	1.387	1315	4	30	0.13
27	陕西	1.825	228	14	4	0.67
28	甘肃	1.211	466	2	16	0.53
29	青海	1.739	621	10	23	0.57
30	宁夏	1.789	1208	12	29	0.43
31	新疆	1.989	2500	17	31	0.53

从表 3.6 计算结果来看，匹配程度较好的区域有江苏（1.00）、福建（0.97）、湖北（0.97）、四川（0.97）、内蒙古（0.93）、重庆（0.90），说明这些区域当前人均用水量与人均 GDP 相匹配。匹配较差的区域有山西（0.43）、宁夏（0.43）、广西（0.40）、山东（0.33）、西藏（0.13）、北京（0.10）、天津（0.10），其不匹配的原因有两种：一是水资源相对丰富，但经济发展相对落后，比如广西、西藏、宁夏，这些区域的水资源可以支撑经济社会的进一步发展，经济发展具有很大的潜力，尤其是西藏的经济发展潜力最大；二是水资源相对缺乏，而经济发展相对较快，比如北京、天津、山东、山西。说明这些区域的发展较快，水资源利用效率相对较高，在当前水资源量的限制条件下，水资源与经济社会发展不匹配，同时也说明了这些地区的经济发展已经到了瓶颈，进一步的发展需要考虑外调水等方式增加可利用水资源量。

三、协调度计算

（一）计算方法

用协调度（coordination degree，CD）来表征协调程度，CD∈［0，1］。CD 值越大（或越接近于 1），协调程度越高。关于协调度计算的思路和方法可以给出很多种。下面介绍笔者在文献［21］中提出的“基于匹配度和综合协调指数的协调度计算方法”。

上文计算得到的匹配度记为 MD。用 P 表示两种或两种以上系统或系统要素之间的综合协调指数。下面以两个系统为例，引用式（3.15）计算 P 值。

$$P=\alpha f(x)+\beta g(y) \tag{3.15}$$

式中，$f(x)$、$g(y)$ 分别表示一个系统的综合指标，$f(x)$、$g(y)\in[0,1]$，其值越大（或越接近于 1），越有利于朝着协调关系的方向发展；α、$\beta\in[0,1]$，为权重，$\alpha+\beta=1$。

由式（3.15）计算得到的 P 值越大，说明该系统总体朝着越有利于协调关系的方向发展。为了达到“协调”的关系，应该既考虑“匹配好”又要考虑“步调一致的相互关系”，所以，要综合考虑二者的集成。引入式（3.16），计算两个系统的协调度 CD，CD∈［0，1］。

$$CD=MD^{\mu}\cdot P^{r} \tag{3.16}$$

式中，μ、r 分别为 MD、P 的指数权重，$\mu+r=1$。只有 MD、P 的值都接近 1 时，计算得到的 CD 值越接近 1。类似于匹配等级划分的说明，为了定性描述上的方便，人为按照等间距对协调程度等级进行划分，如表 3.7 所示。

表 3.7　协调等级划分表

协调等级	CD 的取值范围
完全协调	1
基本协调	［0.8，1）
较协调	［0.6，0.8）
接近不协调	［0.4，0.6）
较不协调	［0.2，0.4）
基本不协调	（0，0.2）
完全不协调	0

（二）应用实例

这里引用文献［21］的例子，计算郑州市河湖水系连通与经济社会发展协调度。数据主要来自 2003～2011 年《郑州市水资源公报》、《郑州市统计年鉴》及《郑州市国民经济和社会发展统计公报》，部分主观性数据通过调查分析得出，对于少数缺失的数据采用内插和外延的方法确定。

引入河湖水系连通综合指数（即 $f(x)$），构建河湖水系连通量化指标体系，由结构、功能、环境三个子系统综合构成。引入经济社会发展指数（即 $g(y)$），将经济社会发展量化指标体系分为经济、人口、农业、工业和第三产业五个子系统。通过对数据分正向指标和逆向指标进行标准化处理之后，分别计算出 2003～2011 年历年 $f(x)$及 $g(y)$。计算方法采用多指标加权平均方法。

接着，采用式（3.15）计算 P 值，本例中α取 0.6，β取 0.4。计算结果如表 3.8 所示。

再采用匹配度公式（3.11），计算得到匹配度 MD。

最后，采用协调度公式（3.16），本例取 $\mu=r=0.5$，计算得到协调度 CD，如表 3.8 所示。

表 3.8 历年匹配度、综合协调指数以及协调度计算结果

年份	匹配度 MD	综合协调指数 P	协调度 CD
2003	0.5334	0.3721	0.4455
2004	0.6278	0.4311	0.5202
2005	0.5623	0.4474	0.5016
2006	0.5495	0.4419	0.4928
2007	0.7124	0.5118	0.6039
2008	0.8063	0.5551	0.6690
2009	0.8947	0.5914	0.7274
2010	0.6980	0.7267	0.7122
2011	0.6420	0.7454	0.6918

从计算结果可以看出，伴随着年份的增加，河湖水系连通与经济社会发展两大系统的匹配度有逐年增加的趋势，但是在 2009 年之后匹配度下降；综合协调指数随年份逐渐增长；而两系统的协调度则呈现缓慢增长趋势。

四、和谐度与匹配度、协调度的联系

从以上对匹配、协调、和谐的概念界定和度量计算的介绍，可以看出如下几方面的结论。①匹配度 MD 只表征二者之间的对称关系。MD 与综合协调指数 P 集成，综合考虑“匹配好”“协作关系”，而得到协调度 CD。因此，MD 仅仅是 CD 计算的一部分。MD 大，计算得到的 CD 不一定大，还与 P 有关。②匹配度 MD 可以作为计算和谐度方程中的“统一度” a，综合协调指数 P 可以看成是和谐系数 i。这样的话，协调度只能作为和谐度方程中的前半部分，不能表征不和谐因素的作用。③可以这样定性表述：“匹配”不一定“协调”，“协调”不一定“和谐”；“和谐”一定是“协调”，“协调”一定是“匹配”。

第六节　和谐度方程中各参数确定方法

一、统一度 *a*、分歧度 *b* 确定方法

（一）和谐行为具有明确数值表征的直接计算

统一度 a 是和谐度方程中一个重要参数，需要针对具体问题，选择合适的计算方法。根据统一度 a 的计算式，假如 n 方和谐某因素和谐行为 A_1，A_2，…，A_n，按照和谐规则，假定 n 方和谐具有“相同目标”的和谐行为分别为 G_1，G_2，…，G_n，则可以按照式（3.17）计算统一度 a。

$$a=\frac{\sum_{k=1}^{n}G_k}{\sum_{k=1}^{n}A_k} \tag{3.17}$$

也可以按照式（3.18）计算统一度 a。

$$a=\min\left\{\frac{G_1}{A_1},\frac{G_2}{A_2},\cdots,\frac{G_n}{A_n}\right\} \tag{3.18}$$

或

$$a=\frac{1}{n}\sum_{k=1}^{n}\frac{G_k}{A_k} \tag{3.19}$$

还可以采用其他计算式，在此不一一列举。

到底如何确定 G_1，G_2，…，G_n？这里列举几种方法可供借鉴。

（1）如果和谐规则要求和谐行为之比是一个固定值，则完全按照和谐规则中的比例进行计算。例如，已知 A_1、A_2 的和谐规则是 A_1∶A_2=2∶1，比如 A_1、A_2 分别为 100、40，因为按照比例，A_2=40，A_1 最多为 80，于是 G_1、G_2 分别是 80、40，这样 a =（80+40）/（100+40）=0.8571（本小节以下计算 a 值均采用式（3.17）计算，其他计算式类似）；比如 A_1、A_2 分别为 100、80，因为按照比例，A_1=100，A_2 最多为 50，于是 G_1、G_2 分别是 100、50，a =（100+50）/（100+80）=0.8333。依此类推，对于任意 A_1 和 A_2 值都可以确定符合这一和谐规则的和谐行为 G_1 和 G_2。这里列举的是比较简单的双方和谐，假如是三方或更多方和谐，确定的思路一样。例如，已知 A_1、A_2、A_3 的和谐规则是 A_1∶A_2∶A_3=2∶1∶3，比如 A_1、A_2、A_3 分别为 100、40、140，因为按照比例，A_2=40，A_1 最多为 80，A_3 最多为 120，于是 G_1、G_2、G_3 分别是 80、40、120，这样 a =（80+40+120）/（100+40+130）=0.8889。

（2）如果和谐规则要求和谐行为之比是一个区间范围，按照最有利于和谐的比例取值计算。例如，已知 A_1、A_2 的和谐规则是 A_1∶A_2= [1，2]，比如 A_1、A_2 分别为 100、40，因为按照比例，A_2=40，A_1 可取值为 [40，80]，最多为 80，从有利于和谐的角度看，A_1 取 80 为宜，于是 G_1、G_2 分别是 80、40，这样 a =（80+40）/（100+40）=0.8571；比如 A_1、A_2 分别为

100、80，因为按照比例，A_1=100，A_2 可取值为［50，100］，80 在［50，100］范围内，于是 G_1、G_2 分别是 100、80，a =（100+80）/（100+80）=1。比如 A_1、A_2 分别为 100、120，因为按照比例，A_1=100，A_2 可取值为［50，100］，取最大值 100 有利，于是 G_1、G_2 分别是 100、100，a =（100+100）/（100+120）=0.9091。

（3）如果和谐规则是一个小于等于某个值的不等式，则可以参照和谐规则中不等式约束计算。例如，已知 A_1、A_2 的和谐规则是 $A_1 \leqslant 60$、$A_2 \leqslant 90$，如果 A_1、A_2 满足和谐规则的不等式条件，和谐行为 G_1、G_2 就等于 A_1、A_2；如果 A_1 和（或）A_2 不满足和谐规则的不等式条件，和谐行为 G_1、G_2 就等于和谐规则中的最大值。比如 A_1、A_2 分别为 50、85，则 G_1、G_2 分别是 50、85；比如 A_1、A_2 分别为 60、97，则 G_1、G_2 分别是 60、90；比如，A_1、A_2 分别为 80、112，则 G_1、G_2 分别是 60、90。依此类推，对于任意 A_1 和 A_2 值都可以确定符合这一和谐规则的和谐行为 G_1 和 G_2。

（4）如果和谐规则是一个大于等于某个值的不等式，同样可以参照和谐规则中不等式约束计算，但方法不同。例如，已知 A_1、A_2 的和谐规则是 $A_1 \geqslant 60$、$A_2 \geqslant 90$，比如 A_1、A_2 分别为 50、100，则 G_1 可取 $\frac{50}{60} \times 50$、G_2=100。

（5）按照调查和统计方法直接计算 a 值。例如，已知 A_1、A_2 的和谐规则是 A_1 和 A_2 具有相同的选择，比如考察 A_1、A_2 的 100 件事务中，有 70 件具有相同的选择，则 a=70/100=0.7。这种计算方法可以通过问卷调查来实现，在和谐家庭、和谐校园、和谐社会等问题中应用广泛。

分歧度 b 的计算与统一度 a 类似，可以通过确定 n 方和谐具有“分歧现象”的和谐行为，来统计计算。当然，如果不存在“弃权”现象，这时可以简便计算，b=1−a。

（二）和谐行为没有明确数值表征的间接计算

以上讨论的前提条件是，都很容易得到和谐行为 A_1，A_2，…，A_n 和“符合和谐规则、具有相同目标”的和谐行为 G_1，G_2，…，G_n，或者说，A_1，A_2，…，A_n 和 G_1，G_2，…，G_n 都有比较明确的数值，这样就可以通过式（3.17）～式（3.19）或其他计算式计算得到统一度 a 值。假如和谐行为 A_1，A_2，…，A_n 和“符合和谐规则、具有相同目标”的和谐行为 G_1，G_2，…，G_n 不是明确的数值或很难得到明确的数值（或者是很复杂的情况，很难明确给出和谐规则），怎么办？这里列举几种方法供借鉴。

（1）通过问卷调查，统计得到“符合和谐规则、具有相同目标”选择所占的比例，即为统一度 a 值；具有“分歧现象”选择所占的比例，即为分歧度 b 值。例如，针对和谐社区，假如通过大量调查求得平均“符合和谐规则、具有相同目标”选择所占的比例为 80%，具有“分歧现象”选择所占的比例为 17%，可以认为其统一度 a、分歧度 b 分别为 0.80、0.17。这种方法的实质是，针对某一和谐问题，通过调查人们的看法，得到统计结果，并不是从和谐问题本身直接计算得到，而是间接得到。

（2）通过建立一套指标体系，采用多指标评价，计算得到。这里以一个和谐社区为例来简单说明（只是为了说明问题，所列指标和数据均为简化和假定结果）。

首先，建立一套指标体系，如表 3.9 所示，总共列举 8 个指标，从不同方面反映和谐状况。

表 3.9　和谐度评价指标体系

指标（代码）	单位	含义及说明
人均收入（Z_1）	元	等于年总收入除以人口，反映居民生活水平
违法违纪人口比例（Z_2）	%	违法违纪人口占总人口比例，反映居民政治水平和遵纪守法状况
家庭矛盾出现比例（Z_3）	%	出现家庭矛盾的家庭占总家庭数的比例，反映家庭和谐状况
文明户所占比例（Z_4）	%	文明户占总户数的比例，反映居民精神文明水平
男女人口比例（Z_5）		男女人口数比值，反映社会人口结构均衡水平
公民参与社区选举的投票比例（Z_6）	%	参与社区选举投票人数占应投票人数的比例，反映居民对社区工作的支持水平
生活垃圾无害化处理率（Z_7）	%	指生活垃圾无害化处理量与生活垃圾产生量比率，反映社区对环境保护的重视程度
社区绿化面积占小区面积比例（Z_8）	%	社区绿化面积占小区总面积的比例，反映社区的环境状况

其次，确定各指标反映“符合和谐规则，具有相同目标”程度的计算方

程或曲线，可以具体问题具体分析。这里列举本例 8 个指标的函数关系（仅用作举例说明）。

$$a_1=\begin{cases}0, & Z_1\leqslant 1000\\ \dfrac{Z_1-1000}{19000}, & 1000<Z_1<20000\\ 1, & Z_1\geqslant 20000\end{cases}\tag{3.20}$$

$$a_2=\begin{cases}1, & Z_2\leqslant 0.001\\ \dfrac{0.01-Z_2}{0.009}, & 0.001<Z_2<0.01\\ 0, & Z_2\geqslant 0.01\end{cases}\tag{3.21}$$

$$a_3=\begin{cases}1, & Z_3\leqslant 1\\ \dfrac{5-Z_3}{4}, & 1<Z_3<5\\ 0, & Z_3\geqslant 5\end{cases}\tag{3.22}$$

$$a_4=\begin{cases}0, & Z_4\leqslant 1\\ \dfrac{Z_4-1}{4}, & 1<Z_4<5\\ 1, & Z_4\geqslant 5\end{cases}\tag{3.23}$$

$$a_5=\begin{cases}0, & Z_5\leqslant 0.8\\ \dfrac{Z_5-0.8}{0.1}, & 0.8<Z_5<0.9\\ 1, & 0.9\leqslant Z_5\leqslant 1.1\\ \dfrac{1.2-Z_5}{0.1}, & 1.1<Z_5<1.2\\ 0, & Z_5\geqslant 1.2\end{cases}\tag{3.24}$$

$$a_6=\begin{cases}0, & Z_6\leqslant 50\\ \dfrac{Z_6-50}{30}, & 50<Z_6<80\\ 1, & Z_6\geqslant 80\end{cases}\tag{3.25}$$

$$a_7=\begin{cases}0, & Z_7\leqslant 75\\ \dfrac{Z_7-75}{20}, & 75<Z_7<95\\ 1, & Z_7\geqslant 95\end{cases} \tag{3.26}$$

$$a_8=\begin{cases}0, & Z_8\leqslant 30\\ \dfrac{Z_8-30}{30}, & 30<Z_8<60\\ 1, & Z_8\geqslant 60\end{cases} \tag{3.27}$$

以上各式中，a 表示计算的该指标的统一度值，右下角的编号分别为 8 个指标的编号（表 3.9），Z 表示各指标数值，单位如表 3.9 所示。以上 8 个计算式实际上是直线段隶属度计算表达式，这里有三种类型：第一种是自变量 Z 越大，a 值越大（不超过 1）；第二种是自变量 Z 越小，a 值越大（不超过 1）；第三种是开始自变量 Z 越大，a 值越大（不超过 1）；后来，自变量 Z 越大，a 值越小（不小于 0）。除了这三种外，还有其他形式的计算表达式，这里就不再详述。

最后，针对各个指标，计算其函数值。本例有 8 个指标，每一组计算都得到 8 个指标的计算结果。还需要给出 8 个指标的权重值，再加权计算得到最终的综合值。关于权重的说明可参见第六章第二节，本例采用等权重计算。这里列举 5 个社区（或 1 个社区 5 年）的指标进行计算，计算结果如表 3.10 所示。

表 3.10　统一度 a 计算过程表

项目	指标	案例 1	案例 2	案例 3	案例 4	案例 5
已知值	Z_1	19000	8900	17 800	12 800	1 100
	Z_2	0.002	0.007	0.002	0.004	0.008
	Z_3	1.2	3.2	2	2.4	4
	Z_4	4.5	3.5	4	4	2.5
	Z_5	1.05	1.15	0.98	0.88	1.15
	Z_6	78	63	76	69	55
	Z_7	94	88	89	87	84
	Z_8	58	43	55	47	55

续表

项目	指标	案例 1	案例 2	案例 3	案例 4	案例 5
计算过程值	a_1	0.9474	0.4158	0.8842	0.6211	0.0053
	a_2	0.8889	0.3333	0.8889	0.6667	0.2222
	a_3	0.9500	0.4500	0.7500	0.6500	0.2500
	a_4	0.8750	0.6250	0.7500	0.7500	0.3750
	a_5	1	0.5000	1	0.8000	0.5000
	a_6	0.9333	0.4333	0.8667	0.6333	0.1667
	a_7	0.9500	0.6500	0.7000	0.6000	0.4500
	a_8	0.9333	0.4333	0.8333	0.5667	0.8333
综合值	a	0.9347	0.4801	0.8341	0.6610	0.3503

（三）基于数列匹配程度计算的统一度 a 确定方法

假如双方和谐问题 H_1、H_2，对应的和谐行为为 $A=\{A_1, A_2\}$。假设在空间上有 K 个单元，单元的和谐行为依次表示为（A_1（1），A_2（1）），（A_1（2），A_2（2）），…，（A_1（K），A_2（K））。可以用上文中式（3.7）～式（3.10），计算得到不同单元的匹配度，即作为统一度 a。

同样，如果和谐行为 $A=\{A_1, A_2\}$在时间上有 T 个时间段，分时段的和谐行为表示为（A_1（1），A_2（1）），（A_1（2），A_2（2）），…，（A_1（T），A_2（T））。同样，可以用上文中式（3.11）～式（3.14），计算得到不同时段的匹配度，即统一度 a。

下面，列举一个空间上统一度计算实例[20]。如表 3.11 所示，计算 2009 年河南省各行政分区水资源利用与经济社会发展之间的匹配度。人均 GDP、人均用水量数值来源于《河南省水资源公报》和《河南省统计年鉴》中的相关数据。采用式（3.9）计算得到各个区域的匹配度，如表 3.11 所示，作为该问题的统一度，并计算得其总体统一度 a=0.72。

表 3.11　2009 年河南省各行政分区人均用水量与人均 GDP 之间的统一度

序号	行政分区	人均 GDP/万元	人均用水量/米^3	不同行政区人均 GDP 占总值的比例 x_1	不同行政区人均用水量占总值的比例 x_2	$a(i)$
1	郑州市	44231	261	0.1053	0.0564	0.38
2	开封市	16571	402	0.0395	0.0869	0.40

续表

序号	行政分区	人均 GDP/万元	人均用水量/米^3	不同行政区人均 GDP 占总值的比例 x_1	不同行政区人均用水量占总值的比例 x_2	$a(i)$
3	洛阳市	31170	213	0.0742	0.0460	0.64
4	平顶山市	23081	199	0.0550	0.0430	0.85
5	安阳市	21578	260	0.0514	0.0562	0.94
6	鹤壁市	25370	353	0.0604	0.0763	0.80
7	新乡市	17992	318	0.0428	0.0687	0.67
8	焦作市	31356	403	0.0747	0.0871	0.84
9	濮阳市	18855	429	0.0449	0.0927	0.39
10	许昌市	26227	165	0.0625	0.0357	0.66
11	漯河市	23777	157	0.0566	0.0339	0.71
12	三门峡市	31587	197	0.0752	0.0426	0.58
13	南阳市	16997	230	0.0405	0.0497	0.88
14	商丘市	12779	184	0.0304	0.0398	0.88
15	信阳市	13780	206	0.0328	0.0445	0.85
16	周口市	10649	181	0.0254	0.0391	0.82
17	驻马店市	11708	124	0.0279	0.0268	0.99
18	济源市	42181	345	0.1005	0.0746	0.67

从计算结果来看：①a 超过 0.9 的区域有驻马店市（0.99）、安阳市（0.94），表明这些区域的人均 GDP 与人均用水量的统一性好；②a 小于 0.5 的区域有郑州市（0.38）、开封市（0.40）、濮阳市（0.39），表明这些区域的人均 GDP 与人均用水量的统一性差。郑州市属于“人均水资源量小，但人均 GDP 大”类型，开封市、濮阳市属于“人均水资源量大，但人均 GDP 小”类型。

再列举时间上统一度计算实例。如表 3.12 所示，计算河南省 2003～2011 年水资源利用与经济社会发展之间的匹配度。人均 GDP、人均用水量数值来源于《中国水资源公报》（2003～2011）。采用式（3.13）计算得到各个年份的匹配度，如表 3.12 所示，作为该问题的统一度，并计算其总体统一度 a=0.77。

表 3.12　2003～2011 年河南省水资源利用状况与生产状况之间的统一度

序号	年份	人均 GDP/万元	人均用水量/米^3	按照人均 GDP 计算的 x_1	按照人均用水量计算的 x_2	a（i）
1	2003	0.727	194	0.0484	0.0947	0.68
2	2004	0.907	207	0.0604	0.1011	0.71
3	2005	1.127	211	0.0751	0.1030	0.80
4	2006	1.331	242	0.0887	0.1182	0.79
5	2007	1.601	223	0.1067	0.1089	0.98
6	2008	1.959	242	0.1305	0.1182	0.91
7	2009	2.048	247	0.1364	0.1206	0.89
8	2010	2.445	238	0.1629	0.1162	0.67
9	2011	2.866	244	0.1909	0.1191	0.50

从计算结果来看，随着人均 GDP 的增加，人均用水量开始略有增加，但随后增加不大甚至有波动，表现出统一性一般，总体统一度为 0.77。2003～2011 年，河南省经济社会发展较快，人均 GDP 持续增长，而人均用水量在经历了相对增长期后，开始趋于平稳，两者之间的统一度在 2007 年达到最大值，而后逐步下降。这主要是 2007 年以前经济社会快速发展，水资源量能够满足发展需求，两者同步增加，统一度逐渐增加。2007～2009 年，由于水资源禀赋的限制，水资源量无法满足经济社会的进一步发展所增加的用水需求，只能采取提高水资源利用效率的方式满足发展的需求。在 2010 年以后，水资源利用情况趋于稳定，而经济社会依然持续增长，统一度进一步降低，这正是人们节水意识逐渐增强，水资源利用效率在技术推进和资金支持的基础上逐步提高的表现，同时也说明了水资源成为经济社会进一步发展的制约性因素。

二、和谐系数 *i* 的确定方法

和谐系数 i 可依据和谐目标计算得出，$i\in[0, 1]$，其反映和谐目标的满足程度。当完全满足和谐目标时，i=1；当完全不满足时，i=0；其他情况介于 1 和 0 之间。可以根据和谐目标满足程度确定和谐系数曲线或函数。针对具体问题，选择合适的确定方法。这里列举几种曲线形式可供借鉴，如图

3.4 所示（X 表示和谐行为总值，a 表示统一度）。

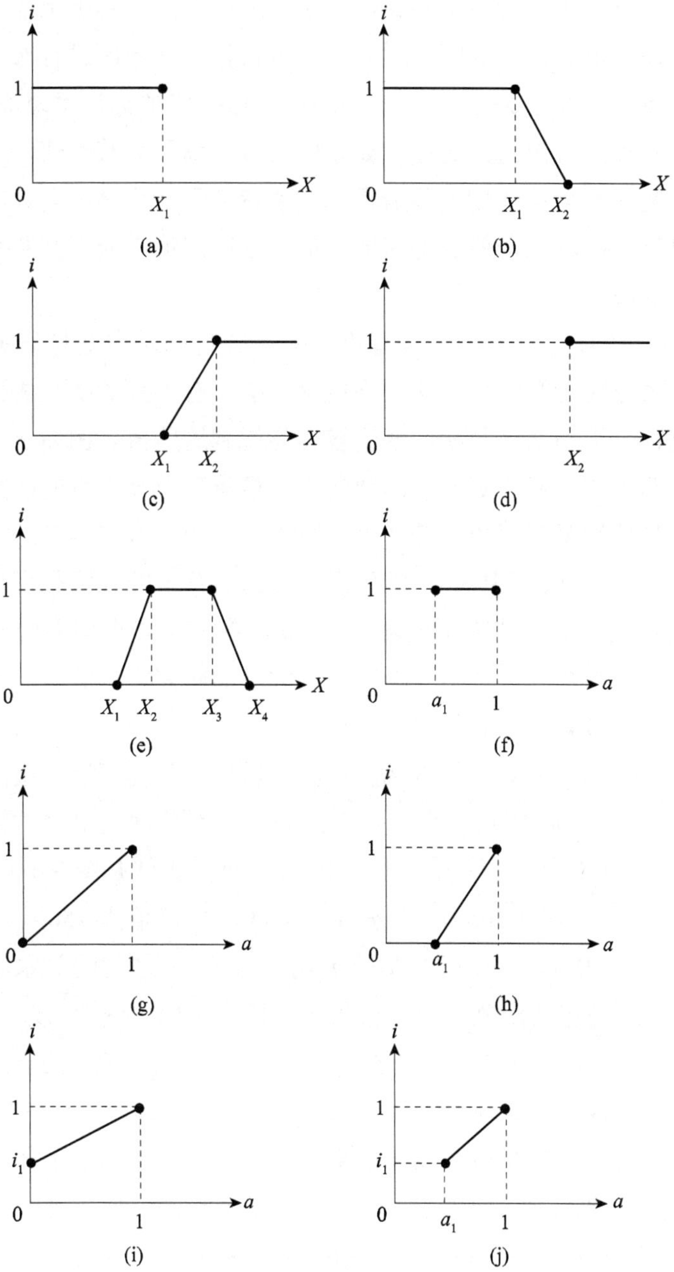

图 3.4　和谐系数 i 函数曲线示意图

这里补充说明几点。

（1）以上仅列出比较简单的直线段函数曲线形式，实际上还可以画出很多种类似的曲线形式，在实际应用时，可以根据具体问题进行选择。

（2）在图中有几个关键值 X_1、X_2……，这些值被称为“阈值”。其意思是控制和谐目标的关键值。例如，如果低于（或高于）某个值，就不能满足和谐目标，或者完全不能满足和谐目标；或者低于（或高于）某个值，就能满足和谐目标，或者完全能满足和谐目标。这些阈值是宏观判断系统和谐状况的重要节点值。

（3）关于阈值的确定，可以借鉴相关研究特别是专业性研究成果和结论。一般相关专业研究中会对这些阈值感兴趣，有大量的研究成果和结论。只要对此进行收集和系统归纳，就比较容易得到这些值。例如，在“公共地的悲剧”的例子中，草原专业对草地的“载畜量”做过大量的研究，这个载畜量就是一片草地最多可以承载羊和马的数量，就是图 3.4（a）或（b）中的 X_1 阈值。图 3.4（b）中的 X_2 阈值可以认为是草地的极限载畜量（也就是说，达到这个数，草地就完全破坏）。又如，在人水和谐问题中，水资源行业对区域或流域水资源可利用量阈值做过大量的研究，一般认为“水资源利用率合理阈值为 30%，极限阈值为 40%”[22]。也就是图 3.4（a）或（b）中的 X_1 阈值为 30%，X_2 阈值为 40%。再如，通过对黄河下游健康河流研究，证实“平滩流量 4000～5000 米^3/秒应作为黄河下游健康主槽的标准”[23]，且不宜大于 5500 米^3/秒，不宜小于 3500 米^3/秒，也就是图 3.4（e）中的 X_2 阈值为 4000，X_3 阈值为 5000，X_1 阈值为 3500，X_4 阈值为 5500。

（4）图 3.4 中（f）～（j）表示 i 与统一度 a 之间的关系，也就是把“对 a 值大小限制在某一范围”作为和谐目标。例如，图中（f）表示 $a<a_1$ 就认为 $i=0$，即无论 a 值多大，只要 $a<a_1$，和谐度都为 0。关于这方面的说明可参见本章第四节的论述。

（5）以上所显示的和谐系数 i 值都是针对某一因素的单个和谐目标的函数（图 3.4），如果针对某一因素有 2 个或多个和谐目标，可能得到诸如图 3.4 所示的两个或两个以上的 i 值，这时需要根据多个 i 值转换得到最终的 i 值。具体转换方法有多种：①可以通过取最小值的方法来得到，即

$i=\min\{i_k\}$（k=1，2，…，K），K 为某一因素下得到的和谐系数个数；②也可以通过取平均值（或加权平均）得到，即 $i=\frac{\sum_{k=1}^{K} i_k}{K}$。多个和谐目标情况的实例比较多，比如，针对“水资源利用”因素的分析，可以把和谐目标分解为“用水量小于或等于水资源可利用量”“水质好于或等于水质目标值”两方面，这样就需要根据这两方面来确定最终的 i 值。

三、不和谐系数 j 的确定方法

和谐参与者之间存在分歧是常见的现象，也就是说分歧度 b 常常不为 0。为了表征和谐参与者对存在分歧现象的重视程度，引入不和谐系数 j。因此，不和谐系数 j 专门用于反映和谐参与者对存在分歧现象的重视程度。例如，在家庭和谐关系中，家庭成员之间存在分歧是很正常的（如人生观、价值观、文艺爱好、体育爱好、生活习惯等的不同），我们也应该允许存在分歧，如果家庭成员对存在分歧现象的重视程度较小甚至为 0，就表现为朝支持和谐的方向发展；但如果家庭成员之间互相不谦让、互相不理解，总盯着别人与自己不一致的行为，过于强调分歧现象的严重程度，就表现为朝不和谐方向发展。

不和谐系数 j 的确定有多种形式，可以根据分歧度确定不和谐系数曲线或函数，这里列举几种不和谐系数 j 与分歧度 b 之间的关系曲线，可供借鉴，如图 3.5 所示。

图 3.5 所给出的几种不和谐系数 j 与分歧度 b 之间的关系曲线，仅仅是一些代表形式，可以给出很多类似的曲线，这里就不再一一列举。只要确定了以上类似关系曲线，就可以直接根据分歧度 b 计算得到不和谐系数 j。

当然，在一些情况下，如果不能建立不和谐系数 j 与分歧度 b 之间的关系曲线时，就可以根据和谐参与者对存在分歧现象的重视程度给出不和谐系数。如果和谐参与者不全是有理性的人时，就不能通过和谐参与者的判断来确定。这时，可以通过向相关者或了解情况的人群进行问卷调查的方式来统计得到这一系数，类似本章第六节第一部分介绍的问卷调查方法。

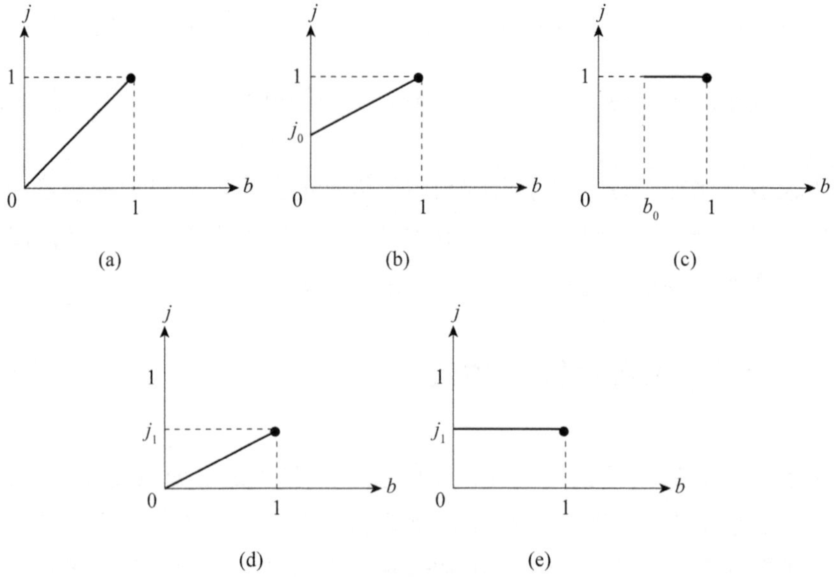

图 3.5　不和谐系数 j 函数曲线示意图

第七节　应用举例 1——争看电视节目问题

下面，列举一个日常生活中可能碰到的例子。一家人坐在一起看电视，只有一台电视，且不能同时播放两个节目。而每个人的兴趣可能不一样：儿童喜欢看儿童节目，年轻人喜欢看足球或情感节目，老人喜欢看戏曲节目。如果大家互不谦让，就有可能出现为选择自己喜欢的节目而争电视遥控器的问题。为了叙述问题的方便，这里简化描述。

假如家里有夫妻两个人，丈夫喜欢看足球，妻子喜欢看情感剧。在某一时刻，每个人都有喜欢看的节目，为选看节目出现了争执。假如两人都不谦让，就出现了难以解决的矛盾；假如女士优先，丈夫让着妻子，就选择看情感剧；假如妻子让着丈夫，就选择看足球。这个问题在博弈论或其他学科中很难表达清楚。那么，和谐论怎么表达这个问题呢？

下面，分两个方面来分析。

（1）针对夫妻看电视爱好不同问题的表达。这种情况不是针对某一次看电视，而是放大到看电视这个事的总体来分析。假如夫妻喜欢看的节目不只是足球和情感剧，可以对夫妻两人在电视节目选择上进行统计，总有共同感兴趣的节目，据此计算统一度 a 和分歧度 b，进而可以建立和谐度方程。

（2）针对某一时刻看电视这一单个事件。①假如夫妻针锋相对，互不相让，这时候，统一度 $a=0$，分歧度 $b=1$，因此和谐度方程就变为 $HD=-bj=-j\leqslant 0$，其结论肯定是不和谐甚至出现敌对。②假如夫妻相互谦让，这时候，可以用和谐度方程表示为 $HD=ai-bj$，假如相互谦让的程度占一半水平，可以认为统一度 $a=0.5$，分歧度 $b=0.5$，且假定 $i=1$，$j=0$，则 $HD=ai-bj=0.5$；假如相互谦让程度更高，如统一度 $a=0.8$，分歧度 $b=0.2$，且假定 $i=1$，$j=0$，则 $HD=ai-bj=0.8$。其结论是基本和谐。从以上分析可以看出，和谐度方程能够比较贴切地表示 “争看电视节目”这一问题。

第八节　应用举例2——“少数服从多数、一票否决”选举问题

下面，再列举一个实践中经常碰到的一个例子，选举问题。比如，一个区域、一个单位选举代表、领导、先进分子，在决策中投票表决等这些事情在现实中屡见不鲜。对于这一类实践中经常出现的问题，可以用和谐度方程进行比较贴切的表达。

一、“少数服从多数”表达

对于“少数服从多数”可以简单理解为，如果某一选择的赞成率超过50%，就认为该选择是最后的选择。比如，很多国家的总统选举，就属于该类情况。针对这一选举问题，可以表达为：统一度 a 为某一选择的赞成率，和谐系数 $i=1$，不和谐系数 $j=0$。因此，只要 $a>0.5$，即 $HD>0.5$，就认为该选择成功。

也可以通过一定的映射，把 $a>0.5$ 都映射到 $HD=1$ 上。比如，假定赞成率用 X 表示，计算统一度 a 的表达式可以写成：

$$a=\begin{cases}1, & X>0.5\\ 0, & X\leqslant 0.5\end{cases} \quad (3.28)$$

同样，和谐系数 i=1，不和谐系数 j=0。仍然符合和谐度方程，代入式(3.1)，得到该类选举问题的表达式为

$$\text{HD}=ai-bj=\begin{cases}1, & X>0.5\\ 0, & X\leqslant 0.5\end{cases} \quad (3.29)$$

二、"超过 2/3 选票才算通过"表达

对于有些选举，为了突出"绝对优势"，要求赞成票占绝大多数。比如，常常提到的超过 2/3 赞成票方算通过。这种情况和上述类似。统一度 a 为赞成率 X，和谐系数 i=1，不和谐系数 j=0。这种情况，只要 a>2/3，即 HD>2/3，就认为通过。

同样，也可以通过一定的映射，把 a>2/3 都映射到 HD=1 上。类似计算统一度 a 的表达式如下：

$$a=\begin{cases}1, & X>2/3\\ 0, & X\leqslant 2/3\end{cases} \quad (3.30)$$

同样，符合和谐度方程，代入式（3.1），得到该类选举问题的表达式为

$$\text{HD}=ai-bj=\begin{cases}1, & X>2/3\\ 0, & X\leqslant 2/3\end{cases} \quad (3.31)$$

三、"一票否决制"表达

在现实中，经常碰到一类选举或投票表决问题，只要参加投票的人，有一票不赞成，就不能通过。比如，联合国安理会常任理事国在重大问题投票表决时属于这类表决问题，很多地区先进单位评比中"计划生育"属于一票否决。

"一票否决制"可以理解为"只要赞成率 X 即统一度 a<1，就认为 HD=0"。这一问题可以表述为当 a<1，则 i=0，HD=0；只有 a=1，则 i=1，j=0，HD=1。该类问题的表达式为

$$HD = ai - bj = \begin{cases} 0, & X < 1 \\ 1, & X = 1 \end{cases} \tag{3.32}$$

第九节 应用举例 3——公共地的悲剧问题

本书第一章提到了博弈论中著名的“公共地的悲剧”例子。在很多有关博弈论的书中都会介绍这一简单而又很好理解的例子。但各自介绍的情况可能不一样，为了叙述上的方便，这里简化介绍[1]。

假如有一片草地由两户人家共用，用于放羊。A 户有 6 口人，B 户有 3 口人；A 户有 n_A 只羊，B 户有 n_B 只羊。因为羊要生存，就需要有一定数量的草地，当然这片草地可以放养的羊的总数是有上限的。如果从个人的利益角度来分析，养的羊数越多对自己越有利。这就导致羊数太多，草地过度使用，草地退化甚至破坏。这就是公共地的悲剧。

从和谐论的角度，就能很好地解决这一问题。假设：这一问题的和谐目标是不能破坏草地，按照草地的载畜量控制，假如这块草地要求 $n_A+n_B \leqslant 300$ 可以保障草地健康生长，当达到 400 时可能全部毁坏草地。和谐规则是：养羊的数量与人口成正比，即 $n_A:n_B=2:1$。如果按照这些条件，当 A 户养 200 只羊，B 户养 100 只羊，是最优状态，即最优和谐行为是 A 户养 200 只羊，B 户养 100 只羊。但是，在其他情况下，和谐情况又是怎样的呢？我们做一些假设和分析。

首先，按照和谐目标，给出和谐系数 i 的函数，如图 3.6 所示。

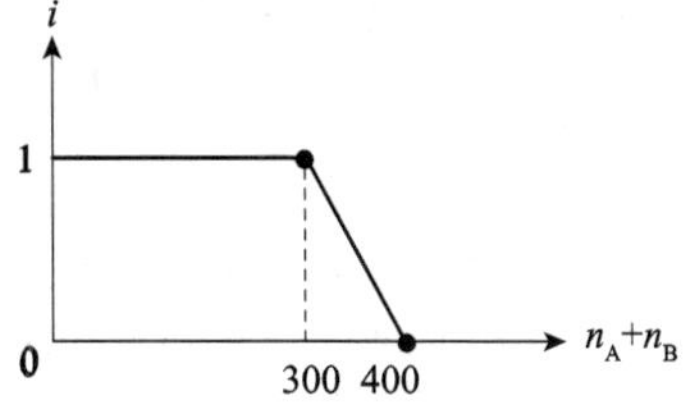

图 3.6 和谐系数 i 函数曲线

其次，需要确定不和谐系数 j 的函数，如图 3.7 所示。

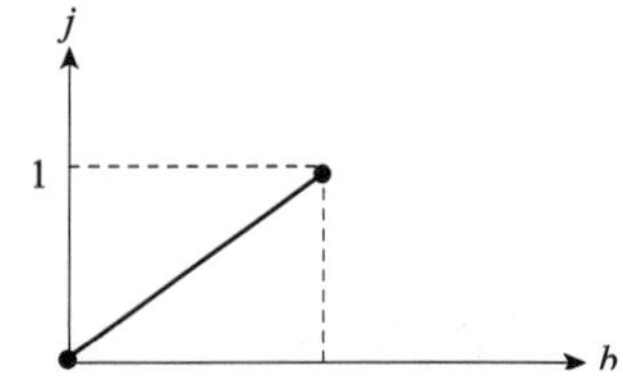

图 3.7　不和谐系数 j 值函数曲线

依据"养羊的数量与人口成正比"的和谐规则（即 $n_A:n_B=2:1$），假如 A 户养 200 只羊，B 户养 100 只羊，则 A 户、B 户具有共同目标的和谐行为分别为 200、100，则 $a=(200+100)/(200+100)=1$，$b=0$。假如 A 户养 200 只羊，B 户养 160 只，则 A 户、B 户具有共同目标的和谐行为仍分别为 200、100，则 $a=(200+100)/(200+160)=0.83$，$b=1-a=0.17$。假如 A 户养 200 只羊，B 户养 60 只羊，则 A 户、B 户具有共同目标的和谐行为分别为 120、60，则 $a=(120+60)/(200+60)=0.69$，$b=1-a=0.31$。

再将 n_A+n_B 与和谐目标进行对比，按照和谐系数 i 函数曲线，计算和谐系数 i；根据分歧度 b，按照不和谐系数 j 函数曲线，计算不和谐系数 j。

最后，再根据和谐度计算式，计算和谐度。表 3.13 是假设的几种情景。根据计算结果，最后的结论是 $n_A:n_B=2:1$ 且 $n_A+n_B\leqslant 300$ 时，是最优和谐行为集合。

表 3.13　公共地的悲剧问题和谐度计算一览表

情景	n_A	n_B	a	b	i 值	j 值	HD	说明
1	200	100	1	0	1	0	1	$n_A:n_B=2:1$ 且 $n_A+n_B\leqslant 300$。最优行为
2	120	100	0.82	0.18	1	0.18	0.79	出现一定"分歧"
3	200	80	0.86	0.14	1	0.14	0.84	出现一定"分歧"
4	200	60	0.69	0.31	1	0.31	0.59	出现较大"分歧"
5	160	80	1	0	1	0	1	$n_A:n_B=2:1$ 且 $n_A+n_B\leqslant 300$。最优行为
6	100	50	1	0	1	0	1	$n_A:n_B=2:1$ 且 $n_A+n_B\leqslant 300$。最优行为
7	200	150	0.86	0.14	0.5	0.14	0.41	超出和谐目标，并出现一定"分歧"
8	250	100	0.86	0.14	0.5	0.14	0.41	超出和谐目标，并出现一定"分歧"
9	300	150	1	0	0	0	0	严重超出和谐目标
10	250	180	0.87	0.13	0	0.13	0	严重超出和谐目标，并出现一定"分歧"

现进行一些假定。假如没有和谐规则的要求，只要 $n_A+n_B\leqslant 300$，和谐

度都为 1，都是和谐的，说明只有“和谐目标”的要求，没有“和谐参与者之间”对“分歧”的要求。假如和谐规则为 $n_A:n_B=1:1$，则只有 $n_A=n_B$ 且 $n_A+n_B\leqslant 300$ 时为最优和谐行为。如表 3.13 所示，表中情景 1、情景 5、情景 6 都是最优和谐行为，符合最优和谐行为定义。需要说明的是，最优和谐行为与运筹学中“最优行为”不完全一样，一般满足“最优和谐行为”的可能是多个方案，组成一个“行为集合”。

第十节 应用举例 4——跨界河流分水问题

一条河流可能会跨越不同省份（如黄河、长江），甚至会跨越不同国家（如多瑙河），把这类跨越不同区域的河流称为跨界河流。因为一条河流的可利用水资源量是有限的，为了保护河流健康，必须共同控制总引用水量。下面，以黄河为例来说明[1]。

黄河是中华民族的摇篮，也是世界古代文化发祥地之一。自 20 世纪 60 年代以来，随着经济社会的发展，引用黄河水量增加，带来黄河水量减少甚至断流、水土流失严重等问题。为了协调各地区用水，1987 年，国家计划委员会（2003 年改组为国家发展和改革委员会）与有关省（自治区、直辖市）和部门协商，制订了黄河可供水量分配方案，见表 3.14。

表 3.14 黄河可供水量分配方案 （单位：亿米^3）

省（自治区、直辖市）	青海	四川	甘肃	宁夏	内蒙古	陕西	山西	河南	山东	河北天津	合计
年耗水量	14.1	0.4	30.4	40.0	58.6	38	43.1	55.4	70.0	20.0	370.0

表 3.14 是给出的一般年份情况，也可以理解为多年平均情况，因此，可以允许在某些年份总耗水量超出 370 亿米^3。据此，给出和谐系数 i 的函数曲线，如图 3.8 所示。不和谐系数 j 的函数仍采用图 3.7 曲线。和谐规则定义为各地区实际耗水量不超出其分配的耗水量。

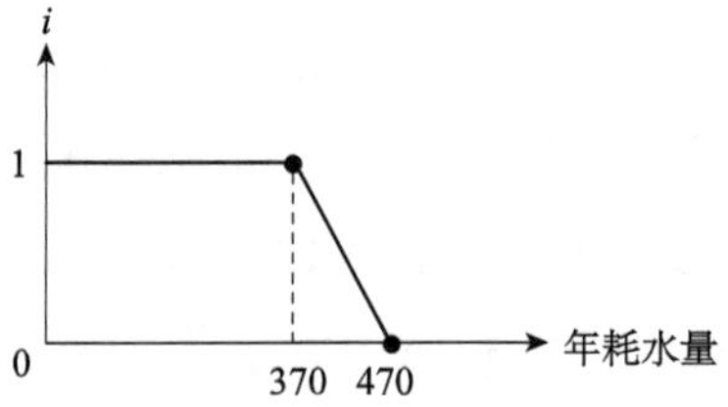

图 3.8 和谐系数 i 函数曲线

黄河 1998～2007 年各省（自治区、直辖市）实际耗水量，如表 3.15 所示。首先确定满足和谐规则的和谐行为 G_1，G_2，…，G_n，据此计算 a 和 b。再根据 a 和 b 值计算 i 值和 j 值。最后计算 HD 值。计算结果，如表 3.16 所示。从计算结果来看，2006 年属于"接近不和谐"，主要是因为该年份来水量偏枯，引水量过大。

表 3.15 黄河 1998～2007 年各省（自治区，直辖市）实际耗水量（单位：亿米^3）

省（自治区、直辖市）	1998 年	1999 年	2000 年	2001 年	2002 年	2003 年	2004 年	2005 年	2006 年	2007 年	多年平均
青海	12.47	12.94	14.19	12.11	13.00	12.27	12.53	12.48	15.41	13.33	13.07
四川	0.16	0.25	0.24	0.25	0.26	0.25	0.27	0.27	0.22	0.19	0.24
甘肃	27.85	30.58	32.02	31.95	31.08	33.84	34.10	33.44	34.34	30.44	31.96
宁夏	39.23	43.91	40.32	40.31	38.77	39.06	40.46	44.64	41.39	39.44	40.75
内蒙古	77.45	84.14	77.59	79.85	78.34	69.48	75.91	82.58	80.60	59.70	76.56
陕西	41.98	43.32	44.05	42.69	41.93	37.46	40.44	43.43	47.83	24.97	40.81
山西	28.10	28.23	27.93	29.31	29.45	28.33	28.52	30.41	32.94	13.58	27.68
河南	45.16	52.74	48.49	48.04	54.38	47.68	45.28	48.76	57.78	33.64	48.20
山东	89.05	93.47	73.91	73.65	89.82	58.02	56.71	64.41	88.22	71.59	75.89
河北、天津	3.35	3.16	7.15	3.63	5.20	10.06	8.08	1.33	3.00	1.90	4.69
合计	364.80	392.74	365.89	361.79	382.23	336.45	342.30	361.75	401.73	288.78	359.85

资料来源：耗水量数据来源于黄河水利委员会提供的《黄河水资源公报》（1998～2007 年）

表 3.16 黄河 1998～2007 年和谐度计算结果表

计算值	1998 年	1999 年	2000 年	2001 年	2002 年	2003 年	2004 年	2005 年	2006 年	2007 年	多年平均
a 值	0.885	0.851	0.915	0.913	0.884	0.957	0.930	0.897	0.853	0.991	0.919
b 值	0.115	0.149	0.085	0.087	0.116	0.043	0.070	0.103	0.147	0.009	0.081
i 值	1	0.773	1	1	0.878	1	1	1	0.683	1	1
j 值	0.115	0.149	0.085	0.087	0.116	0.043	0.070	0.103	0.147	0.009	0.081
HD	0.872	0.636	0.908	0.906	0.763	0.956	0.925	0.887	0.561	0.990	0.913

第四章　和谐论的数学基础——和谐分析数学方法

在和谐分析中需要建立具有普适性的一般数学方法，构建和谐论的数学基础。本章从集合论、隶属度、和谐定义角度，分别对和谐论五要素进行数学描述，对和谐度方程中参数进行数学描述，对和谐度进行四则运算，为进一步研究和谐问题奠定数学基础。

第一节　和谐论五要素的数学描述

一、和谐参与者的“集合 H”

如第三章第一节叙述，参与和谐的各方组成一个集合 H，是和谐问题的研究对象，记作：

$$H=\{H_1, H_2, \cdots, H_n\} \tag{4.1}$$

式中，H_k 表示第 k 和谐方（k=1，2，…，n）；n 为和谐方个数。

当 n=2，集合 H 为最简单的一种和谐参与者集合，即有 2 个和谐参与者组成，即

$$H=\{H_1, H_2\} \quad (4.2)$$

二、和谐目标的"隶属度 B"

和谐目标是指和谐参与者为了达到和谐状态所必须满足的目标，具体问题有具体的描述，这里统记作：和谐目标论域 U，论域 U 是和谐参与者集合 H 所满足的和谐目标集，记作

$$U=U(H)=U\{H_1, H_2, \cdots, H_n\} \quad (4.3)$$

若对论域 U 中的任一元素 $H(x)$，都有一个数 $B[H(x)]\in[0, 1]$ 与之对应，则称 B 为 U 上的模糊集，$B[H(x)]$ 称为 $H(x)$ 对 B 的隶属度。当 $H(x)$ 在 U 中变动时，$B[H(x)]$ 就是一个函数，称为 B 的隶属函数。隶属度 $B[H(x)]$ 越接近于 1 表示 $H(x)$ 隶属于 B 的程度越高，$B[H(x)]$ 越接近于 0 表示 $H(x)$ 隶属于 B 的程度越低。用取值区间 $[0, 1]$ 的隶属函数 $B[H(x)]$ 表征 $H(x)$ 属于 B 的程度高低。实际上，这里定义的隶属度就是上文所指的和谐系数 i。

$$i=B[H(x)] \quad (4.4)$$

三、和谐规则的"集合 R"

和谐规则是指和谐参与者为了实现和谐目标所制定的一切规则或约束，具体问题有具体的描述，这里统记作：和谐规则集合 $R(H)$：

$$R(H)=R\{H_1, H_2, \cdots, H_n\} \quad (4.5)$$

四、和谐因素的"集合 F"

如第三章第一节叙述，和谐因素是指和谐参与者为了达到总体和谐所需要考虑的因素。其集合表示为

$$F=\{F^1, F^2, \cdots, F^m\} \quad (4.6)$$

式中，m 为和谐因素个数。当 $m=1$，称为单因素和谐，直接表示为 F。

五、和谐行为的“矩阵 A”

如第三章第一节叙述，n 方和谐 m 个和谐因素所采取的和谐行为集合矩阵如下：

$$A=\begin{Bmatrix} A_1^1 & A_2^1 & \cdots & A_n^1 \\ A_1^2 & A_2^2 & \cdots & A_n^2 \\ \vdots & \vdots & & \vdots \\ A_1^m & A_2^m & \cdots & A_n^m \end{Bmatrix} \tag{4.7}$$

单因素和谐行为，$m=1$，则表示为 $A=\{A_1，A_2，\cdots，A_n\}$。当 $n=2$，$m=1$ 时，则 $A=\{A_1，A_2\}$。这是最简单的一种和谐行为表达式。

第二节　和谐度方程中参数的数学描述

一、统一度 a 的计算

统一度 a 表示和谐参与者按照和谐规则具有“相同目标”所占的比重，是表达和谐参与者集合 H 中各方具有一致关系的测度，$a\in[0，1]$。为了简化描述，如下所述均针对“单因素 2 方和谐问题”$H=\{H_1，H_2\}$，和谐行为 $A=\{A_1，A_2\}$。其他更复杂的表述可以类推。

因为不同问题其统一度计算各异，这里列举一系列计算公式，可供选择。

（1）统一度计算第 1 公式：

$$a=\frac{G_1+G_2}{A_1+A_2}\text{或}a=\frac{\dfrac{G_1}{A_1}+\dfrac{G_2}{A_2}}{2}\text{或}a=\min\left\{\frac{G_1}{A_1},\frac{G_2}{A_2}\right\} \tag{4.8}$$

式中，假定具有“相同目标”、符合和谐规则的和谐行为分别为 G_1，G_2。

这一公式适合于和谐行为 A 及符合和谐规则的值 G 都已经明确，可以通过计算或统计得到。

（2）统一度计算第 2 公式：

$$a=\omega_1\mu(A_1)+\omega_2\mu(A_2) \tag{4.9}$$

式中，假定具有“相同目标”、符合和谐规则的和谐行为隶属度值可以通过一定计算得到，分别为$\mu(A_1)$、$\mu(A_2)$；ω_1、ω_2分别为对应的权重，ω_1、$\omega_2\in[0，1]$，且$\omega_1+\omega_2=1$。

（3）统一度计算第3公式：

$$a=\varphi(A_1,\ A_2) \tag{4.10}$$

式中，$\varphi(A_1,\ A_2)$表示和谐行为A_1与A_2之间的关联程度隶属度，属于和谐规则集合R（H）的隶属度。关于关联程度隶属度的计算有多种方法，比如，灰色关联度计算、相关系数计算、匹配程度计算、协调程度计算等。

二、分歧度b的计算

分歧度b表示和谐参与者对照和谐规则和目标存在分歧情况所占的比重，是对和谐参与者集合H中各方具有不一致关系的测度，$b\in[0，1]$。统一度a与分歧度b表达的意思相反，确定的方法类似。仿照统一度a的计算公式，列出分歧度b的计算公式。

（1）分歧度计算第1公式：

$$b=\frac{D_1+D_2}{A_1+A_2}\text{或}b=\frac{\frac{D_1}{A_1}+\frac{D_2}{A_2}}{2}\text{或}b=\max\left\{\frac{D_1}{A_1},\frac{D_2}{A_2}\right\} \tag{4.11}$$

式中，假定不符合和谐规则、具有“分歧现象”的行为分别为D_1，D_2。

（2）分歧度计算第2公式：

$$b=\beta_1\gamma(A_1)+\beta_2\gamma(A_2) \tag{4.12}$$

式中，不符合和谐规则、具有“分歧现象”的分歧行为隶属度值可以通过一定计算得到，分别为$\gamma(A_1)$、$\gamma(A_2)$；β_1、β_2分别为对应的权重，β_1、$\beta_2\in[0，1]$，且$\beta_1+\beta_2=1$。

（3）分歧度计算第3公式：

$$b=1-\varphi(A_1,\ A_2) \tag{4.13}$$

式中，$\varphi(A_1,\ A_2)$说明同上。

三、和谐系数 i 的计算

如本章第一节所述，和谐系数 i 就是和谐参与者集合 H 满足和谐目标的隶属度，$i\in$ [0，1]。可以根据和谐目标满足程度确定和谐系数曲线或函数，如图 3.4 所示，可以分类列出和谐系数 i 的计算公式。

（1）和谐系数计算第 1 公式：

$$i=\lambda\ (\lambda \text{ 为一定值，} \lambda\in[0,1];\ x\in[X_1, X_2]) \tag{4.14}$$

（2）和谐系数计算第 2 公式：

两节点公式：

$$\left.\begin{aligned} & i=\frac{i_2-i_1}{x_2-x_1}(x-x_1)+i_1\ (x\in[X_1, X_2]) \\ & i=0\text{或}i_1\text{或其他选择}\ (x<X_1) \\ & i=0\text{或}i_2\text{或其他选择}\ (x>X_2) \end{aligned}\right\} \tag{4.15}$$

三节点公式：

$$\left.\begin{aligned} & i=\frac{i_2-i_1}{x_2-x_1}(x-x_1)+i_1\ (x\in[X_1, X_2]) \\ & i=\frac{i_3-i_2}{x_3-x_2}(x-x_2)+i_2\ (x\in[X_2, X_3]) \\ & i=0\text{或}i_1\text{或其他选择}\ (x<X_1) \\ & i=0\text{或}i_3\text{或其他选择}\ (x>X_3) \end{aligned}\right\} \tag{4.16}$$

四节点公式：

$$\left.\begin{aligned} & i=\frac{i_2-i_1}{x_2-x_1}(x-x_1)+i_1\ (x\in[X_1, X_2]) \\ & i=\frac{i_3-i_2}{x_3-x_2}(x-x_2)+i_2\ (x\in[X_2, X_3]) \\ & i=\frac{i_4-i_3}{x_4-x_3}(x-x_3)+i_3\ (x\in[X_3, X_4]) \\ & i=0\text{或}i_1\text{或其他选择}\ (x<X_1) \\ & i=0\text{或}i_4\text{或其他选择}\ (x>X_4) \end{aligned}\right\} \tag{4.17}$$

其他节点公式依次类推。

以上公式（第 2 公式）中，节点（X_1，i_1）、（X_2，i_2）…为已知节点，并且 X_1、X_2…依次增大，i_1、i_2…均在 [0，1] 区间。和谐系数计算第 2 公式是建立的和谐系数 i 与和谐行为 X 之间的关系式。

（3）和谐系数计算第 3 公式：

$$i=\frac{i_2-i_1}{\alpha_2-\alpha_1}(\alpha-\alpha_1)+i_1 \tag{4.18}$$

式中，节点（a_1，i_1）、（a_2，i_2）为已知节点，i_1、i_2 均在［0，1］区间。和谐系数计算第 3 公式是建立的和谐系数 i 与统一度 a 之间的关系式。也可以仿照和谐系数计算第 2 公式分别写出两节点、三节点、四节点等计算公式。

四、不和谐系数 j 的计算

从不和谐系数的定义可以看出，不和谐系数 j 就是和谐参与者集合 H 存在分歧现象的隶属度，$j\in$［0，1］。可以根据对分歧度的重视程度，建立计算公式。

（1）不和谐系数计算第 1 公式：

$$j=\rho\text{（}\rho\text{ 为一定值，}\rho\in[0,1]\text{；}x\in[X_1,X_2]\text{）} \tag{4.19}$$

（2）不和谐系数计算第 2 公式：

$$j=\frac{j_2-j_1}{b_2-b_1}(b-b_1)+j_1 \tag{4.20}$$

式中，节点（b_1，j_1）、（b_2，j_2）为已知节点，j_1、j_2 均在［0，1］区间。不和谐系数计算第 2 公式是建立的不和谐系数 j 与分歧度 b 之间的关系式。

（3）不和谐系数计算第 3 公式：

$$j=\frac{P}{K} \tag{4.21}$$

该式是通过问卷调查得到的统计结果，即收回 K 份问卷，其中有 P 份问卷反对存在这一分歧。

第三节 和谐度的四则运算

一、四则运算一般表达式

和谐度方程同样有加、减、乘、除四则运算，但它的运算与一般的代数运算不同，不能直接相加减乘除。本节先给出两个和谐度方程的四则运算表达式，再列举简单计算例子。

1. 加法运算

假设两个和谐度分别为 HD_1、HD_2，二者之和表示为 HD^+，则有

$$HD^+ = \omega_1 HD_1 + \omega_2 HD_2 \tag{4.22}$$

式中，ω_1、ω_2 分别为 HD_1、HD_2 的权重，ω_1、$\omega_2 \in [0，1]$，$\omega_1 + \omega_2 = 1$。

2. 减法运算

假设两个和谐度分别为 HD、HD_1，二者之差表示为 HD^-，则有

$$HD^- = (HD - \omega_1 HD_1) / \omega_2 \tag{4.23}$$

式中，ω_1、ω_2 分别为 HD_1、HD^-的权重，ω_1、$\omega_2 \in [0，1]$，$\omega_1 + \omega_2 = 1$。

3. 乘法运算

假设两个和谐度分别为 HD_1、HD_2，二者之积表示为 $HD^\times$，则有

$$HD^\times = {HD_1}^{\omega_1} \times {HD_2}^{\omega_2} \tag{4.24}$$

式中，ω_1、ω_2 分别为 HD_1、HD_2 的权重，ω_1、$\omega_2 \in [0，1]$，$\omega_1 + \omega_2 = 1$。

4. 除法运算

假设两个和谐度分别为 HD、HD_1，二者之商表示为 $HD^\div$，则有

$$\mathrm{HD}^{\div}=\left(\frac{\mathrm{HD}}{\mathrm{HD}_1^{\omega_1}}\right)^{\frac{1}{\omega_2}} \tag{4.25}$$

式中，ω_1、ω_2分别为HD_1、$\mathrm{HD}^{\div}$的权重，ω_1、$\omega_2 \in$［0，1］，$\omega_1+\omega_2=1$。

二、计算举例

（1）假如有两个社区的和谐度分别为 $\mathrm{HD}_1=0.66$、$\mathrm{HD}_2=0.96$，按照人口比重所得的权重分别为 0.35、0.65。则二者之和为

$$\mathrm{HD}^{+}=\omega_1\mathrm{HD}_1+\omega_2\mathrm{HD}_2=0.66\times0.35+0.96\times0.65=0.855$$

$\mathrm{HD}^{+}=0.855$，即表达这两个社区的总体和谐度为 0.855，采用的是加权平均计算。

（2）假设有两个社区和谐度分别为 HD_1、HD_2，按照人口比重所得的权重分别为 0.35、0.65。假如两个社区的总体和谐度为 $\mathrm{HD}=0.855$，并已知 $\mathrm{HD}_1=0.66$，二者之差记为 HD^{-}，则有

$$\mathrm{HD}^{-}=(\mathrm{HD}-\omega_1\mathrm{HD}_1)/\omega_2=(0.855-0.35\times0.66)/0.65=0.96$$

$\mathrm{HD}^{-}=0.96$，正好等于 HD_2，即为第 2 个社区的和谐度。

从以上计算可以看出，如上定义的加法、减法互为逆运算。

（3）同样，如（1）的假设，有两个社区的和谐度分别为 $\mathrm{HD}_1=0.66$、$\mathrm{HD}_2=0.96$，按照人口比重所得的权重分别为 0.35、0.65。则二者之积为

$$\mathrm{HD}^{\times}=\mathrm{HD}_1^{\omega_1}\times\mathrm{HD}_2^{\omega_2}=0.66^{0.35}\times0.96^{0.65}=0.842$$

$\mathrm{HD}^{\times}=0.842$，即表达这两个社区的总体和谐度为 0.842，采用的是指数加权计算。

（4）同样如（2）的假设，有两个社区和谐度分别为 HD_1、HD_2，按照人口比重所得的权重分别为 0.35、0.65。假如两个社区的总体和谐度为 $\mathrm{HD}=0.842$，并已知 $\mathrm{HD}_1=0.66$，二者之商记为 $\mathrm{HD}^{\div}$，则有

$$\mathrm{HD}^{\div}=\left(\frac{\mathrm{HD}}{\mathrm{HD}_1^{\omega_1}}\right)^{\frac{1}{\omega_2}}=\left(\frac{0.842}{0.66^{0.35}}\right)^{\frac{1}{0.65}}=0.96$$

$\mathrm{HD}^{\div}=0.96$，正好等于 HD_2，即为第二个社区的和谐度。

从以上计算可以看出，如上定义的乘法、除法互为逆运算。

第五章　和谐平衡理论

在对和谐论有关概念，以及和谐论五要素、和谐度方程研究的基础上，笔者在文献［24］中首次提出和谐平衡理论。本章在此基础上，介绍和谐平衡理论的相关内容，主要包括基本概念及内涵解读、和谐平衡计算方法及应用举例（部分内容引自文献［24］）。这是和谐论分析现实问题、认识和谐现象的重要理论基础之一。

第一节　和谐平衡的概念及内涵解读

一、基本概念

根据上文对和谐及和谐论概念和主要论点的理解，可以认为，寻找和谐途径就是和谐参与者在考虑相关和谐因素，满足一定和谐目标情况下，按照和谐规则，希望达成的一种和谐行为。为了满足一定的和谐目标或达到一定的和谐状态，和谐参与者常常需要按照一定规则、约束行为，维持一种相对平衡状态，这就是和谐平衡。因此，可以把和谐平衡简单定义如下：和谐平衡（harmony equilibrium）是指和谐参与者考虑各自利益和总体和谐目标而呈现的一种相对静止的、和谐参与者各方暂时都能接受的平衡状态（此定义最早是笔者于 2014 年在文献［24］中提出的）。

在经济学中，平衡意即相关量处于稳定值。比如经济学中商品“供求关系”，假如某一商品市场在某一价格下，想以此价格买此商品的人均能买到，而想卖的人均能卖出，此时就可以认为，该商品的供求关系达到了平衡状态。这就是针对某一时期相对静止的和谐平衡。如果该商品的生产成本增加，卖方再以此价格卖出就会亏本或盈利太少，必然会抬高价格，这时原来的平衡状态被打破，新的价格慢慢被买卖双方接受，于是又转移到另一平衡状态。

二、内涵解读及理论观点

和谐平衡首先是在一定背景条件下满足和谐目标，达到某一水平的和谐状态，从定量的角度看，和谐度至少大于或等于某一个最小值（也可能是变动的）。从这个意义上讲，和谐平衡是维持某一和谐状态的和谐行为的集合。

其次，和谐平衡呈现的是一种相对静止的和谐状态，这种平衡可能会在某一条件下被打破，从而失去平衡；又可能在某一条件下逐渐形成新的和谐平衡。当达到某一边界时，和谐平衡就被打破，把对应于该边界的平衡称为“边界和谐平衡”（boundary harmony equilibrium）。这种边界称为“和谐平衡边界”（the boundary of harmony equilibrium）。

比如，前文提到的“公共地的悲剧”的例子中，假如有一片草地由两户人家（A 户、B 户）共用，用于放羊。假如和谐规则是各自占有一半养羊数，即 $n_A:n_B=1:1$，和谐目标要求 $n_A+n_B\leqslant 300$。如果按照这些条件，当 A 户、B 户均养 150 只羊时，是一种最优状态。另外，$n_A+n_B\leqslant 300$，$n_A:n_B=1:1$ 对应的是最优和谐行为。此时，$n_A=n_B$，且 n_A，$n_B\leqslant 150$，是一个直线段。实际中可能不一定正好是这种状态，可以再宽松一些，假如 $n_A:n_B=1:1.2$～$1.2:1$ 都是可以接受的。这时这种和谐平衡就是一个区间范围（集合）。如图 5.1 所示，阴影部分为该问题的和谐平衡的区间范围；1 线是按照和谐规则 $n_A:n_B=1:1$ 的最优和谐行为，也称为最优和谐平衡（the optimal harmony equilibrium）；2 线是按照 $n_A:n_B=1.2:1$ 的和谐平衡，3 线是按照 n_A：

n_B=1∶1.2 的和谐平衡。2 线、3 线均为和谐平衡边界。和谐平衡边界围成的区域即为和谐平衡范围（the range of harmony equilibrium）。处于该区域就可以判断其为和谐平衡状态，不至于带来不和谐的“质”的突变。但如果超出该区域或者远离和谐平衡边界，就会失去平衡。在条件成熟的情况下，可能会达到新的和谐平衡。

再假如上面例子中，通过某一种交易（比如通过用地权交易），和谐规则变为 n_A∶n_B=1∶2。这时，上面的和谐平衡就变成另一种平衡。如图 5.2 所示，平衡 1 是图 5.1 中的平衡，平衡 2 是和谐规则变为 n_A∶n_B=1∶2 的平衡。在新的平衡中也存在新的和谐平衡边界。

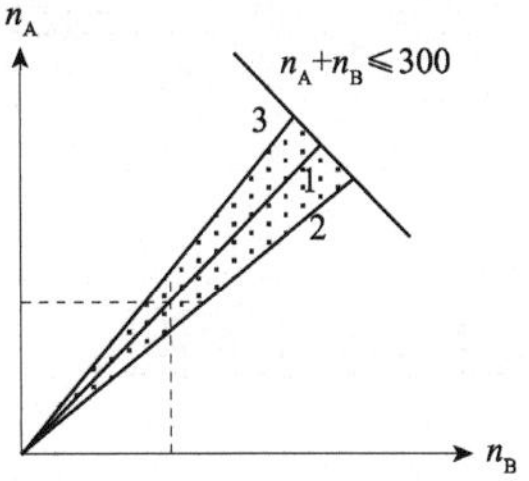

图 5.1　和谐平衡示意图

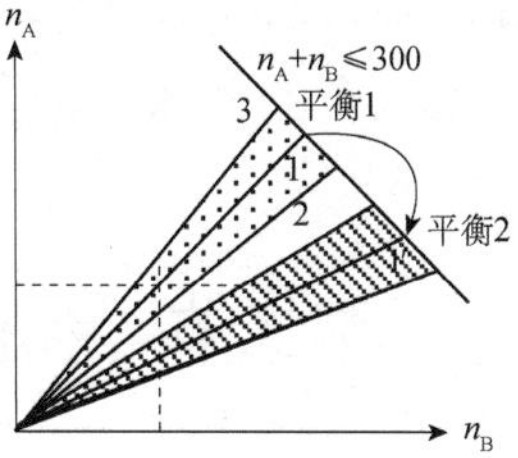

图 5.2　从一种和谐平衡转到另一种和谐平衡示意图

从上面例子也可以看出，最优和谐平衡是和谐平衡的一种特例。当然，也有最优和谐平衡与和谐平衡一致的情况。比如，前文介绍的“一票否决”选举制度，只要出现反对票即是不和谐平衡，全票通过即是和谐平衡，也是最优和谐平衡。因此，在这种情况下，和谐平衡只有一种状态，也就是最优和谐平衡。

根据以上分析和对和谐平衡的理解，可以总结以下内涵和主要理论观点。

（1）和谐平衡是满足和谐度要求的和谐行为的集合，该集合中的所有行为都满足和谐的要求。和谐平衡的集合可能是一个点、一条直线、一个区间或一个更加复杂的集合。

（2）最优和谐平衡是和谐平衡的一种特例，可以是一个点，一条直线，也可以是一个集合。但有时候最优和谐平衡与和谐平衡是一致的，即和谐平衡就是最优和谐平衡。

（3）在某一阶段或某一状态下，可能还没有形成和谐平衡。也就是说，和谐平衡并不是始终都存在的。

（4）和谐平衡是一种相对静止的和谐状态，在条件变化的情况下，可能会从一种和谐平衡转移到另一种和谐平衡。

（5）正确看待和谐平衡的转移，既要理解和谐平衡转移是正常的，也要关注和谐平衡转移带来的优点和缺点。比如，一种社会关系，如果通过先进人士的努力，朝着更加先进的社会转移，这种转移是人们追求的目标，是值得肯定的；如果通过社会动荡和不良措施，使原本和谐的社会转移到动荡的社会，这是不可取的。

（6）和谐平衡具有一般和谐概念的特性。和谐平衡不是一成不变的，具有动态性；是针对某一区域或特定对象而言的，具有空间性；一般具有复杂的包含和被包含的关系，即具有层次性。

第二节　和谐平衡计算方法及应用举例

一、和谐平衡表达式

根据上文对和谐平衡概念的介绍和内涵解读，可以把和谐平衡表达为如下基于和谐度计算的集合形式：

$$\{和谐行为\ A \mid HD \geqslant HD_0\} \tag{5.1}$$

或

$$\{和谐行为\ A \mid HD \in [HD_-, HD^-]\} \tag{5.2}$$

式中，HD_0 为某一设定的、认为是和谐平衡的最小和谐度值；HD_-，HD^-分别为认为和谐平衡状态相对静止的和谐度值下限和上限。式（5.1）和式（5.2）称为和谐平衡表达式（harmony equilibrium expression）。

最优和谐平衡可以表达如下：

$$\{和谐行为\ A \mid HD=HD_{max}\} \tag{5.3}$$

式中，HD_{max} 为和谐度最大值。

针对某一具体和谐问题，如果式（5.1）中 HD_0 过大或 HD 本身就小，就达不到和谐平衡。如果降低 HD_0 值，达到的和谐平衡是较低和谐度的平衡状态。尽管如此，这也是一种和谐平衡状态，只是在这种背景和条件下和谐度值本身较小。

二、和谐平衡的转移

随着时间和外部条件的变化，一个和谐平衡可以发生变化或转移到另一个平衡状态。主要有以下几种情况。

（1）和谐度 HD_0 变化带来的和谐平衡变化。比如，下文将介绍的不同社会发展阶段的和谐平衡，从封建社会的“和谐平衡”（低层次的），发展到资本主义社会的“和谐平衡”，再发展到社会主义社会的“和谐平衡”，和谐度在不断提高。

（2）和谐目标变化带来的和谐平衡变化。比如上文提到的“跨界河流的分水问题”，和谐目标要求总引用水量不得超过某个限值。如果通过外调水量增加了来水量，总引用水量可以增加，和谐平衡必然随之发生变化。

（3）和谐规则变化带来的和谐平衡变化。本章第一节介绍的“公共地的悲剧”的例子中，通过某一种交易（比如通过用地权交易），和谐规则发生变化，和谐平衡就变成另一种平衡，如图 5.2。

（4）和谐因素变化带来的和谐平衡变化。比如，考虑多因素和谐一般要比单因素和谐要求更高，从而带来和谐平衡的变化。

三、应用举例 1——社会变革的和谐平衡解读

中国社会发展阶段大致可以划分为原始社会、奴隶社会、封建社会、半殖民地半封建社会、社会主义社会。

中国的原始社会，起自大约 170 万年前的元谋人时期，止于公元前 21 世纪夏王朝的建立。原始社会经历了原始人群和氏族公社两个时期。氏族公

社又经历了母系氏族公社和父系氏族公社两个阶段。元谋人是已知的中国境内最早的人类。北京人是原始人群时期的典型。山顶洞人已经过着氏族公社的生活。长江流域的河姆渡氏族和黄河流域的半坡氏族是母系氏族公社的繁荣时期。大汶口文化的中晚期反映了父系氏族公社的情况。传说中，黄帝是大约 4000 多年前，生活在黄河流域原始部落的部落联盟首领。黄帝以后，黄河流域部落联盟的杰出首领，先后有尧、舜、禹。

中国的奴隶社会，从公元前 21 世纪夏朝建立开始，到公元前 476 年春秋时期结束，经历了夏、商、西周、春秋四个时期。禹的儿子启建立的夏朝，是中国最早的奴隶制国家。公元前 16 世纪至公元前 11 世纪的商朝，是奴隶社会的发展时期。商朝的农业、手工业较发达，青铜冶炼和铸造技术达到很高水平。中国有文字可考的历史是从商朝开始的。公元前 11 世纪至公元前 771 年的西周，是奴隶社会的强盛时期。西周统治者实行了分封制和井田制。公元前 770 年至公元前 476 年的春秋时期，是奴隶社会逐步瓦解时期。这一时期，周王室衰微，诸侯争霸，奴隶制走向崩溃。

中国的封建社会，从公元前 475 年战国时期开始，到 1840 年鸦片战争爆发前止，经历了战国、秦、汉、三国、两晋、南北朝、隋、唐、五代、辽、宋、夏、金、元、明、清（鸦片战争以前）。从公元前 475 年战国时期开始，到公元 220 年东汉灭亡，是中国封建社会的确立和初步发展时期。从公元 220 年曹丕建魏，到公元 589 年隋统一，是中国历史上封建国家的分裂和民族大融合时期。从公元 581 年隋朝建立，到公元 907 年唐朝灭亡，是中国封建社会的繁荣时期。从 907 年后梁建立，到 1368 年元朝灭亡，是中国封建社会民族融合的进一步加强和封建经济的继续发展时期。从 1368 年明朝建立，到 1840 年鸦片战争爆发前止，是中国封建社会统一的多民族国家的巩固和封建制度的逐渐衰落时期。

中国的半殖民地半封建社会，从 1840 年鸦片战争到 1949 年中华人民共和国成立前，分为两个阶段，从 1840 年鸦片战争到 1919 年“五四”运动前夕，是旧民主主义革命阶段；从 1919 年“五四”运动到 1949 年中华人民共和国成立前夕，是新民主主义革命阶段。

1949 年 10 月 1 日中华人民共和国的成立，标志着中国进入了社会主义革命和建设时期。其中，1949~1956 年为新民主主义社会（过渡时期）；1956 年至今为社会主义社会（初级阶段）。从 1949 年中华人民共和国成立到 1956 年，中国共产党领导全国各族人民有步骤地实现了从新民主主义到社会主义的转变，迅速恢复了国民经济并开展了有计划的经济建设，在全国绝大部分地区基本上完成了对生产资料私有制的社会主义改造。从 1956 年开始，社会主义改造基本完成以后，中国共产党领导全国各族人民开始转入全面的大规模的社会主义建设时期。

把中国社会发展不同阶段按照时间推移放在一张图上，如图 5.3 所示，用 HD 值表示不同阶段的总体平衡状态水平。总体来看，随着时间的推移，时代在进步，总体水平在提高；在一个社会阶段，由于本质上的社会制度体系没有大的变化，总体处于一个相对平衡的状态；然而，由于一个社会阶段存在不同的时代，或者产生有影响力的事件或变革，会出现一些起伏或波动。

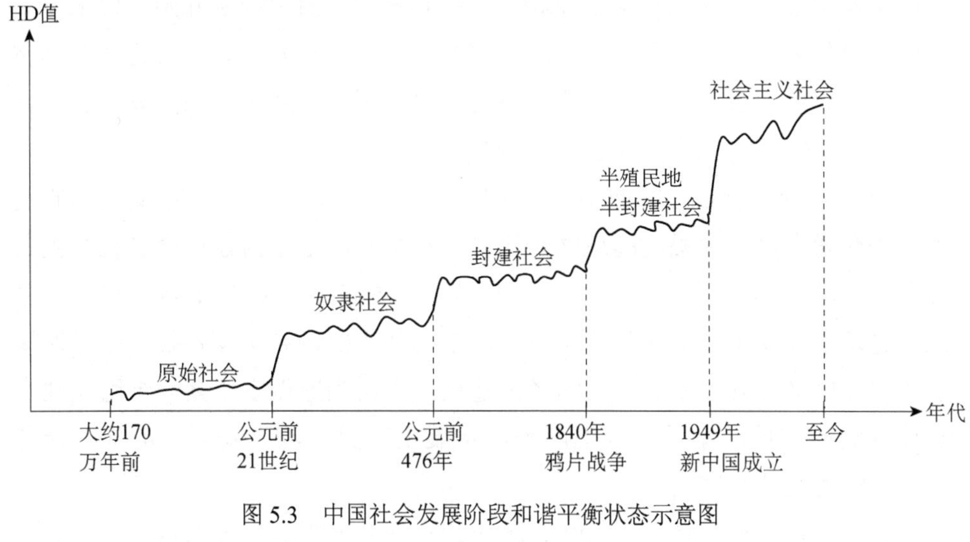

图 5.3 中国社会发展阶段和谐平衡状态示意图

（1）在一个社会阶段，由于本质上的社会制度体系没有大的变化，总体处于一个相对平衡的状态。比如，原始社会经历了漫长的发展过程，从大约 170 万年前到公元前 21 世纪，该阶段人类生产力水平很低，这一漫长阶段处于低水平发展阶段，总体相对平衡；从公元前 21 世纪夏朝建立开始，到公元前 476 年春秋时期结束，进入另一个相对平衡阶段——奴隶社会，与原始社会相比，社会制度发生很大变化，人类生产力水平有较大提高；接着，经历了封建社会、半殖民地半封建社会；1949 年中华人民共和国成立，标志着中国进入了社会主义革命和建设时期。

（2）在一个社会阶段，由于经历不同时代，或者产生有影响力的事件或变革，会出现一些起伏或波动。当然，这些起伏或波动不大，因为社会制度体系没有发生根本性变化。比如，在封建社会，从公元前 475 年战国时期开始，到 1840 年鸦片战争爆发前止，经历了战国、秦、汉、三国、两晋、南北朝、隋、唐、五代、辽、宋、夏、金、元、明、清（鸦片战争以前）。战国时期，新兴地主阶级推动了各诸侯国的变法运动。秦朝是中国历史上第一个统一的多民族的专制主义中央集权的封建国家。西汉是中国历史上一个强盛的封建国家。秦汉时期，国家统一，生产发展，各民族间政治经济联系加强，科学文化得到迅速发展。在民族大融合和南北经济发展的基础上，隋朝实现了全国统一，农业、手工业和商业得到发展，封建经济开始呈现了繁荣局面。当隋末农民起义蓬勃发展时，李渊起兵攻占长安，并在公元 618 年称帝，建立唐朝。唐朝是一个强盛的多民族封建国家，各民族间的联系加强，同亚洲各国的经济文化交流也空前频繁。

（3）一种社会制度发展到另一种社会制度，由于社会制度发生大的变革，平衡状态发生大幅度的跳跃。比如，从半殖民地半封建社会到社会主义社会的变革。1949 年中华人民共和国成立，标志着中国从半殖民地半封建社会进入了社会主义革命和建设时期，中国共产党领导全国各族人民迅速恢复了国民经济并开展了有计划的经济建设，人民当家做主，其与半殖民地半封建社会的本质区别是解放生产力，发展生产力，消灭剥削，消除两极分化，最终达到共同富裕。

（4）要正确认识社会主义初级阶段和实现共产主义社会的目标。中国从半殖民地半封建社会过渡到共产主义社会，需要经过一个社会主义初级阶段，用来解放生产力、发展生产力、不断摆脱对物质的依赖性，为人的自由而全面的发展创造条件。因此，共产主义是社会主义的发展目标和方向，社会主义初级阶段是在为实现共产主义积累财富和创造条件，具体包括：社会生产力高度发展，社会产品极大丰富；人民科学文化教育水平极大提高；共产主义思想觉悟和道德品质极大提高；消灭一切剥削阶级，消灭工农之间、城乡之间、脑力劳动和体力劳动之间的差别，以及反映这些差别的资产阶级权利。

（5）要正确认识社会主义改革的重大意义。通过改革，提高和完善社会主义制度，并没有改变社会主义制度的本质。社会主义改革的根本目的，是要在各方面都形成与社会主义初级阶段基本国情相适应的比较成熟、比较定型的制度，使生产关系适应生产力的发展，使上层建筑适应经济基础的发展，使中国特色社会主义充满生机和活力。实践证明，经过 30 多年的改革，中国发生了翻天覆地的变化，极大地提高了中国人民的生活水平和生活质量，显著提升了中国社会的文明程度，大大提高了中国的国际地位。

四、应用举例 2——分水的和谐平衡计算举例

为了说明和谐平衡的计算应用，这里列举一个例子。假设有两个地区，分别称为和谐方 H_1、和谐方 H_2，共用一条河流，两个地区用水量分别为 Q_1、Q_2，按照平等用水原则，和谐规则是 $Q_1:Q_2=1:1$，如图 5.4 中 1 线。可以把该状态称为最优和谐行为。当然，完全按照最优和谐行为控制有时候也做不到。假如各地区能够容忍少占用 20%，这时只要能保证 $Q_1:Q_2=1:1.2\sim1.2:1$，也处于和谐状态，不至于带来不和谐的“质”的突变。但如果超出这个限度，就会带来不和谐，甚至比较大的矛盾。如图 5.4 中 2 线、3 线就是和谐平衡边界。此外，由于可利用水量是有限的，假如要求两地区总可利用水量最大值为 $Q_{max}=300$ 万米^3/年，于是有 $Q_1+Q_2\leqslant Q_{max}$，即 $Q_1+Q_2\leqslant300$。

下面，列举两种情况，来展示其和谐平衡的变化和计算。

（1）如图 5.5 中（a），假如通过水权转让交易，和谐规则变为 $Q_1:Q_2=1:2$。这时，上面的和谐平衡就变成另一种平衡。如图 5.5（a）所示，平衡 1 是图 5.4 中的平衡，平衡 2 是和谐规则变为 $Q_1:Q_2=1:2$ 的平衡。在新的平衡中也存在新的和谐平衡边界。

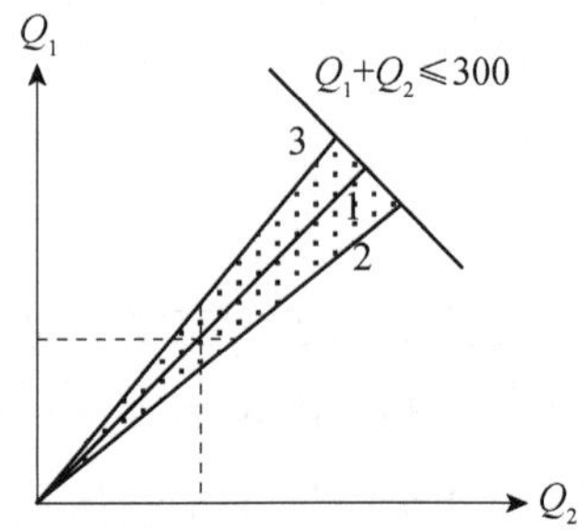

图 5.4 两地区分水的和谐平衡计算举例

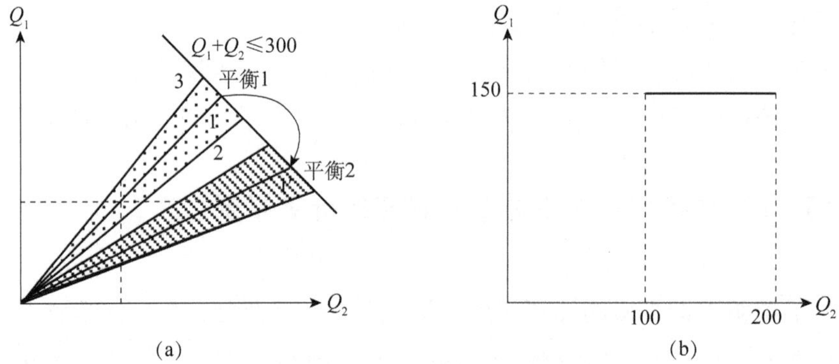

图 5.5 和谐平衡变化示意图

（2）如图 5.5 中（b），是另一种平衡，Q_1 固定占一般值 300 的一半，即 150 万米^3/年，而 Q_2 在 100 万～200 万米^3 范围内。这种情况在现实中也比较常见，因为不同年份的来水量是变化的，可供水量也是变化的，比如在[250，350]（单位：万米^3）范围内波动。另外，有些供水类型（如生活用水）的供水量是固定的，比如 Q_1=150；有些（如农业用水、生态用水）是可以根据来水多少而变化的，比如 Q_2 在 100 万～200 万米^3 范围内变化。这时候和谐平衡范围就变成一个直线段范围。

第三节 水资源与经济社会和谐平衡应用研究

水资源是支撑经济社会可持续发展的重要基础，经济社会是保护水资源的重要主体。二者相辅相成，应保持和谐关系。但二者在很多情况下又存在矛盾，如何实现二者之间的“平衡”，是一个难点问题。本节基于和谐平衡一般表达式，建立水资源与经济社会和谐平衡计算模型，并将该模型应用于河南省，确定了实现河南省水资源与经济社会和谐平衡的条件。

一、水资源与经济社会和谐平衡计算模型

根据和谐平衡的定义，引入“用户需水满足程度”参数来表征和谐参与者各自的利益，并将此作为模型的限制条件，即各用户需水满足程度=用水量/需水量。和谐参与者可以理解为各个用水户，具体可分为生活用水、工业用水、农业用水和生态用水。而水资源与经济社会总体和谐目标，采用总体和谐度达到特定数值来表征。基于和谐平衡的第一种表达形式（即式(5.1)），和谐平衡计算模型可采用类似一般优化模型的形式：

$$\begin{cases} Z = \mathrm{HD}(X) \geqslant \mathrm{HD}_0 \\ G(X) \leqslant 0 \\ X \geqslant 0 \end{cases} \tag{5.4}$$

式中，X 为决策向量；HD（X）为水资源与经济社会的和谐度；HD_0 为和谐度目标阈值；G（X）为约束条件集。

在和谐平衡计算模型式（5.4）中，关键问题有两方面：①关于和谐度 $HD(X)$的计算，目前已有相关的计算方法，比如，本书介绍的方法；②关于约束条件的选择和定量化，可以引用水资源优化配置中关于约束条件的选择和量化方程。

（一）水资源与经济社会和谐度计算指标体系构建

根据系统性、代表性和可操作性原则，分目标层、准则层和指标层三个层次建立水资源与经济社会和谐度计算指标体系，如表 5.1 所示（仅针对本文实例所选指标）。目标层是水资源与经济社会和谐度。准则层是指从取水、用水和排水三个方面进行评价。在指标层中，则采用具体的指标对准则层进行详细描述。

表 5.1 水资源与经济社会和谐度评价指标体系

目标层	准则层	指标层	含义
水资源与经济社会和谐度（*A*）	取水（*B*1）	生活需水满足程度/%（*B*11）	反映生活取水情况
		工业需水满足程度/%（*B*12）	反映工业取水情况
		农业需水满足程度/%（*B*13）	反映农业取水情况
		生态需水满足程度/%（*B*14）	反映生态取水情况
		地表水控制利用率/%（*B*15）	反映地表水开发利用程度
		平原区浅层地下水开采率/%（*B*16）	反映地下水开发利用程度
	用水（*B*2）	万元 GDP 用水量/米^3（*B*21）	反映综合用水效率
		万元工业增加值用水量/米^3（*B*22）	反映工业用水效率
		工业用水重复利用率/%（*B*23）	反映工业用水效率
		亩均灌溉用水量/米^3（*B*24）	反映农业用水效率
	排水（*B*3）	城市污水处理率/%（*B*31） 工业废水达标排放率/%（*B*32） 评价河长水质达标率/%（*B*33）	反映污染物排放情况

（二）和谐度 HD（X）的计算

采用本书第八章第三节介绍的“单指标量化—多指标综合—多准则集成”评价方法（SMI-P 方法）[17]。单指标量化采用分段模糊隶属度计算方法，通过分段函数，将各指标统一映射到［0，1］上。分段函数分为 5 段，对应各个指标的 5 个特征值，最差值（*a*）、较差值（*b*）、及格值（*c*）、较优值（*d*）、最优值（*e*），对应的和谐度分别为 0、0.3、0.6、0.8、1。有关代表性数值，可以根据目前行业公认的标准、国际和国内组织的研究报告、国家或地区指定的发展规划、国内的平均水平及最优最差水平，发达国家所处水平，以及人们对各个指标的期望值来确定。

（三）约束条件

（1）需水满足程度约束：

$$\eta_k \geqslant \eta_{k0} \tag{5.5}$$

式中，k=1，2，3，4，分别代表农业用水、工业用水、生活用水及生态需水；η_k 为各个参与者的需水满足程度；η_{k0} 为参与者的需水满足程度阈值。

（2）可利用水量约束：经济社会发展可利用的总水量应低于最大可利用量。

$$W_s \leqslant \max G_S + \max W_G \tag{5.6}$$

式中，W_s 为经济社会用水总量；$\max G_S$ 为地表水最大可利用量；$\max W_G$ 为地下水（不重复）最大可利用量。

（3）生态环境用水量约束：生态环境用水量要保证绿洲、湿地、河流等生态环境的最低用水量。

$$W_e \geqslant \min W_{\text{eco}} \tag{5.7}$$

式中，W_e 为生态环境用水总量；$\min W_{\text{eco}}$ 为生态环境最低需水量。

（4）排污量约束：污水中重要污染物的入河总量不超过河流所在水功能区的纳污能力。

$$S_I + S_D \leqslant S_{\text{RN}} \tag{5.8}$$

式中，S_I、S_D 分别为工业污水和生活污水中重要污染物的排放量；S_{RN} 为河流所在水功能区的纳污能力。

（5）其他约束：针对具体情况，还需要增加诸如技术条件、用水效率、非负约束等。

二、和谐平衡计算

根据和谐平衡计算式（5.1）或式（5.2）计算的和谐平衡，以及计算式（5.3）计算的最优和谐平衡，有可能是和谐度较低的一种平衡状态。当然，它也是一种平衡状态，只不过是一种处于较低和谐度水平的平衡。同样，在计算式（5.4）中，如果确定的约束条件过于苛刻或和谐度要求太高，有可能得不到结果；如果降低和谐度值、放松约束条件，计算的结果就有可能是和谐度较低的一种平衡状态。当然，为了提高和谐度值，可以通过一些调控措施，提高和谐度，达到和谐平衡方程的要求。这就是和谐调控，将在后文介绍。

三、应用举例

河南省位于我国中东部，全省总面积 16.7 万千米^2，约占全国总面积的 1.74%。河南省地处暖温带和北亚热带地区，气候具有明显的过渡性特征，且受季风气候影响，南北气候差异较大，降水量南部和东南部多，北部和西北部少。年降水量的时空分布不均，全年的降水量主要集中在夏季，占全年降水量的 45%～60%，降水的不稳定性极易引起旱涝灾害。近年来，河南省经济社会的快速发展与水资源利用之间的矛盾日益突出，水资源短缺、水环境恶化等问题成为该地区经济社会发展的制约性因素。

（一）实际指标条件下和谐平衡计算

根据前文中建立的指标体系，对河南省几个代表年水资源与经济社会和谐度进行计算，相关指标数据来自《河南省水资源公报》和《河南省统计年鉴》。评价指标节点值的最优值是根据全国最优水平加一定比例确定或者根据人们的期望值确定，及格值是根据河南省多年的平均值确定，最差值是根据河南省多年的最差值减一定比例确定，较差值和较优值是根据插值确定，见表 5.2。单指标的子和谐度采用分段隶属度函数进行计算，根据层次分析法确定初始权重，并经一致性检验，满足一致性要求。然后利用变权法计算出各个变量的最终权重，计算结果见表 5.3。最后采用多指标综合评价方法，得到河南省几个代表年水资源与经济社会的总体和谐度 HD(X)。

表 5.2　评价指标节点值及指标方向

指标层	最差值 a	较差值 b	及格值 c	较优值 d	最优值 e	指标方向
生活需水满足程度/%（B11）	30	45	60	80	100	正向
工业需水满足程度/%（B12）	30	45	60	80	100	正向
农业需水满足程度/%（B13）	30	45	60	80	100	正向
生态需水满足程度/%（B14）	10	40	60	80	100	正向
地表水控制利用率/%（B15）	5	10	20	40	60	正向
平原区浅层地下水开采率/%（B16）	90	75	60	30	0	逆向

续表

指标层	最差值 a	较差值 b	及格值 c	较优值 d	最优值 e	指标方向
万元 GDP 用水量/米^3（B21）	450	340	230	130	30	逆向
万元工业增加值用水量/米^3（B22）	250	180	110	60	20	逆向
工业用水重复利用率/%（B23）	60	70	80	90	95	正向
亩均灌溉用水量/（米^3/亩）（B24）	300	250	200	160	120	逆向
城市污水处理率/%（B31）	10	30	50	80	100	正向
工业废水达标排放率/%（B32）	60	75	90	95	100	正向
评价河长水质达标率/%（B33）	10	25	40	70	100	正向

表 5.3　水资源与经济社会子和谐度及权重

指标	子和谐度			权重		
	2005 年	2008 年	2011 年	2005 年	2008 年	2011 年
生活需水满足程度/%（B11）	0.884	0.929	0.541	0.107	0.123	0.184
工业需水满足程度/%（B12）	0.622	0.718	0.796	0.139	0.152	0.143
农业需水满足程度/%（B13）	0.447	0.632	0.725	0.165	0.165	0.153
生态需水满足程度/%（B14）	0.069	0.600	0.791	0.238	0.170	0.144
地表水控制利用率/%（B15）	0.381	0.621	0.700	0.176	0.167	0.157
平原区浅层地下水开采率/%（B16）	0.394	0.324	0.366	0.174	0.224	0.219
万元 GDP 用水量/米^3（B21）	0.686	0.856	0.932	0.255	0.228	0.238
万元工业增加值用水量/米^3（B22）	0.673	0.830	0.905	0.258	0.234	0.244
工业用水重复利用率/%（B23）	0.752	0.630	0.912	0.239	0.284	0.242
亩均灌溉用水量/米^3（B24）	0.715	0.740	0.780	0.248	0.255	0.276
城市污水处理率/%（B31）	0.538	0.784	0.890	0.359	0.291	0.260
工业废水达标排放率/%（B32）	0.676	0.795	0.852	0.317	0.288	0.270
评价河长水质达标率/%（B33）	0.650	0.372	0.226	0.324	0.422	0.470

经过加权计算，得出 2005 年、2008 年、2011 年河南省水资源与经济社会和谐度分别为 0.58、0.66、0.69，和谐度值基本接近并略有增加。可以认为，河南省这几年的和谐平衡状态处于中等水平，和谐度为 0.58～0.69。从表 5.3 的计算结果中可以得出如下三方面结论。①取水方面，河南省的需水

满足程度较低，子和谐度较低，这是由于河南省地处平原地区，工业城市多，经济发展用水需求大，人口稠密对生活用水需求很高，同时河南省为全国粮食主要产区，农业用水量大，但是省内地表水资源量有限，不能够满足各方的用水需求。同时城乡生活和工农业用水主要靠大量开采地下水，造成地下水开发利用率很高，该指标的子和谐度特别低。②用水方面，各指标的子和谐度缓步增加，这与这几年经济发展迅速，科技进步较快，造成水资源利用效率缓步提高的实际情况相符。③排水方面，这几年来城市污水处理率和工业废水达标率都得到了较大提高，但是生活和工业废水排放量逐年增加，造成全省范围内，水功能区达标率很低，评价河长水质的达标率逐年下降。这些评价指标与河南省的实际情况相符。

（二）进行指标调控后的和谐平衡计算

通过以上计算可知，河南省这几年水资源与经济社会处于一种中等水平的相对平衡状态。这种平衡状态需要通过一定的努力，改善目前的不和谐指标，满足约束条件，提高和谐度，转移到一种较高水平的和谐平衡状态。这里先假定生活需水满足程度提高到 95%，工业需水、农业需水、生态需水满足程度达到 90%以上。此时的子和谐度如图 5.6 所示。

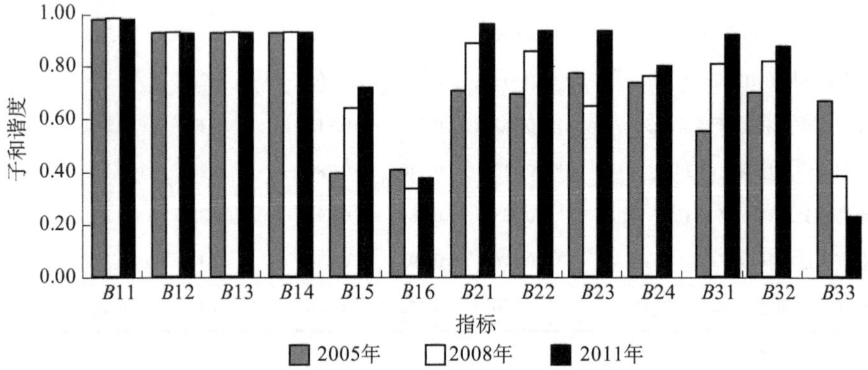

图 5.6　需水得到满足后各指标子和谐度

从图 5.6 可以看出，通过调整几个需水指标满足程度值，其指标子和谐度都达到了 0.8 以上，总和谐度也分别增加到 0.66、0.69 和 0.73，但是和谐度仍然较低。假设要求达到较高的和谐平衡状态，总和谐度需要达到 0.8 以上（即 $HD_0=0.8$），基于前文的分析，重点对具体年份子和谐度较低的几个指标进行调控。以 2008 年为例，子和谐度较低的指标分别为地表水控制利用率（*B*15）、平原区浅层地下水开采率（*B*16）、工业用水重复利用率（*B*23）和评价河长水质达标率（*B*33），针对这些指标进行调控，结果如表 5.4 所示。同样的计算方法，可以得到 2005 年、2008 年和 2011 年的和谐平衡状态指标限值如表 5.5 所示。

表 5.4　2008 年河南省水资源与经济社会和谐平衡调控计算

*B*15	*B*16	*B*23	*B*33	和谐度	*B*15	*B*16	*B*23	*B*33	和谐度	*B*15	*B*16	*B*23	*B*33	和谐度
30	70	85	30	0.719	40	70	85	30	0.724	50	70	85	30	0.729
			40	0.749				40	0.755				40	0.760
			50	0.758				50	0.764				50	0.769
		90	30	0.728			90	30	0.733			90	30	0.738
			40	0.758				40	0.764				40	0.769
			50	0.767				50	0.773				50	0.778
	50	85	30	0.743		50	85	30	0.750		50	85	30	0.755
			40	0.773				40	0.780				40	0.786
			50	0.782				50	0.789				50	0.794
		90	30	0.752			90	30	0.759			90	30	0.764
			40	0.782				40	0.789				40	0.795
			50	0.791				50	0.798				50	0.803
	40	85	30	0.748		40	85	30	0.754		40	85	30	0.760
			40	0.778				40	0.785				40	0.791
			50	0.787				50	0.794				50	0.800
		90	30	0.757			90	30	0.764			90	30	0.769
			40	0.787				40	0.794				40	0.800
			50	0.796				50	0.803				50	0.809

表 5.5　和谐平衡状态指标限值范围

指标	2005 年	2008 年	2011 年
地表水控制利用率/%（*B*15）	40	40	40
平原区浅层地下水开采率/%（*B*16）	40	40	50
万元 GDP 用水量/米^3（*B*21）	100	—	—
万元工业增加值用水量/米^3（*B*22）	50	—	—
工业用水重复利用率/%（*B*23）	—	90	—
亩均灌溉用水量/（米^3/亩）（*B*24）	—	—	—
城市污水处理率/%（*B*31）	80	—	—
工业废水达标排放率/%（*B*32）	—	—	—
评价河长水质达标率/%（*B*33）	—	50	32

表 5.5 的计算结果表明，各年达到和谐平衡状态，需要进行多指标的综合调控，并且随着社会发展和科技进步，需要调整的指标逐步减少。例如，2005 年需要对至少 5 个指标进行综合调控，随着水资源利用效率的提高，万元 GDP 用水量由 2005 年的 187 米^{3}下降到 2011 年的 64 米^3，万元工业增加值用水量由 2005 年的 88 米^{3}下降到 2011 年的 39 米^3，城市污水处理率由 2005 年的 46%增加到 2011 年的 89%。这 3 个指标的子和谐度都大幅提升，在当前的技术水平条件下，对其进行进一步调控比较困难。但是评价河长水质达标率由 2005 年的较好值 47.5%降低到 2011 年的较差值 21%，子和谐度也相应大幅降低，可以作为调控指标，因此到了 2011 年，只需要调整三个指标。并且多年来子和谐度一直比较低的指标是今后需要重点关注的指标，如地表水控制利用率、平原区浅层地下水开采率和评价河长水质达标率。经过指标调整，可以将总和谐度提升至 HD_0，计算结果见图 5.7。

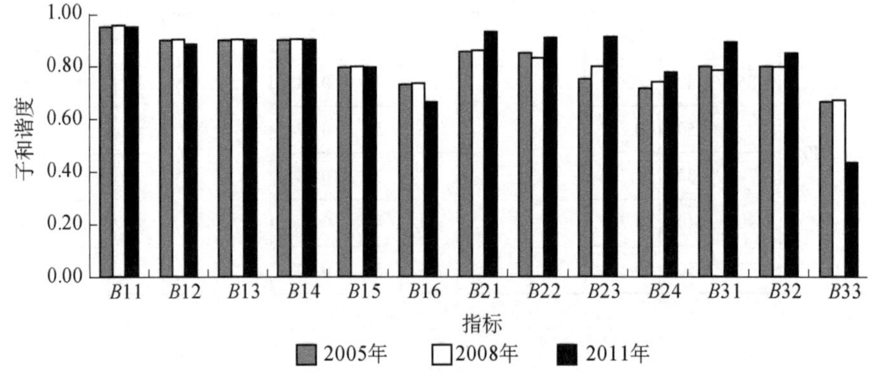

图 5.7　调控后各指标子和谐度

从图 5.7 可以看出，在这 3 年分别达到预期的和谐平衡状态时，各指标的子和谐度均得到了提升，但还有一定差距，这也说明了和谐平衡状态随着时间变化而变化“相对平衡”的特征。同时，个别指标还有较大的提升空间，可以达到更高水平的和谐平衡状态。

第六章　和谐论理论方法体系及其关键问题

本章在第三至第五章对和谐论五要素、和谐度方程、和谐分析数学方法、和谐平衡理论论述的基础上，提出和谐论理论方法体系及应用框架，并探讨和谐论量化研究中的几个关键问题。

第一节　和谐论理论方法体系及应用框架

基于和谐论概念、理论方法及应用主要内容，总结出和谐论理论方法体系及应用框架，如图 6.1 所示[2]，为进一步构建和谐论学科体系奠定基础。和谐论与一般的理论方法体系一样，包括理论方法部分和应用部分。组成和谐论理论方法的内容包括和谐论的思想、观念，和谐论五要素，和谐度方程，和谐分析数学方法，和谐平衡理论，以及和谐论的三个重要技术方法内容——和谐辨识、和谐评估、和谐调控（将分别在第七至第九章介绍）；组成和谐论应用部分的内容包括相互联系、相互支持的两部分，即定性分析和定量分析。

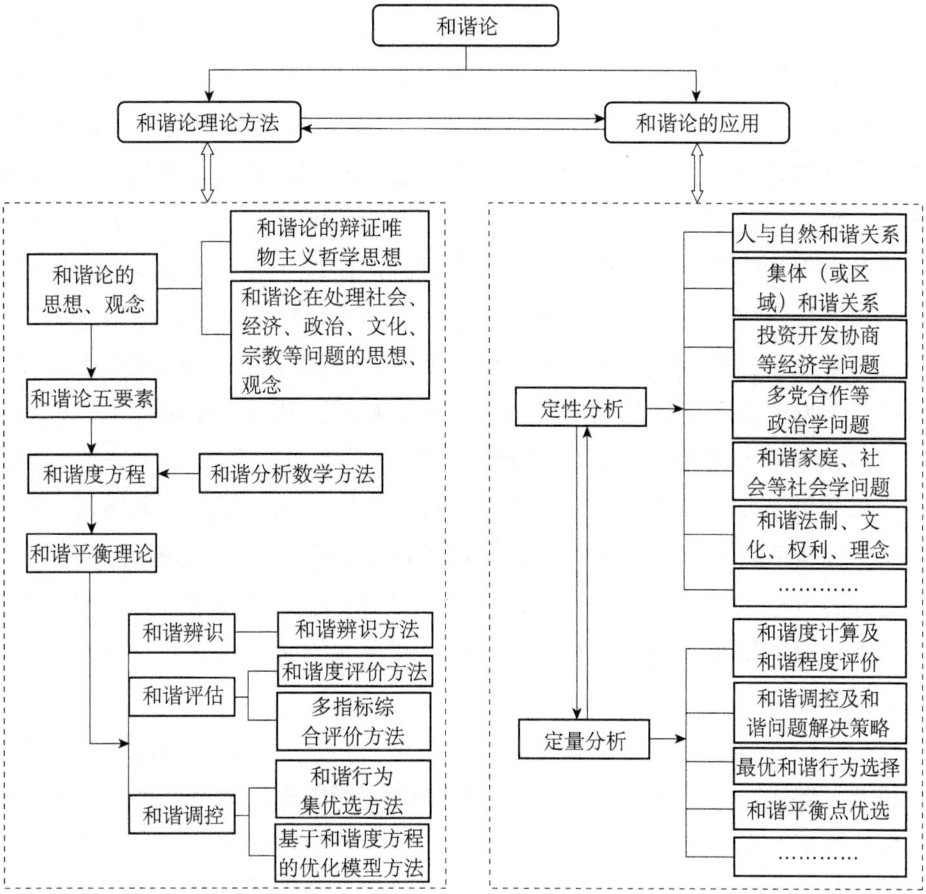

图 6.1　和谐论理论方法体系及应用框架

笔者提出的和谐论理论方法体系是：以辩证唯物主义“和谐”思想为基本指导思想，倡导“以和为贵、理性看待差异”的和谐思想；用和谐论五要素来定性描述和谐问题；用和谐度方程来定量刻画和谐问题，度量和谐程度；用和谐分析数学方法来构筑和谐论量化研究的数学基础；运用和谐平衡理论来寻找和谐问题的“平衡点”；采用和谐辨识、和谐评估、和谐调控方法对和谐问题进行量化研究。

在理论方法研究中，和谐论的思想、观念是和谐论存在和发展的重要基础，也是和谐论的精髓，体现出和谐论处理问题的基本指导思想和重要观点。我们提倡的和谐论思想和观点，应是一种正确的、积极向上的、符合辩证唯物主义哲学思想的，能在处理社会、经济、政治、文化、宗教等问题上发挥积极作用的思想和观点。例如，运用和谐论处理诸如经济学中的“投资开发协商问题”、政治学中的“多党合作问题”、社会学中的“和谐家庭问题”等。和谐论五要素是合理表达、定量描述和谐论的五个最基本要素，能把某一和谐问题的和谐论五要素说清楚，基本就能把该和谐问题表述清晰。和谐度方程是定量评估和谐状态的基本方程，由统一度、分歧度、和谐系数和不和谐系数构建而成，能够非常客观、全面地表达和谐论的基本思想，是和谐论量化研究的基石。和谐论量化研究需要有比较扎实的数学基础，和谐分析数学方法为和谐论量化研究奠定了数学基础。和谐平衡是处于一定水平的一种相对静止的状态，寻找和谐问题的“平衡点”是现实中一项重要内容，和谐平衡理论为其提供理论依据。和谐辨识、和谐评估与和谐调控是和谐论三种重要技术方法。和谐辨识是用于辨识和谐度大小的影响因素，主导和谐方的贡献大小或主次。和谐评估用于评估一个和谐问题的状态或和谐程度大小，对认识和谐问题具有重要作用。和谐调控是针对具体问题为了达到和谐状态而采取的具体调控措施。

在定性分析应用中，主要是基于和谐论的思想、观念、和谐论五要素，对和谐问题进行分析研究，包括人与自然的和谐关系，集体（或区域）和谐关系，投资开发协商等经济学问题，多党合作等政治学问题，和谐家庭、和谐社会等社会学问题，和谐法制、文化、权利、理念等内容。这些在生活实践、意识形态中经常遇到，具有广阔的应用前景。

在定量分析应用中，主要是基于和谐度方程、和谐平衡、和谐辨识、和谐评估、和谐调控及与其他学科的交叉，研究和谐论及其相关的应用问题，如和谐度计算及和谐程度评价、和谐调控及和谐问题解决策略、最优和谐行为选择、和谐平衡点优选、和谐因素辨识及其应用实例等。例如，笔者在文献［25］中介绍的和谐论在水资源学中的应用，包括：①分区分部门水资源合理分配的和谐论模型；②跨界河流分水问题的和谐论模型；③跨流域调水问题的和谐论模型；④水资源管理的和谐论策略；⑤构建人与自然和谐相处的和谐论途径；⑥水价制定中的和谐论策略。除此之外，这一理论在污水排放与处理问题、土地使用问题、矿山开发问题、贸易问题、工业布局与生产问题等其他领域都有广泛的应用前景。

第二节 关键问题及讨论

一、和谐目标的确定

对于一个和谐问题来说，为了达到总体和谐状态，多个和谐参与者通过相互联系和制约，一般需要满足一定的目标要求，这就是和谐论提出的和谐目标，也是建立和谐度方程（主要是确定和谐系数 i）的重要基础[2]。因此，在研究和谐问题时，需要先确定和谐目标。

如前文所述，根据和谐目标是否变化，可以将其分为定目标和谐、变目标和谐。关于和谐目标的确定，需要针对具体问题具体分析。下面列举一些例子供参考。

（1）如前文介绍的“公共地的悲剧”例子。一片草地供多家放羊，其目标要求是：不能破坏草地，按照草地的载畜量控制养羊数。也就是说，为了不破坏草地，这片草地上的放羊总数量不能超过某一限度值。这就是这一和谐问题的和谐目标。至于草地的载畜量计算方法是一个专业问题，可以由专业研究成果得到。在相对较稳定条件下和较短时期内，可以认为该问题是定目标和谐。但如果条件发生较大变化（如草地施肥、供水设施更加完善）时，草地载畜量有较大变化，就成为变目标和谐。

（2）如“水资源合理分配问题”例子。针对一个流域或区域，其可利用水资源量是有限的，为了保护有限的水资源，必须共同控制总引用水量。按照可利用水资源量来严格控制水资源利用量，合理分配总水量。这就是这一和谐问题的和谐目标。至于可利用水资源量计算是一个专业问题，可以由专业研究成果得到。一般情况下，对于一个范围比较大的流域或区域来说，可利用水资源量变化不大，可以认为该问题是定目标和谐。但如果水文条件、气象条件、覆被变化和人类活动发生较大变化（如气候变化、修建大型调水工程、大规模土地开发），可利用水资源量有较大变化，就成为变目标和谐。

（3）以上两个例子都是单因素和谐，和谐因素单一，目标比较明确。实际上，还有很多和谐问题需考虑多种因素，和谐目标是一组目标值。例如，在“人水和谐”例子中，所考虑的因素比较多，包括水量约束、水质约束、生态约束、用水效益约束等，以保障水资源可持续利用和经济社会可持续发展。水利部提出的最严格水资源管理制度“三条红线”（水资源开发利用红线、用水效率红线、水功能区限制纳污红线），可以作为人水和谐的和谐目标：①水资源开发利用红线，严格实行用水总量控制，使用水量之和小于或等于可利用水资源量；②用水效率红线，坚决遏制用水浪费，使用水效率大于或等于制定的用水效率最低值；③水功能区限制纳污红线，严格控制入河排污总量，使排放的污染物总量小于或等于水体纳污能力。

（4）再如“人与自然和谐”例子。人与自然和谐考虑的因素非常复杂，目标要求也多种多样。例如，对自然界资源的消耗不能超过自然界的承载能力，对自然界的污染不能超过环境容量，对自然界植被的砍伐不能超过可恢复能力，对自然界的开发和大型工程建设不能超过自然界生态环境可接受的极限。因此，自然界的承载能力、环境容量、可恢复能力、可接受的极限都是和谐目标阈值。在处理人与自然和谐问题时，不能突破这些和谐目标阈值。至于这些目标阈值的确定，一般比较复杂，可以采用相应专业的研究成果。

（5）以上问题的和谐目标基本上都有比较明确的数值（包括变目标情况），当然也有一些问题的和谐目标没有明确的阈值。例如，和谐家庭、和谐社区、和谐团队等。如果某和谐因素没有明确的目标阈值，可以认为和谐系数 i 等于 1，也可以考虑用“统一度 a”的限度来确定和谐系数 i，比如第三章图 3.4（f）～（j）。当然，也可以根据实际情况写出其他更复杂的 $a \sim i$ 直线段方程。

二、和谐规则的选择

为了定量描述和谐度方程，需要客观地描述和谐问题的一切规则或约束。这也是建立和谐度方程的重要基础[2]。

如前文所述，根据和谐规则是否变化，可以将其分为定规则和谐、变规则和谐；根据和谐规则复杂程度，可分为简单规则和谐、复杂规则和谐。针对具体问题，需要详细分析，尽可能全面准确地描述和谐规则。下面列举一些例子供参考。

（1）如第三章介绍的“跨界河流分水问题”例子。因为一条河流的可利用水资源量是有限的，为了保护河流健康，必须共同控制总引用水量。针对跨界的国内河流，国家可以制定一定的分水比例或分水量来约束总用水量。例如，针对黄河，1987 年，国家发展计划委员会与有关省区和部门协商，制订了黄河可供水量分配方案（表 3.14）。这是建立和谐关系的依据，是此问题的和谐规则。

（2）再如本书第三章介绍的“公共地的悲剧”例子。该例子中要求“养羊的数量与家庭人口成正比”，这就是此问题的和谐规则。

（3）再如“开发商投资农业生产的用水问题”。需要开发商之间通过协商来解决其中存在的用水限制问题，通过协商制定用水规则。例如，用水权与农业开发面积成正比、用水权与投资额成正比、用水权等分或其他一定规则等。这就是此问题的“和谐规则”。

（4）再如和谐家庭、和谐社区、和谐团队等例子。这些例子的参与者主要是人，一般要求人与人平等，这是和谐的基础。因此，在选择和谐规则时自觉不自觉地就选择和谐行为的比值为 1。当然，如果要突出某些因素，也可能出现比例不是 1 的情况。例如，为了尊重妇女，可以在劳动力分配上谦让女士；为了照顾贫困人口，可以在社区公共设施费用分摊上，贫困家庭少分摊或不分摊；为了体现团队带头人和骨干的作用，在任务分配上可以给带头人和骨干多分配任务。

（5）当然，也有一些问题的和谐规则比较复杂，不像上文 4 个例子中均用和谐行为比例的方式来表征，有些时候很难用一个简单的比例关系来表示和谐规则或某一因素的和谐规则。例如，对和谐世界的描述，非常复杂，其考虑因素多，每一个因素的和谐规则也不一定容易确定，比如，政治因素、经济因素、军事因素就比较难以定量化。针对这些问题，可以采用模糊数学中隶属函数的方法来定量描述或近似表示。

三、单因素和谐度方程计算

本书第三章详细介绍了和谐度方程及其计算方法，本节就不再赘述。和谐度方程是和谐论量化研究的基石。单因素和谐度方程计算的关键包括统一度 a、分歧度 b 的确定，和谐系数 i、不和谐系数 j 的确定，详见第三章。

四、多因素和谐度计算问题

如果和谐问题考虑的因素不止一个，就是多因素和谐问题。需要在单因素和谐度计算的基础上计算综合和谐度。本书第三章提出了两种计算方法：一种是加权平均计算，另一种是指数权重加权计算。此外，还有模糊综合评价、灰色系统评价等方法。

在加权平均计算、指数权重加权计算中，都存在权重确定问题，可以引用目前已有的多种计算方法。常用的有德尔斐法（专家调查法）、变权法、判断矩阵分析法等。但是无论采用哪一种确定方法，都存在一定的人为性和任意性，这是模糊数学计算的一个缺陷，也是实际应用中不可避免的问题之一。当然，这一缺陷又是模糊数学不同于经典数学的一个优点。原因是本来是模糊的事件，如果采用“确定性”经典数学去描述它反而更难准确。这也正是模糊数学产生的起因和被广泛应用的优势。为了减小权重确定带来的偏差，尽可能地反映客观实际，只有进行更仔细的调查和研究工作，反复论证，得到可信度较高的权重。为了便于后文应用，这里简单介绍几种方法供选择或参考[18]。

（一）等权重取值方法

等权重取值方法也就是认为各个权重相等，等同看待一切因素。这是目前比较常用的一种取值方法。在后文的实例研究中，部分权重的确定就采用等权重取值方法。

（二）专家调查法

把调查表发给精通专业的专家单独填写，收回后加以整理，形成正式意见。如果专家们的意见差距太大，可针对不同意见再向专家征询，采用第二轮征询甚至第三轮征询，最后统计得到各个权重。这种方法具有较多优点，可以依靠专家们的丰富知识和宝贵经验，能够比较客观地反映实际情况。

（三）变权法

变权法是权重随评估向量大小而改变的方法。对总体而言，涉及元素 A_1，A_2，…，A_n，评估指标为 u_1，u_2，…，u_n。记 A_i 相对于总体而言的权重为

$$w_i = w_i(u_1,\ u_2,\ \cdots,\ u_n)$$

$$w_i(u_1,\ u_2,\ \cdots,\ u_n) = \frac{\lambda_i(u_i)}{\sum_{j=1}^{n}\lambda_j(u_j)}$$

式中，$\lambda_i(u_i)$ 为选定函数，可通过一定计算得到。在后文实例研究中，在基础权重确定的基础上，根据各因素和谐度的大小，采用该方法对权重进行再处理后得到最终权重。

（四）层次分析法与变权法相结合的方法[18]

层次分析法与变权法相结合确定权重的大致思路是，先由层次分析法确定基础权重（又称初始权重），再利用变权法确定最终权重。

1.采用层次分析法确定基础权重

层次分析法是一种定性和定量相结合的决策分析方法，通过两两比较及计算矩阵最大特征值及其相应的特征向量，来确定各指标的权重，具体的计算过程如下。

1）构造判断矩阵

在所有因素中任取两个因素进行对比，根据因素的重要程度，构造判断矩阵 $\boldsymbol{A}=(a_{ij})_{n\times n}$，具体赋值如表 6.1 所示。

表 6.1　构造比较判断矩阵

数值	两因子之间相比较的含义
1	两因子同样重要
3	一个因子比另外一个稍微重要
5	一个因子比另外一个明显重要
7	一个因子比另外一个重要得多
9	一个因子比另外一个极为重要
2，4，6，8	上述相邻判断的中值
倒数	因子 i 与 j 比较判断为 a_{ij}，则因子 j 与 i 比较为 $a_{ji}=1/a_{ij}$

2）计算权向量及特征值

对给定的判断矩阵 $\boldsymbol{A}=(a_{ij})_{n\times n}$，确定权向量 $\boldsymbol{W}=(w_1,\ w_2,\ \cdots,\ w_n)^{\mathrm{T}}$ 及特征值 λ_1。其中

$$w_i=\frac{1}{n}\sum_{j=1}^{n}\frac{a_{ij}}{\sum\limits_{k=1}^{n}a_{kj}},\ i=1,2,\cdots,n \tag{6.1}$$

$$\lambda_1=\frac{1}{n}\sum_{i=1}^{n}\frac{\sum\limits_{j=1}^{n}a_{ij}w_j}{w_i} \tag{6.2}$$

3）一致性检验

判断矩阵的一致性指标为 CI，随机一致性指标为 RI，一致性比率为 CR。其中

$$\mathrm{CI}=\frac{\lambda_1-n}{n-1}(n>1)\ ,\ \mathrm{CR}=\frac{\mathrm{CI}}{\mathrm{RI}}$$

RI 的取值见表 6.2。

表 6.2　平均随机一致性指标 RI 值

矩阵阶数	3	4	5	6	7	8	9	10	11	12	13	…
RI	0.52	0.89	1.12	1.26	1.36	1.41	1.46	1.49	1.52	1.54	1.56	…

当 $CR<0.1$ 时就认为满足一致性要求，并以 λ_1 所对应的归一化后的特征向量作为归一化后的权向量，即为所求的基础权重 $W=(w_1,\ w_2,\ \cdots,\ w_n)^{\mathrm{T}}$。

2.采用变权法确定权重

常权法是在综合评判中把每个因素的权重视为定值，不考虑权重随评估值的变化。变权法就是在综合评估中权重随评估向量改变的综合评判法，是对常权法确定基础权重的修正，具体的计算过程如下。

（1）对总体而言，μ_1，μ_2，…，μ_n分别为 n 个因素A_1，A_2，…，A_n的评估指标（本书中指各因素的和谐度），μ_i无量纲或量纲相同，且$\mu_i \in [0,\ \mu_m]$。常取μ_m=1，10，100 等。当$\mu_i = 0$时，说明因素A_i已经完全失去了应有的作用；当$\mu_i = \mu_m$时表示因素A_i为理想值。

（2）在总体十分理想的情况下，A_i的权重$w_{mi} = w_i(\mu_m,\ \mu_m,\ \cdots,\ \mu_m)$，$w_{mi} \in (0,\ 1)$，$\sum_{i=1}^{n} w_{mi} = 1$，$w_{mi}$称为基础权重，可以用层次分析法得到。

（3）w_{0i}为因素A_i功能完全消失时A_i的上确界权重，充分体现了加大评估值过低的项目权重以引起决策者充分注意的思想。w_{0i}=w_i（μ_m，…，μ_m，0，μ_m，…，μ_m），w_{0i}∈（0，1），当n≥3 时，建议用式（6.3）计算：

$$w_{0i} = \frac{w_{mi}}{\min\limits_{1 \leqslant j \leqslant n} w_{mj} + \max\limits_{1 \leqslant j \leqslant n} w_{mj}},\quad i,\ j = 1,\ 2,\ \cdots,\ n \tag{6.3}$$

（4）为了简便、直观地获得最终权重$w_i(\mu_1, \mu_2, \cdots, \mu_n)$，引入函数 $\lambda_i(\mu_i)$，$\lambda_i(\mu_i) \in (0, \mu_m)$。$\lambda_{0i}$和$\lambda_{mi}$分别是$\lambda_i(\mu_i)$在$[0, \mu_m]$上的最大值和最小值。

$$\lambda_i(\mu_i) = \frac{\lambda_{\bullet i}^{*} \lambda_{0i}}{\lambda^{*} \exp\left(\frac{1}{1-k_i}\left(\frac{\mu_i}{\mu_m}\right)^{1-k_i}\right)} \tag{6.4}$$

其中

$$\lambda_{0i} = \frac{w_{0i} \sum\limits_{j \neq i} w_{mj}}{1 - w_{0i}}$$

$$\lambda^{*} = \sum_{i=1}^{n} \lambda_{0i}$$

$$\lambda_{\bullet i}^{*} = \sum_{j \neq i} \lambda_{0j}$$

$$k_i = 1 - \frac{1}{\ln \dfrac{\lambda_{0i}(\lambda^*_{\bullet i} + w_{mi})}{\lambda^* w_{mi}}}$$

（5）在计算得到 $\lambda_i(\mu_i)$ (i=1，2，…，n)之后，最终的变权重 $w_i(\mu_1, \mu_2, \cdots, \mu_n)$可利用下式求得

$$w_i(\mu_1, \mu_2, \cdots, \mu_n) = \frac{\lambda_i(\mu_i)}{\sum_{j=1}^{n} \lambda_j(\mu_j)}, \quad i, j = 1, 2, \cdots, n \tag{6.5}$$

求得的 $w_i(\mu_i)$ 即为利用层次分析法与变权法相结合的方法确定的最终权重值。使用变权法得到的综合值总比以基础权重为权重计算出来的综合值小，这与开始提出的用降低综合值的办法突出单因素评估时评估值低的结论相吻合。

五、最优和谐行为的确定

最优和谐行为是指和谐参与者在一定和谐规则下满足和谐目标时的最佳和谐行为，也就是和谐行为的最优解。有些简单问题的最优解一下就可以看出来。例如，和谐规则为 $A_1:A_2=2:1$，目标要求 $A_1+A_2 \leqslant 300$，则只要 $A_1=2A_2$ 且 $A_1+A_2 \leqslant 300$ 时都为最优和谐行为，如 $A_1=100$，$A_2=50$；$A_1=150$，$A_2=75$；$A_1=200$，$A_2=100$ 等。

当然，有些复杂问题的最优和谐行为求解还需要通过一定的计算，甚至需要建立优化模型来求解。这些内容将在第九章介绍。

第三篇

方法篇

Harmony Theory:

Theory

Method

Application

第七章　和谐辨识

和谐问题涉及的影响因素一般较多，和谐度大小的影响因素也较多，且不同影响因素的作用大小也可能有较大差异，甚至是不断变化的。另外，和谐双方或多方对整体和谐所起的作用也有差异，有些和谐方可能是主导因素，有些可能是次要因素。如何在这些复杂的和谐问题中辨识出主要影响因素、不同影响因素的作用大小及不同和谐方的作用地位，对正确认识和谐问题具有重要意义。这就是和谐论量化研究的一个重要方法，即和谐辨识方法，也是和谐论应用的重要技术方法之一。本章将介绍和谐辨识的概念、计算方法，并举例加以说明。

第一节　和谐辨识的概念及方法概述

一、和谐辨识的概念

针对一个和谐问题的研究，首先要做一些分析工作，来进一步认识和谐问题。比如，在双方和谐或多方和谐中，有些和谐方可能是主导因素，有些可能是次要因素，甚至在某些时候占有主要地位，在某些时候又转化为占有次要地位，也就是和谐方对和谐程度的贡献大小有可能不同，需要进行分析和识别。再比如，一个和谐问题的影响因素很多，到底哪些因素是主要的，哪些是次要的，也就是不同因素对和谐程度的贡献大小有可能不同，也需要进行分析和识别。这就是本章将要介绍的和谐辨识问题。

和谐辨识（harmony identification）是对和谐问题中各和谐方对和谐程度的贡献大小或主次的辨识、不同影响因素对和谐程度的贡献大小或主次的辨识。通过辨识，可以反映出某一时刻各和谐方的主次和作用大小、不同影响因素的主次和作用大小，以及这种特征的时空变化规律，有助于进一步认识和谐问题。

由和谐辨识的概念可知，和谐辨识需要处理的关键问题是针对具体和谐问题，建立起和谐方、和谐影响因素与和谐程度在某时段内的定量关系。然而，和谐辨识对象涉及多个和谐方与众多影响因素，大多属于灰色或黑色系统，其内部要素之间及与外部环境之间作用过程复杂而又广泛存在不确定性，作用原理难以阐释清楚，这给定量辨识工作带来了挑战。如何在定性描述和归纳和谐问题的基础上，寻求合适的研究途径和方法，对和谐关系中存在的诸多作用过程进行定量辨识，是和谐辨识方法应用研究的重点。

二、和谐辨识问题举例：人与自然和谐

在本书第二章介绍过人与自然和谐问题。从人类发展历史来看，在人类社会早期，人类的劳动力水平很低，主要靠狩猎为生，以顺应自然界为主，来实现早期的人类社会最基本、最简单的生存，在这一漫长的历史时期，人与自然关系，主要以自然规律主宰为主，自然界占有主导地位，决定着这一时期的人与自然“低层次”的原始和谐关系。随着人类社会的发展，人类开始发展农业，进入农业文明时代，劳动力水平慢慢提高，在人与自然的关系中，人的作用开始慢慢有所加强，但仍然占有次要地位，尽管有了一些早期的水利灌溉工程，主要还是“靠天吃饭”。随着人类社会的进一步发展，特别是工业革命以后，发明了可以帮助人类工作的机械，进入工业文明时代，人类改造自然的能力大幅度提高，也取得了一个又一个改造自然的辉煌成就，很容易让人类以自然界的主宰自居，幻想着人类会征服自然。这一时

期，人类自己已经变为主导地位，自然界变为被动地位。由于人类不合理地开发和改造自然，带来了一系列的不和谐问题。以人类征服自然为主要特征的工业文明在给人类带来短暂辉煌之后，生态系统陷入前所未有的窘境，随之全球爆发了一系列的生态危机，生态问题成了制约世界经济社会发展的绊脚石。这时候，人类不得不开始反思自己的发展历程和行为，终于认识到，人类主宰自然是不可能的，必须保护自然，与自然和谐相处，努力进入生态文明新时代。在这一时期，人们倡导人与自然和谐相处，提倡尊重自然、顺应自然和保护自然，人与自然处于平等地位。

以上是对人与自然和谐问题在时间维上双方主次地位的定性辨识分析，此外还可以对人与自然和谐问题影响因素进行辨识分析。比如，对影响人与自然和谐问题的因素辨识，可以分析得出哪些是主要影响因素，以及在此基础上判别需要对哪些主要因素进行科学调控。

三、和谐辨识方法概述

当一个和谐辨识问题转化为一个定量化的辨识计算问题后，就变成一个纯粹的系统辨识问题。因此，一般的系统辨识方法都可以应用于此计算。

所谓系统辨识或称系统识别，是利用系统的观测试验数据和先验知识，建立系统的数学模型，估计参数的理论和方法。系统识别是通过观测一个系统或一个过程的输入-输出关系，确定该系统或过程的数学模型。关于系统辨识的计算方法很多，也有不同分类，比如，大类上可以分为建模辨识方法和非建模辨识方法。

（1）建模辨识方法。根据辨识目的及输入、输出变量个数又可分为三种：①用于单输入单输出系统仿真的单变量系统建模辨识方法，包括最小二乘法、极大似然法、随机逼近法、预报误差法等；②用于多输入多输出系统仿真的多变量系统建模辨识方法，比如神经网络模型、模糊逻辑理论、遗传算法、小波网络等方法；③用于系统预测的时间序列建模辨识方法，比如自回归滑动平均模型、多变量自回归滑动平均模型、多变量自回归模型等方法。

（2）非建模辨识方法。主要采用回归分析、相关分析等统计分析方法及灰色关联分析法等系统分析方法。辨识方法与辨识问题对应关系如图 7.1 所示。下文仅介绍几种辨识方法作为参考，其他方法也可以类似应用。

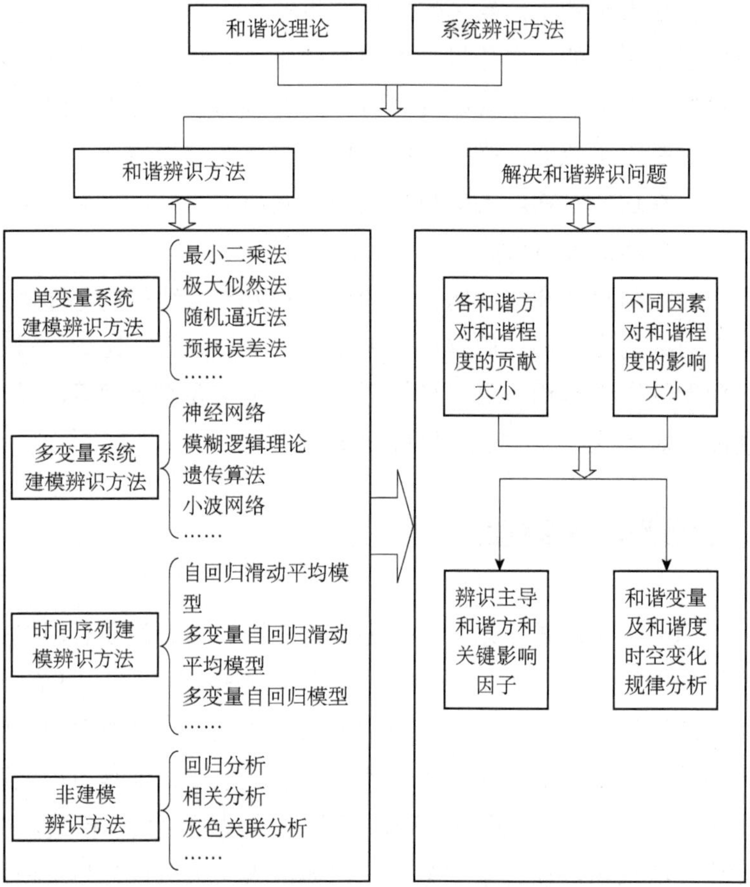

图 7.1　和谐辨识方法与辨识问题一览表

第二节　非建模辨识方法及应用举例

一、方法介绍

非建模辨识，顾名思义，是不通过构建模型，而通过统计分析或系统分析来完成辨识计算。非建模辨识方法，是通过对和谐问题中各和谐方、各影响因素与和谐程度的数据序列进行统计分析或系统分析，定量描述待辨识变量之间相互关联的紧密程度，以此来衡量各和谐方、各影响因素对和谐程度的贡献大小或主次。非建模辨识方法在应用时不需要对待辨识系统内部作用机制进行深入解析，而是将注意力集中在分析待辨识变量间的统计关系或系统关系上，有助于从复杂关系中寻求简单关系以对问题给予解答。具体的计算方法有回归分析、相关分析等统计分析方法，以及灰色关联分析法等系统分析方法。其中，回归分析法通过建立因变量与自变量之间的回归关系函数表达式（称回归方程式），以定量确定变量间的相关程度；相关分析法一般用于研究客观现象之间有无相关关系、相关关系的表现形式和密切程度等，通过计算现象间的相关系数大小进行判断；灰色关联分析法根据各变量变化曲线几何形状的相似程度，来判断变量之间关联程度，以灰色关联度进行定量表征。本节下文将简要介绍灰色关联分析法的应用举例。

二、应用举例

本节选择灰色关联分析法作为代表，简要介绍该方法的计算步骤，并列举一个应用实例。

灰色关联分析法是用以分析变量之间相关关系的一种基本方法，其基本思想是以样本数据序列为依据，量化分析系统参考序列曲线与比较序列曲线的相似程度判别两序列的关联程度大小。通过灰色关联分析，可以计算得到各比较序列与参考序列的灰色关联度，灰色关联度越大，说明该比较序列与参考序列之间的变化态势越一致，依此分析各比较序列对参考序列变化态势的贡献强弱。其计算步骤如下。

（1）确定参考序列 $x_0(k)$ 与比较序列 $x_i(k)$，$k=1, 2, \cdots, n$；$i=1, 2, \cdots, m$。参考序列为 $x_0(1), x_0(2), \cdots, x_0(n)$，比较序列为

$$
\begin{matrix}
x_1(1), & x_1(2), & \cdots, & x_1(n) \\
x_2(1), & x_2(2), & \cdots, & x_2(n) \\
\vdots & \vdots & & \vdots \\
x_m(1), & x_m(2), & \cdots, & x_m(n)
\end{matrix}
$$

（2）采用一定方法对数据序列做无量纲处理，比如用初值（即 $k=1$）去除各个数据，得到一个无量纲序列。经无量纲处理后的参考序列设为 x_0'（k），比较序列设为 x_i'（k）。

（3）计算比较序列与参考序列的灰色关联系数 $\gamma(x_0(k), x_i(k))$。先计算差序列 Δ_{0i}（i=1，2，…，m）：

$$\Delta_{0i} = |x_0'(k) - x_i'(k)|$$

$$\gamma(x_0(k),\ x_i(k)) = \frac{\text{Min}_i\text{Min}_k(\Delta_{0i}(k)) + \zeta\text{Max}_i\text{Max}_k(\Delta_{0i}(k))}{\Delta_{0i}(k) + \zeta\text{Max}_i\text{Max}_k(\Delta_{0i}(k))}$$

式中，Δ_{0i} 为差序列；ζ 为分辨系数，取值范围为（0，1），常取 0.5；i=1，2，…，m。

（4）计算比较序列 x_i 与参考序列 x_0 间的灰色关联度 r_{0i}：

$$\gamma_{0i} = \frac{1}{n}\sum_{k=1}^{n}\gamma(x_0(k),\ x_i(\text{k})),\quad i=1,\ 2,\ \cdots,\ m$$

为了说明其应用，列举一个城市人水和谐影响因素辨识实例。该实例前期已选择了三大类 20 个指标对其人水和谐程度进行了量化评估，先计算单指标和谐度，再综合计算三个准则子和谐度，最后集成计算得到最终的总体人水和谐度（如表 7.1 中最右一列）。为了简化计算和表述，这里仅选择 7 个指标，其计算得到的 2007～2012 年各指标和谐度如表 7.1 中左起第二至第八列。这 7 个指标的单指标和谐度作为和谐辨识输入，总体人水和谐程度作为和谐辨识输出，下面利用灰色关联分析法从宏观层面上定量辨识影响人水和谐度变化的关键因素。

表 7.1　计算的 7 个单指标和谐度及总体人水和谐度结果

年份	指标							人水和谐度
	人口密度	人均 GDP	人均水资源量	城市化率	污水处理率	绿化覆盖率	万元 GDP 用水量	
2007	0.356	0.332	0.609	0.565	0.210	0.454	0.816	0.410
2008	0.338	0.350	0.612	0.657	0.270	0.470	0.830	0.411
2009	0.324	0.377	0.615	0.673	0.375	0.481	0.854	0.473
2010	0.317	0.427	0.609	0.676	0.443	0.486	0.900	0.548
2011	0.311	0.506	0.609	0.692	0.451	0.505	0.930	0.527
2012	0.306	0.585	0.611	0.705	0.463	0.524	0.934	0.526

令该城市人水和谐度值为参考序列，记 x_0（k）；令 7 个指标的单指标和谐度为比较序列（作为影响因素），分别记为 x_1（k）、x_2（k）、x_3（k）、x_4（k）、x_5（k）、x_6（k）、x_7（k）。计算各影响因素与人水和谐度的灰色关联度大小，结果见表 7.2。

表 7.2　人水和谐度与 7 个指标（影响因素）之间的灰色关联度计算结果

指标	人口密度	人均GDP	人均水资源量	城市化率	污水处理率	绿化覆盖率	万元GDP用水量
关联度	0.685	0.819	0.763	0.875	0.516	0.818	0.829

由表 7.2 可知，影响因素与该城市人水和谐度关联的紧密程度由大到小依次为城市化率、万元 GDP 用水量、人均 GDP、绿化覆盖率、人均水资源量、人口密度、污水处理率。这也反映了它们对人水和谐度变化的贡献次序。一定程度上说明，在此时段内城市化率对人水和谐程度的影响最大，然而也要认识到“污水处理率”具有较低的和谐度及关联度。正是由于污水处理率一直较低，影响着总和谐度，但又表现出该因素对总和谐度影响较小的结果，所以在今后的发展中该城市需要注意提高污水处理率，在经济社会稳步发展的同时保证水环境的良好状态。

第三节　多变量系统建模辨识方法及应用举例

一、方法介绍

多变量系统建模辨识针对的是受到多个变量影响的复杂系统的和谐辨识问题，将多个和谐方、影响因素作为输入，将和谐程度作为输出，以建立两者间的线性或非线性定量关系模型，进而结合敏感性分析方法，确定输入变量变化对输出变量变化的贡献大小和优先顺序。常用的建模辨识方法有多元回归分析法、系统动力学模型、神经网络模型等。其中，多元回归分析法用于研究多个自变量与多个因变量之间关系，建立能够定量描述它们关系的数学表达式；系统动力学模型通过信息反馈控制原理并结合因果关系逻辑分析，模拟系统结构、功能和行为之间的动态变化关系；神经网络模型具有良好的非线性映射能力和自组织、自学习、自适应能力，适用于模拟建立多输入变量-输出变量之间的非线性映射关系。本节下文将简要介绍神经网络模型方法的应用举例。

二、应用举例

神经网络模型（ANN）是采用物理可实现的系统来模仿人脑神经细胞的结构和功能的整体，是由多个非常简单的处理单元按某种方式相互联结而形成的计算系统，从单方面或多方面的来源采集输入资料，并根据预先确定的非线性函数得到输出。

一个神经网络是由许多相互联系的神经元按一定形式构筑的，因而可以有很多形式。神经网络模型和算法种类很多，目前比较常用的是 BP 神经网络，是一种由非线性变换单元组成的前馈网络。本节选择 BP 神经网络模型方法对多变量系统进行建模，以定量描述多输入-输出变量间的映射关系，再应用于辨识。

选择的实例是对某省农业用水量与影响因素之间建立的 BP 神经网络模型。选择人均 GDP（X_1/元）、第三产业产值占 GDP 比重（X_2/%）、城镇人口比例（X_3/%）、城镇居民可支配收入（X_4/元）、工业产值占 GDP 比重（X_5/%）、第二产业从业人员比重（X_6/%）、工业增加值占 GDP 比重（X_7/%）作为辨识输入因子，农业用水量作为辨识输出因子。通过数据处理得到该省 18 个市 2001～2013 年共 234 组样本序列，前 180 组用于训练，后 54 组用于测试，误差设定 $Eo=10^{-4}$，最终选择 1 个隐含层、6 个神经元的网络模型，并通过精度检验，从而构建了该问题的 BP 神经网络模型。基于得到的神经网络模型，利用基于连接权的敏感性分析方法（如 Garson 方法），计算各影响因素（输入因子）对农业用水量（输出因子）的影响程度（贡献大小）Q_i，如表 7.3 所示。

表 7.3　农业用水量受主要影响因素的影响程度大小

影响因素指标	人均 GDP（X_1）	第三产业产值占 GDP 比重（X_2）	城镇人口比例（X_3）	城镇居民可支配收入（X_4）	工业产值占 GDP 比重（X_5）	第二产业从业人员比重（X_6）	工业增加值占 GDP 比重（X_7）
影响程度 Q_i	0.104	0.117	0.168	0.131	0.110	0.193	0.177

从表 7.3 来看，影响其农业用水变化的 7 个指标中，按影响程度从大到小依次为第二产业从业人员比重、工业增加值占 GDP 比重、城镇人口比例、城镇居民可支配收入、第三产业产值占 GDP 比重、工业产值占 GDP 比重、人均 GDP。可以认为，第二产业从业人员比重、工业增加值占 GDP 比重、城镇人口比例是影响农业用水变化的关键性指标，三者与农业用水间存在负相关关系。

第八章　和谐评估

为了摸清和谐问题的水平或状态，需要对和谐问题进行评估，即和谐评估，这也是和谐论应用的重要技术方法之一。本章将介绍两种评估方法：一种是和谐度评价方法；另一种是多指标综合评价方法，并列举实例加以说明。

第一节　和谐评估的概念及方法概述

一个和谐问题往往比较复杂，受到不同和谐方的制约和众多因素的影响，到底其和谐状态如何，一般在研究时需要正确评估其和谐程度。其实，和谐程度本身就是一个模糊概念，需要综合考虑众多因素，综合评估其和谐程度大小。

和谐评估（harmony assessment）是对和谐参与者所处状态及和谐程度水平进行的评估。通过评估，可以反映出总体和谐程度、所处的状态和水平，以及时空变化规律，为和谐问题评价、寻找和谐策略提供依据。

关于一般问题的“评估”方法，很多学科都有涉及，也有很多种方法，如德尔斐专家评估法、投入产出模型法、系统分析方法等。这里介绍两种和谐评估方法，也是两种不同的评估思路：一是和谐度评价方法，主要是通过建立和谐度方程，计算得到不同和谐问题的和谐度，以此作为定量评估和谐程度的依据；二是多指标综合评价方法，通过建立一套指标体系，采用综合评价方法，来综合评估其和谐程度。

第二节 和谐度评价方法

一、和谐度评价方法主要步骤

和谐度评价方法（the method of harmony degree evaluation），就是直接引用第三章介绍的和谐度方程，对和谐程度进行评价。针对和谐问题，首先确定和谐论五要素，然后建立和谐度方程，再根据具体问题计算和谐度大小，据此评价和谐程度。具体步骤如下。

（一）确定和谐论五要素

根据第三章叙述，为了科学合理表达和谐问题，定量评估和谐程度，首先需要确定和谐论五要素，即和谐参与者、和谐目标、和谐规则、和谐因素及和谐行为。这是进一步建立和谐度方程的基础。

为了方便定量描述，在确定和谐论五要素时，尽量采用可以定量化描述的目标、规则、因素和行为。对于一些定性问题，可以采用分级定性描述，再按照模糊隶属度描述方法来定量表达。

以社区和谐评估为例。第一，要确定和谐参与者是哪些。如果是社区的各个住宅楼之间的和谐，则其和谐参与者是各个住宅楼；如果是社区的各家庭之间的和谐，则其和谐参与者就是社区的每个家庭。第二，要根据具体情况，确定和谐目标，也就是要制定达到社区和谐的主要控制标准，如人均收入不得低于某一标准，违法违纪人口比例不得高于某一标准，文明户所占比例不得低于某一标准等。这些和谐目标要尽量可度量。第三，要确定和谐规则，尽量反映和谐问题实际需要，如要求各楼周边的绿化面积要与占地面积成正比（可以是一个区间）。第四，要选择和谐因素，反映所关注的主要因素，如经济状况因素、文明程度因素、社会结构因素、公众参与因素和公共问题因素等。第五，要确定和谐行为，实际上就是要选择表征和谐行为的具体指标，如人口数、总收入、违法违纪人口、文明户数、有家庭矛盾户数、积极参与社区服务的人口数和绿化面积等。这些指标一般都可以通过统计或简单计算得到。

（二）建立和谐度方程

根据第三章叙述，先确定统一度 a、分歧度 b、和谐系数 i、不和谐系数 j，再代入和谐度方程，就得到该和谐问题的和谐度方程。关于各种参数确定及和谐度方程的建立方法均已在第三章详细论述过。需要进一步指出的是，所建立的和谐度方程是一个动态的方程，可以根据参数、指标的变化而变化。

对于多因素、多层次和谐问题，可以采用第三章介绍的多因素和谐度和多层次和谐度计算方法进行计算。

（三）定量计算和谐度

根据不同情况，在给定各个参数和指标的情况下，依据和谐度方程就能计算得到和谐度大小，依据和谐度大小就能判断和谐程度等级（如第三章表3.1），以此作为和谐评估的依据。例如，可将不同社区的和谐度作为横向评比多个社区和谐度大小的依据；也可以计算同一个社区不同年份和谐度的变化，来纵向评价和谐程度的变化趋势。

二、应用举例

这里以一个城市的和谐社区评估为例来说明。一般城市会有很多个社区，这里为了使问题得到简化，只列举 5 个社区（编号分别为 S_1，S_2，…，S_5），计算采用 1992～2010 年的数据。

（一）确定和谐论五要素

假定该和谐问题的参与者是社区中所有家庭。选择的和谐目标包括三个。①计划生育一票否决制（只要有超生现象，i=0；否则 i=1）。②人均收入要控制在某一水平上，具体是当人均收入大于等于 16 000 元时（小康社会标准），i=1；低于 785 元时（贫困线标准），i=0；人均收入在二者之间时采用线性关系。③违法违纪人口比例要控制在某一水平上，具体是当比例小于等于 0.0015%（预计 2020 年全国平均水平）时，i=1；高于 0.01%（2005 年社会治安较差水平）时，i=0；在二者之间时采用线性关系。

因为一个社区中的户数很多，也就是参与者数量较大，在计算统一度 a 时，可以采用第三章提到的多指标评价方法（指标体系如第三章表 3.9），不宜按照和谐准则一一计算统一度。因此，在这种情况下，不需要详细列出和谐规则（如第三章第六节第一部分的说明）。

根据上文分析，此问题选择的和谐因素主要有经济状况因素、文明程度因素、社会结构因素、公众参与因素和公共问题因素。对应的和谐行为指标为人口数、男性人口数、女性人口数、总户数、总收入、违法违纪人口、文明户数、有家庭矛盾户数、积极参与社区服务的人口数、生活垃圾产生量、生活垃圾无害化处理量、小区占地面积和小区绿化面积等。

（二）建立和谐度方程

评价指标选择 8 个指标，即人均收入（Z_1）、违法违纪人口比例（Z_2）、家庭矛盾出现比例（Z_3）、文明户所占比例（Z_4）、男女人口比例（Z_5）、公民参与社区选举的投票比例（Z_6）、生活垃圾无害化处理率（Z_7）、社区绿化面积占小区面积比例（Z_8）。5 个社区 1992～2010 年各指标数据，如表 8.1 所示。

表 8.1 社区和谐评估指标基础数据一览表

社区编号	年份	Z_1/元	Z_2/%	Z_3/%	Z_4/%	Z_5	Z_6/%	Z_7/%	Z_8/%
S_1	1992	8900	0.007	3.2	3.5	1.15	63	88	43
	1994	10280	0.002	2.8	3.5	1.10	65	83	45
	1996	12800	0.004	2.4	4.0	0.88	69	87	47
	1998	15600	0.003	2.1	4.0	0.94	73	89	50
	2000	17800	0.002	2.0	4.0	0.98	76	89	55
	2002	19000	0.002	1.2	4.5	1.05	78	94	58
	2004	19500	0.0017	1.2	4.5	1.05	80	95	58
	2006	20200	0.0018	1.2	4.8	1.05	80	96	58
	2008	20020	0.0018	1.1	5.2	1.06	81	97	58
	2010	20120	0.0018	1.1	5.2	1.06	81	97	58
S_2	1992	1100	0.008	4.0	2.5	1.15	55	84	40
	1994	1530	0.007	3.5	3.0	1.15	58	84	42
	1996	4500	0.007	3.5	3.2	1.13	57	86	42
	1998	7820	0.005	3.8	3.2	1.10	62	85	45
	2000	9800	0.005	3.2	3.5	1.08	63	85	45
	2002	12670	0.004	2.9	3.5	1.08	66	86	47
	2004	12800	0.005	2.9	3.7	1.03	67	88	47
	2006	13600	0.004	2.5	3.7	1.03	69	87	49
	2008	13980	0.003	2.4	3.8	1.02	75	88	53
	2010	14100	0.003	2.4	4.0	1.01	78	89	53
S_3	1992	17890	0.004	2.2	3.6	1.00	69	90	51
	1994	18900	0.004	2.4	3.6	0.90	73	90	52
	1996	19780	0.0035	2.1	4.3	0.98	73	93	52
	1998	19880	0.003	2.2	4.3	0.89	77	93	52
	2000	18900	0.003	1.8	4.7	0.95	75	94	55
	2002	19700	0.0025	1.6	4.7	0.95	73	93	55
	2004	20450	0.0025	1.7	5.3	0.94	79	93	58
	2006	21670	0.002	1.4	5.3	0.97	82	95	58
	2008	22890	0.0015	1.2	5.7	0.97	83	95	64
	2010	23340	0.0015	1.0	5.7	0.98	85	97	64
S_4	1992	15620	0.0038	1.8	3.2	1.22	73	90	55
	1994	15170	0.0032	1.9	3.8	1.18	79	95	52
	1996	16890	0.0037	2.0	4.3	1.17	70	85	47

续表

社区编号	年份	Z_1/元	Z_2/%	Z_3/%	Z_4/%	Z_5	Z_6/%	Z_7/%	Z_8/%
S_4	1998	19750	0.0032	1.7	3.6	1.10	68	84	52
	2000	19240	0.0029	1.6	3.4	1.05	57	88	57
	2002	19670	0.0025	2.0	3.9	1.01	68	93	54
	2004	18690	0.003	2.2	4.3	1.22	69	93	55
	2006	15680	0.0025	2.5	3.6	1.01	73	88	51
	2008	17800	0.0025	2.1	4.4	0.95	79	83	58
	2010	17600	0.0025	1.8	4.1	1.02	71	87	52
S_5	1992	19010	0.002	1.8	4.4	1.01	75	89	55
	1994	19300	0.0021	1.9	4.5	1.04	76	90	55
	1996	19670	0.002	1.7	4.6	1.01	78	91	55
	1998	19880	0.0023	1.8	4.4	1.09	74	89	55
	2000	20100	0.002	1.7	4.5	1.02	74	93	55
	2002	19980	0.0023	1.6	4.5	1.07	76	92	58
	2004	19980	0.0021	1.7	4.6	1.01	77	91	58
	2006	19750	0.0021	1.6	4.6	1.06	76	92	58
	2008	19700	0.002	1.8	4.4	1.05	75	91	58
	2010	20540	0.002	1.6	4.3	1.06	76	90	58

首先，根据表 8.1 中的数据，按照第三章式（3.20）～式（3.27）计算各指标对应的统一度值 a_1、a_2、a_3、a_4、a_5、a_6、a_7、a_8。再加权（本例采用等权重方法）计算得到最终的统一度综合值 a。再采用公式 $b=1-a$ 计算得到分歧度 b 值。

其次，根据上文介绍的和谐目标，计算各种情况下对应的和谐系数 i_k，再通过取最小值的方法得到最终的和谐系数值 i（如第三章第六节第二部分的论述）。针对本例，上文提出了三个方面的和谐目标，其中假定第一个方面（计划生育一票否决制）都满足要求（只是简化分析），这样就剩下第二个方面（人均收入控制目标）、第三个方面（违法违纪人口比例控制目标）。根据上文的论述，可以把两者的和谐系数值 i 计算公式表达如下：

“人均收入控制目标”对应的和谐系数值 i 计算公式为

$$i_1=\begin{cases}0, & Z_1\leqslant 785\\ \dfrac{Z_1-785}{16\,000-785}, & 785<Z_1<16\,000\\ 1, & Z_1\geqslant 16\,000\end{cases} \tag{8.1}$$

“违法违纪人口比例控制目标”对应的和谐系数值 i 计算公式为

$$i_2=\begin{cases}1, & Z_2\leqslant 0.0015\\ 1-\dfrac{Z_2-0.0015}{0.01-0.0015}, & 0.0015<Z_2<0.01\\ 0, & Z_2\geqslant 0.01\end{cases} \tag{8.2}$$

最后，确定不和谐系数 j。关于不和谐系数 j 的确定也有很多种方法，如第三章第六节第三部分的论述。本例选择一种简单方法，如图 3.5（a）所示，j 的大小等于分歧度 b 的大小。

计算结果如表 8.2 所示，变化曲线如图 8.1 所示。

表 8.2　社区和谐评估计算结果一览表

社区编号	年份	a	b	i	j	HD
S_1	1992	0.4801	0.5199	0.3529	0.5199	−0.1009
	1994	0.6190	0.3810	0.6241	0.3810	0.2412
	1996	0.6610	0.3390	0.7059	0.3390	0.3516
	1998	0.7693	0.2307	0.8235	0.2307	0.5803
	2000	0.8341	0.1659	0.9412	0.1659	0.7576
	2002	0.9347	0.0653	0.9412	0.0653	0.8755
	2004	0.9568	0.0432	0.9765	0.0432	0.9324
	2006	0.9681	0.0319	0.9647	0.0319	0.9329
	2008	0.9774	0.0226	0.9647	0.0226	0.9424
	2010	0.9774	0.0226	0.9647	0.0226	0.9424
S_2	1992	0.2878	0.7122	0.0207	0.7122	−0.5013
	1994	0.3566	0.6434	0.0490	0.6434	−0.3965
	1996	0.4157	0.5843	0.2442	0.5843	−0.2399
	1998	0.5206	0.4794	0.4624	0.4794	0.0108
	2000	0.5659	0.4341	0.5882	0.4341	0.1444
	2002	0.6351	0.3649	0.7059	0.3649	0.3152
	2004	0.6450	0.3550	0.5882	0.3550	0.2534

续表

社区编号	年份	a	b	i	j	HD
S_2	2006	0.6871	0.3129	0.7059	0.3129	0.3871
	2008	0.7576	0.2424	0.8235	0.2424	0.5652
	2010	0.7834	0.2166	0.8235	0.2166	0.5982
S_3	1992	0.7486	0.2514	0.7059	0.2514	0.4652
	1994	0.7698	0.2302	0.7059	0.2302	0.4905
	1996	0.8326	0.1674	0.7647	0.1674	0.6086
	1998	0.8537	0.1463	0.8235	0.1463	0.6817
	2000	0.8827	0.1173	0.8235	0.1173	0.7132
	2002	0.8866	0.1134	0.8824	0.1134	0.7694
	2004	0.9323	0.0677	0.8824	0.0677	0.8180
	2006	0.9653	0.0347	0.9412	0.0347	0.9073
	2008	0.9868	0.0132	1.0000	0.0132	0.9866
	2010	0.9931	0.0069	1.0000	0.0069	0.9930
S_4	1992	0.6448	0.3552	0.7294	0.3552	0.3442
	1994	0.7345	0.2655	0.8000	0.2655	0.5172
	1996	0.6431	0.3569	0.7412	0.3569	0.3492
	1998	0.7501	0.2499	0.8000	0.2499	0.5376
	2000	0.7478	0.2522	0.8353	0.2522	0.5610
	2002	0.8239	0.1761	0.8824	0.1761	0.6959
	2004	0.7001	0.2999	0.8235	0.2999	0.4866
	2006	0.7497	0.2503	0.8824	0.2503	0.5989
	2008	0.8241	0.1759	0.8824	0.1759	0.6962
	2010	0.7894	0.2106	0.8824	0.2106	0.6522
S_5	1992	0.8567	0.1433	0.9412	0.1433	0.7857
	1994	0.8676	0.1324	0.9294	0.1324	0.7888
	1996	0.8954	0.1046	0.9412	0.1046	0.8318
	1998	0.8541	0.1459	0.9059	0.1459	0.7524
	2000	0.8903	0.1097	0.9412	0.1097	0.8259
	2002	0.9037	0.0963	0.9059	0.0963	0.8094
	2004	0.9044	0.0956	0.9294	0.0956	0.8314
	2006	0.9081	0.0919	0.9294	0.0919	0.8355
	2008	0.8862	0.1138	0.9412	0.1138	0.8211
	2010	0.8892	0.1108	0.9412	0.1108	0.8247

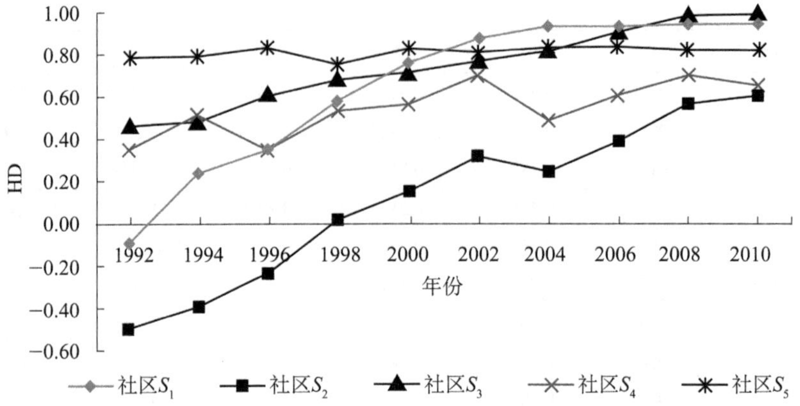

图 8.1 社区和谐评估计算结果变化曲线

（三）和谐度计算结果及分析

1. 社区 S_1和谐度变化分析

从表 8.2 和图 8.1 可以看出，社区 S_1在 20 世纪 90 年代初期（1992 年）时，处于不和谐甚至敌对状态（HD＝−0.1009）；随着社区的发展和建设，到 21 世纪初期（2000 年）达到“较和谐”状态（HD＝0.7576）；到 2002 年达到了“基本和谐”状态（HD＝0.8755），至 2010 年接近完全和谐状态（HD＝0.9424）。可以看出，该社区在近 20 年发展中，和谐度变化很快，从敌对状态发展到基本和谐，和谐度 HD 从−0.1009 增加到 0.9424。在现实中，原来该社区居民收入水平较低、社会治安不好、整体和谐水平极低，后来经历了城中村改造，依靠国家大规模的投入，改造后的社区是一个充满活力的现代化小区，和谐水平有了很大程度的提高。

2. 社区 S_2和谐度变化分析

从表 8.2 和图 8.1 可以看出，社区 S_2在 20 世纪 90 年代中期（1992～1996 年）以前处于“敌对”状态（HD＜0）；随后稍有变化，但仍处于较低水平，在 2006 年还处于“较不和谐”状态（HD=0.3871），甚至到 2010 年才处于“接近不和谐”状态（HD=0.5982）。可以看出，该社区总体处于较低水平，起点低，发展也缓慢，直至目前也还处于“接近不和谐”状态。现实中，该社区是城市郊区，社区建设很不完善，居民收入不高、生活水平低、文化素质不高，社区治安管理也较松懈，总体发展水平较低，是该城市构建和谐社区、和谐城市的薄弱环节。

3. 社区 S_3 和谐度变化分析

从表 8.2 和图 8.1 可以看出，社区 S_3 在 20 世纪 90 年代初期（1992 年）时，处于“接近不和谐”状态（HD=0.4652），起点比上面两个社区都要高。随着社区的发展和建设，到 21 世纪初期（2000 年）达到“较和谐”状态（HD=0.7132），到 2004 年达到了“基本和谐”状态（HD=0.8180），至 2010 年接近“完全和谐”状态（HD=0.9930）。可以看出，该社区在近 20 年发展中，变化较快，从接近不和谐发展到基本和谐，HD 从 0.4652 增加到 0.9930，这是一个总体发展水平较高的社区。在现实中，该社区一直是一个各项评比较好的和谐社区，到 2010 年接近“完全和谐”状态。

4. 社区 S_4 和谐度变化分析

从表 8.2 和图 8.1 可以看出，社区 S_4 从 20 世纪 90 年代初期到 2010 年，处于“较和谐”与“较不和谐”状态之间，其最大的特点是波动性大，反映出该社区发展变化不稳定、总体发展水平较低的特征。现实中，该社区处在城市火车站、汽车站集中地区，人口流动性大，生活水平、文化素质、治安状况受外界因素影响较显著。

5. 社区 S_5 和谐度变化分析

从表 8.2 和图 8.1 可以看出，社区 S_5 从 20 世纪 90 年代初期到 2010 年，基本处于“较和谐”或“基本和谐”状态，与社区 S_5 相反，其最大的特点是和谐度变化不明显，相对较稳定，反映出该社区长期稳定、基础条件较好及总体发展水平较高的特征。现实中，该社区是一个基础条件非常好、建设较早、主要以政府公务员和高校教师住宅为主的社区，居民人均收入、生活水平、文化素质、社区治安状况一直都处于相对较好的稳定状态。

6. 5 个社区和谐度变化对比分析

从以上分析可以看出：①按照时间变化，社区 S_1 变化幅度最大，且一直处于上升趋势；社区 S_3 变化幅度次之，且一直处于上升趋势；社区 S_5 变化幅度最小，处于相对稳定状态；社区 S_2 也基本处于上升趋势但发展水平较低；跳动最剧烈的是社区 S_4；②与 20 世纪 90 年代初期对比，只有社区 S_5 处于“基本和谐”状态，其他状况都较差，说明在 90 年代该城市的社区建设水平还较低；到了 2010 年，各个社区的状况都有了明显改善，基本都处于“基本和谐”或“较和谐”状态，特别是社区 S_1 和 S_3 接近于“完全和谐”状态；③根据 5 个社区的实际情况对比分析，可以看出本例的计算结果能反映出社区的实际年度变化趋势、不同社区的对比情况及各个阶段社区建设情况，对查找和谐社区建设存在的问题、指导社区建设有重要意义。

（四）城市社区总体和谐度计算

以上是对该城市 5 个社区的和谐度评价。从社区和谐度评价来说，该工作已经结束。下面，假设对该城市社区的总体和谐情况进行评价，实际上是对上一层次的和谐度进行评价，可以采用多层次和谐度计算方法。

采用第三章式（3.5）、式（3.6）计算，先确定权重。依据本例，选择各社区人口所占比例的平均值作为权重值（表 8.3），即人口越多，所占权重越大。

分别采用加权平均计算［式（3.5）］、指数权重加权计算［式（3.6）］，计算结果如表 8.4 所示。对结果分析如下：①两种方法计算的结果基本接近，该城市社区总体和谐度在 1992~2010 年总体呈递增趋势；②对 HD 出现负值的计算，两种方法有比较大的差异。加权平均计算就按照实际数值进行计算。指数权重加权计算时，出现的负值取正值参与计算，只要有一个 HD 值为负值，计算的最后结果也为负值。但结果不尽合理。可以看出，两种计算方法还是有区别的，在 HD 出现负值时采用加权平均计算方法更合适。

表 8.3 社区人口及权重一览表 （单位：人）

年份	S_1社区	S_2社区	S_3社区	S_4社区	S_5社区	合计
1992	5045	3072	4500	3155	4355	20127
1994	5421	3177	4607	3266	4654	21125
1996	5688	3289	4789	3378	4689	21833
1998	5782	3416	4904	3901	4709	22712
2000	6011	3562	5037	4131	4911	23652
2002	6278	3601	5422	4288	5012	24601
2004	6342	3682	5729	4011	5193	24957
2006	6609	3756	6012	3902	5302	25581
2008	6801	3889	6123	3677	5473	25963
2010	6983	4126	6200	3569	5672	26550
权重	0.26	0.15	0.22	0.16	0.21	1.00

表 8.4 社区总体和谐度（HD）计算结果一览表

年份	S_1社区	S_2社区	S_3社区	S_4社区	S_5社区	加权平均计算总体	指数权重加权计算总体
1992	−0.1009	−0.5013	0.4652	0.3442	0.7857	0.2210	−0.3364
1994	0.2412	−0.3965	0.4905	0.5172	0.7888	0.3595	−0.4402
1996	0.3516	−0.2399	0.6086	0.3492	0.8318	0.4199	−0.4484
1998	0.5803	0.0108	0.6817	0.5376	0.7524	0.5465	0.3450
2000	0.7576	0.1444	0.7132	0.5610	0.8259	0.6387	0.5658
2002	0.8755	0.3152	0.7694	0.6959	0.8094	0.7255	0.6922
2004	0.9324	0.2534	0.8180	0.4866	0.8314	0.7128	0.6555
2006	0.9329	0.3871	0.9073	0.5989	0.8355	0.7715	0.7396
2008	0.9424	0.5652	0.9866	0.6962	0.8211	0.8307	0.8160
2010	0.9424	0.5982	0.9930	0.6522	0.8247	0.8308	0.8164

第三节 多指标综合评价方法

多指标综合评价方法（the method of multi-index comprehensive evaluation），就是通过建立一套评价指标体系、评价标准，按照一定计算方法，得到能综合反映和谐程度的结果，以综合表征该和谐问题的和谐程度。其量化研究一般包括以下三个方面的内容。①建立指标体系：需要从众多的指标中选择一些关键指标，建立一套指标体系来表征和谐程度；②确定评价标准：为了对复杂的和谐问题进行综合的分析评价，需要根据该和谐问题的特点，针对建立的指标体系确定反映不同和谐程度的评价标准（或准则）；③选择计算方法：需要采取科学的量化计算方法，根据评价指标，对照评价标准，来综合计算、评价和谐程度。

一、指标体系

（一）建立指标体系的目的

通过指标体系能有效地反映出和谐参与者的相关关系，帮助人们评价和认识和谐程度，并帮助人们认识到改善哪些指标或者从哪些方面努力能够提高和谐程度。因此，建立指标体系有如下两个方面的功能：一是评价和谐程度，通过客观的指标体系及其实际数据，对和谐程度进行评价；二是有助于寻找和谐调控对策，通过分析各自对和谐程度的影响程度，从而找出影响和谐问题的关键因素，提出有针对性的调控对策。

（二）建立指标体系的原则

由于和谐问题一般比较复杂，指标众多，在选择指标时要坚持以下原则[18]。

1. 科学性和简明性原则

指标体系能够较为客观地反映和谐程度，并且指标含义简单、明了，易于理解并具有可比性。

2. 完备性和代表性相结合

要求指标体系覆盖面广，能综合反映和谐问题的各个方面。选择有代表性指标，同时也要考虑到“面”上指标的合理分布。

3. 定性分析和定量分析相结合，以定量为主

指标体系尽可能选择定量指标，便于客观反映和谐程度，同时对一些难

以量化的重要指标，制定等级，采用打分调查法，进行定量转化。

4. 可获取性和可操作性原则

所选取的指标必须能够通过可靠的统计方法或者较为客观的评判获取到可量化的原始数据。同时指标应紧密结合实际，且较易获得，实践中易于操作和应用。只有满足此要求，建立的指标体系才具有实际应用价值。

（三）量化指标的筛选

量化指标的筛选应遵循以下两个原则。

1. 灵敏性

对初步提出的预选指标进行筛选，删除那些对评价指标序位不敏感或不产生影响的指标。从定性的角度分析，删除那些对被评对象的相对位序不产生影响的鉴别力低的或次要的指标。

2. 独立性

量化指标之间通常存在一定程度的相关关系，从而使指标数据所反映的信息有所重叠。若指标体系中存在着高度相关的指标，就会影响评价结果的客观性。为此，必须对指标进行相关分析，删除具有明显相关性的次要指标。其基本计算方法是：首先计算指标间的相关系数，然后根据实际问题确定一个相关系数的临界值，则可删除相关系数大的指标；如果指标的相关系数小于临界值，则两个指标均保留。

二、评价标准

评价标准就是要确定每个指标达到多少时是和谐的、基本和谐的、不和谐的等，即和谐程度等级的评判标准。例如，本章第二节第二部分在评估和谐社区时，确定“违法违纪人口比例要控制在某一水平上，具体是当比例小于等于 0.0015%（预计 2020 年全国平均水平）时，i=1；高于 0.01%（2005

年社会治安较差水平）时，i=0；在二者之间采用线性关系”。该指标对应的评价标准是：违法违纪人口比例 x=0.0015 时，i=1；x 等于 0.0032 时，i=0.8；x 等于 0.0049 时，i=0.6；x 等于 0.0066 时，i=0.4；x 等于 0.0083 时，i=0.2；x 等于 0.01 时，i=0。

对于定性指标，可以采用描述的办法，对各种可能的和谐等级进行定性描述，便于应用时相互参照。

三、评价方法

关于多指标综合评价的方法非常多，如模糊综合评价方法、灰色综合评价方法、层次分析方法、集对分析方法、物元分析方法等。本节介绍笔者于 2008 年提出的“单指标量化-多指标综合-多准则集成”评价方法[17, 18]（即“SMI-P 方法”）（the evaluation method of single index quantification and multiple index synthesis and poly-criteria integration）。该评价方法分为三大部分：单指标量化、多指标综合计算、多准则集成计算。如果评价指标体系只有“指标层”“目标层”，没有“准则层”，这时就少了“多准则集成计算”这一部分，即为“单指标量化-多指标综合评价方法”（即“SI-MI 方法”）[26]。

（一）单指标量化方法

1. 定量指标的量化方法

由于指标体系中含有定量指标和定性指标，且定量指标的量纲不完全相同，为了便于计算和对比分析，单指标定量描述采用模糊隶属度分析方法。通过模糊隶属函数 $\mu_k(x)=f_k(x)$，把各指标统一映射到［0，1］上，隶属度 $\mu_k \in$［0，1］，此方法具有较大的灵活性和可比性。

本书采用分段线性隶属函数量化方法。在指标体系中，各个指标均有一个和谐度（记作 SHD），取值范围为［0，1］。为了量化描述单指标的和谐度，做以下假定：各指标均存在 5 个（双向指标为 10 个，见图 8.4）代表性数值，即最差值、较差值、及格值、较优值和最优值。取最差值或比最差值更差时该指标的和谐度为 0，取较差值时该指标的和谐度为 0.3，取及格值时该指标的和谐度为 0.6，取较优值时该指标的和谐度为 0.8，取最优值或比最优值更优时该指标的和谐度为 1。

正向指标是指和谐度随着指标值的增加而增加的指标（比如人均水资源量），逆向指标是指和谐度随着指标值的增加而减小的指标（比如万元工业产值用水量）。设 a、b、c、d、e 分别为某指标的最差值、较差值、及格值、较优值和最优值（图 8.2、图 8.3），利用 5 个特征点（a，0）、（b，0.3）、（c，0.6）、（d，0.8）和（e，1），以及上面的假定，可以得到某指标和谐度的变化曲线及表达式。

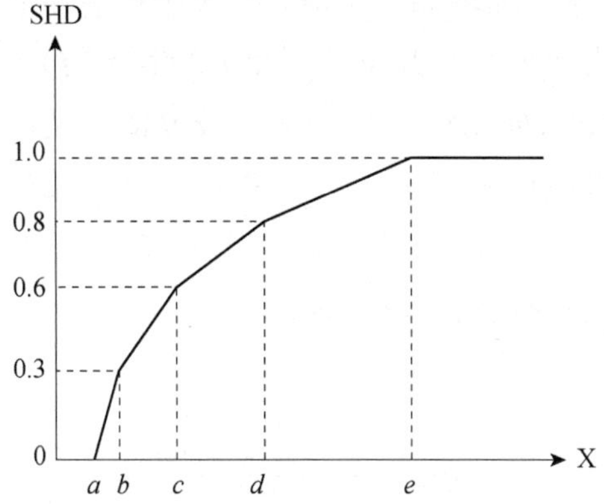

图 8.2 正向指标和谐度变化曲线

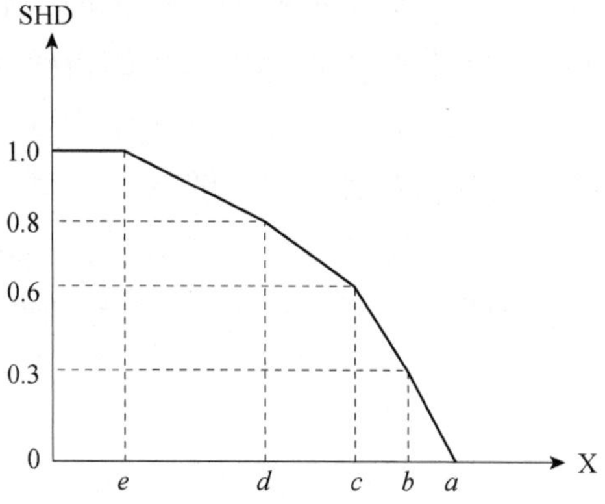

图 8.3 逆向指标和谐度变化曲线

正向指标的和谐度计算公式如下：

$$\mathrm{SHD}_k=\begin{cases}0, & x_k \leqslant a_k \\ 0.3\left(\dfrac{x_k-a_k}{b_k-a_k}\right), & a_k<x_k \leqslant b_k \\ 0.3+0.3\left(\dfrac{x_k-b_k}{c_k-b_k}\right), & b_k<x_k \leqslant c_k \\ 0.6+0.2\left(\dfrac{x_k-c_k}{d_k-c_k}\right), & c_k<x_k \leqslant d_k \\ 0.8+0.2\left(\dfrac{x_k-d_k}{e_k-d_k}\right), & d_k<x_k \leqslant e_k \\ 1, & e_k<x_k\end{cases} \tag{8.3}$$

逆向指标的和谐度计算公式如下：

$$\mathrm{SHD}_k=\begin{cases}1, & x_k \leqslant e_k \\ 0.8+0.2(\dfrac{d_k-x_k}{d_k-e_k}), & e_k<x_k \leqslant d_k \\ 0.6+0.2(\dfrac{c_k-x_k}{c_k-d_k}), & d_k<x_k \leqslant c_k \\ 0.3+0.3(\dfrac{b_k-x_k}{b_k-c_k}), & c_k<x_k \leqslant b_k \\ 0.3(\dfrac{a_k-x_k}{a_k-b_k}), & b_k<x_k \leqslant a_k \\ 0, & a_k<x_k\end{cases} \tag{8.4}$$

双向指标是指和谐度随着指标值的增加而增加，当增加到某个值后和谐度又随着指标值增加而减小的指标（比如水资源开发利用率）。设 a（j）、b（i）、c（h）、d（g）、e（f）分别为某双向指标的最差值、较差值、及格值、较优值和最优值（图 8.4），利用特征点（a，0）、（b，0.3）、（c，0.6）、（d，0.8）、（e、1）、（f，1）、（g，0.8）、（h，0.6）、（i、0.3）、（j、0），以及上面的假定，可以得到双向指标和谐度的变化曲线及表达式。

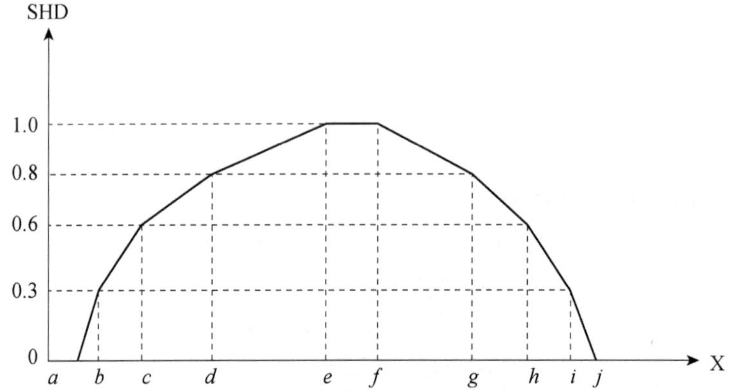

图 8.4　双向指标和谐度变化曲线

双向指标的和谐度计算公式如下：

$$\mathrm{SHD}_k=\begin{cases}0, & x_k\leqslant a_k\\ 0.3(\dfrac{x_k-a_k}{b_k-a_k}), & a_k<x_k\leqslant b_k\\ 0.3+0.3(\dfrac{x_k-b_k}{c_k-b_k}), & b_k<x_k\leqslant c_k\\ 0.6+0.2(\dfrac{x_k-c_k}{d_k-c_k}), & c_k<x_k\leqslant d_k\\ 0.8+0.2(\dfrac{x_k-d_k}{e_k-d_k}), & d_k<x_k\leqslant e_k\\ 1, & e_k<x_k\leqslant f_k\\ 0.8+0.2(\dfrac{g_k-x_k}{g_k-f_k}), & f_k<x_k\leqslant g_k\\ 0.6+0.2(\dfrac{h_k-x_k}{h_k-g_k}), & g_k<x_k\leqslant h_k\\ 0.3+0.3(\dfrac{i_k-x_k}{i_k-h_k}), & h_k<x_k\leqslant i_k\\ 0.3(\dfrac{j_k-x_k}{j_k-i_k}), & i_k<x_k\leqslant j_k\\ 0, & j_k<x_k\end{cases} \tag{8.5}$$

式（8.3）～式（8.5）中，SHD_k为第k个指标的和谐度，k=1，2，…，n，n为选用的指标个数；$a_k(j_k)$、$b_k(i_k)$、$c_k(h_k)$、$d_k(g_k)$、$e_k(f_k)$分别为第k个指标的最差值（最差值 2）、较差值（较差值 2）、及格值（及格值 2）、较优值（较优值 2）和最优值（最优值 2）。

2. 定性指标的量化方法

对一些定性指标的量化，首先按百分制划分成若干个等级，并制定相应的等级划分细则，制定问卷调查表，采用打分调查法获取单指标的和谐度。

第一种办法：邀请对研究问题比较熟悉的多个专家评判打分，分析各专家所打分数，得出其样本分布的合理性后，求平均值再转换（除以 100）成该指标的和谐度（取值范围为［0，1］）。

第二种办法：如果条件允许，制定问卷后，将问卷发放给熟悉的专家、管理者或决策者、广大群众，进行广泛的调查。采取求平均数或加权平均、中位数法、众数法等方法，得到一个代表值，再转换成该指标的和谐度（取值范围为［0，1］)。

（二）多指标综合计算方法

反映和谐问题的指标一般有多个，可以采取多种方法综合考虑这些指标，以定量描述它们的状态。

1. 模糊综合评价方法

该方法是基于模糊数学思想，从众多单一评价中获得对某个或某类对象的整体评价。设评价因子集合为 $U=\{u_1,u_2,u_3,\cdots,u_k,\cdots,u_n\}$，评价等级集合为 $V=\{v_1,v_2,v_3,\cdots,v_j,\cdots,v_m\}$。计算各评价因子的隶属度，建立单因素评判矩阵 $\boldsymbol{R}$，确定各因素的权重（权重向量为 $\boldsymbol{A}$），计算评价结果为

$$Y=A\circ\boldsymbol{R}=[y_1,\ y_2,\ \cdots,\ y_{m-1},\ y_m] \tag{8.6}$$

式中，“$\circ$”为模糊数学运算符；Y 为综合评判结果，它是评价等级集合 V 上的一个模糊子集。根据评判结果，取 $y=\mathrm{Max}(y_k)$，其对应的综合评价等级为 v_k。

2. 多指标加权计算方法

该方法根据单一指标隶属度按照权重加权计算，即

$$\mathrm{HD}=\sum_{k=1}^{n}w_k\mu_k\in[0,1] \tag{8.7}$$

式中，μ_k 为第 k 个指标的和谐度 SDH_k；w_k 为权重，$\sum_{k=1}^{n}w_k=1$。也可根据单一指标隶属度按照指数权重加权计算，即

$$\mathrm{HD}=\prod_{k=1}^{n}\mu_k^{\beta_k}\in[0,1] \tag{8.8}$$

式中，β_k 为权重，$\sum_{k=1}^{n}\beta_k=1$。

通过以上计算，得到的综合各个指标的和谐度值 HD 仍然在区间［0，1］中，表达了该和谐问题的最终和谐状态。

（三）多准则集成计算方法

如果指标体系设有“准则层”，分为不同“准则”的指标，即指标体系包括“目标层—准则层—指标层”，这时候需要先根据多个指标综合计算不同准则下的和谐度，再根据不同准则的和谐度加权计算得到最终的和谐度 HD 值。

不同准则下的和谐度（设为 HD_t，t=1，2，…，T，T 为“准则”个数）计算可以采用式（8.7）、式（8.8），多准则集成计算可以采用加权平均或指数权重加权的方法计算，即

$$HD=\sum_{t=1}^{T}\omega_t HD_t \tag{8.9}$$

$$HD=\prod_{t=1}^{T}(HD_t)^{\beta_t} \tag{8.10}$$

式中，ω_t、β_t 均为 t 准则的权重，$\sum_{t=1}^{T}\omega_t=1$，$\sum_{t=1}^{T}\beta_t=1$，其他符号同前。

比如，笔者在文［17］中针对人水和谐评价采用的计算方法，把人水和谐度分成“健康度、发展度、协调度”3 个准则“子和谐度”。根据 3 个准则“子和谐度”集成到总和谐度，公式如下：

$$HD=HED^{\lambda 1}\cdot DED^{\lambda 2}\cdot HAD^{\lambda 3}$$

式中，HD 为人水和谐度；HED、DED、HAD 分别为健康度、发展度、协调度；λ1、λ2、λ3 分别是 HED、DED、HAD 给定的指数权重。

四、应用举例

这里以“某流域发展状况的和谐评估”为例来说明。以下内容节选自文献[18]，并做了大量修改。

（一）流域概况

该流域降水稀少，蒸发强烈，水资源十分紧缺。由于缺水，流域极端干旱，风沙天气频繁，生态环境脆弱。近几十年来，由于自然及人为因素的共同作用，水资源供需矛盾日渐突出，中下游河道断流，生态环境持续恶化，

对该区可持续发展构成了极大威胁。

河流干流划分为上游、中游、下游 3 个分区，再加上 4 个源流分区，本次研究范围共为 7 个分区，分别为 AK 源流区、YE 源流区、HT 源流区、KK 源流区、干流上游区、干流中游区、干流下游区。

（二）流域发展状况分析

“流域发展状况”反映了高效利用享有的资源、支撑社会发展的规模，以及经济发展的程度。通过对现状年该流域部分指标数据的分析，可以初步看出：①流域内作物灌溉用水定额都普遍偏高，远高于全国平均水平，说明农业生产水平较低；②流域内渠系水利用系数都比较低，说明该区域农业科技水平较低、农业投入也较一般；③4个源流区城镇用水定额比农村生活用水定额高出很多，干流区居民生活用水定额普遍较低，说明源流区用水浪费依然较严重；④万元工业产值用水量普遍偏高，说明工业发展比较落后；⑤人均 GDP 地区差异较大，说明地区经济发展水平差异较大。总体来说，该流域的发展水平亟待提高。

（三）评估指标体系及标准

根据该流域的特点，选定 10 个发展指标，构建了该流域发展状况和谐评估量化指标体系，以此来对流域 7 个分区的和谐程度进行定量评价。各指标的特征节点值（即标准值）见表 8.5。该流域各分区的具体数据见表 8.6。

表 8.5　和谐评估量化指标及特征节点值表

编号	指标层	单位	最差值	较差值	及格值	较优值	最优值	指标方向
1	区域人口密度	10^4 人/千米^2	100	60	20	10	1	逆向
2	恩格尔系数	%	60	50	40	30	20	逆向
3	人均 GDP	元	100	1000	3000	10000	20000	正向
4	万元工业产值用水量	米^3	400	250	100	40	10	逆向
5	灌溉用水定额	米^3/亩	2000	1000	600	400	200	逆向
6	渠系水利用系数		0	0.4	0.7	0.9	1	正向
7	节水灌溉面积比例	%	0	40	60	90	100	正向
8	人均粮食产量	千克/人	0	200	370	450	550	正向
9	人均耕地面积	亩/人	0.1	0.5	4	6	10	正向
10	人均生活用水量	米^3/(年·人)	0 300	60 250	90 220	120 200	150 180	双向

表 8.6 该流域分区各指标数据表

编号	指标层	单位	AK 源流区	YE 源流区	HT 源流区	KK 源流区	干流上游区	干流中游区	干流下游区
1	区域人口密度	10^4 人/千米^2	26.17	23.26	20.47	15.53	5.11	5.11	5.11
2	恩格尔系数	%	36.4	36.4	36.4	36.4	41.8	41.8	41.8
3	人均 GDP	元	7128	3598	1943	5406	5851	5857	5140
4	万元工业产值用水量	米^3	209	200	150	150	363	363	363
5	灌溉用水定额	米^3/亩	902	887	1121	778	1513	1531	1531
6	渠系水利用系数		0.442	0.426	0.403	0.455	0.313	0.313	0.313
7	节水灌溉面积比例	%	74.2	51.2	49.5	66.8	100	100	100
8	人均粮食产量	千克/人	859	512	467	482	298	298	1329
9	人均耕地面积	亩/人	6.2	1.4	2.7	3.0	8.1	8.1	8.1
10	人均生活用水量	米^3/（年•人）	84	88	99	79	76	76	76

（四）和谐评估计算及结果分析

根据上文介绍的单指标的量化方法（式（8.3）～式（8.5）），计算出各指标的和谐度，见表 8.7。

表 8.7 各指标的和谐度计算结果表

编号	指标层	单位	AK 源流区	YE 源流区	HT 源流区	KK 源流区	干流上游区	干流中游区	干流下游区
1	区域人口密度	10^4 人/千米^2	0.5537	0.5756	0.5965	0.6894	0.9087	0.9087	0.9087
2	恩格尔系数	%	0.6720	0.6720	0.6720	0.6720	0.5460	0.5460	0.5460
3	人均 GDP	元	0.7179	0.6171	0.4414	0.6687	0.6815	0.6816	0.6611
4	万元工业产值用水量	米^3	0.3820	0.4000	0.5000	0.5000	0.0740	0.0740	0.0740
5	灌溉用水定额	米^3/亩	0.3735	0.3848	0.2637	0.4665	0.1461	0.1407	0.1407
6	渠系水利用系数		0.3420	0.3260	0.3030	0.3550	0.2348	0.2348	0.2348
7	节水灌溉面积比例	%	0.6947	0.4680	0.4425	0.6453	1.0000	1.0000	1.0000
8	人均粮食产量	千克/人	1.0000	0.9240	0.8340	0.8640	0.4729	0.4729	1.0000
9	人均耕地面积	亩/人	0.8075	0.3771	0.4886	0.5143	0.9050	0.9050	0.9050
10	人均生活用水量	米^3/（年•人）	0.5400	0.5800	0.6600	0.4900	0.4600	0.4600	0.4600

采用层次分析法对 10 个指标构造判断矩阵，按照平均值构建 10 个指标的基础权重。再根据基础权重、和谐度值大小，利用变权法确定最终权重（如第六章第二节第四部分介绍），计算结果见表 8.8。

表 8.8 各指标的最终权重

编号	指标层	单位	AK 源流区	YE 源流区	HT 源流区	KK 源流区	干流上游区	干流中游区	干流下游区
1	区域人口密度	10^4 人/千米^2	0.1016	0.0902	0.0859	0.0853	0.0525	0.0523	0.0545
2	恩格尔系数	%	0.0872	0.0797	0.0780	0.0871	0.0808	0.0806	0.0840
3	人均 GDP	元	0.0825	0.0855	0.1069	0.0875	0.0678	0.0676	0.0723
4	万元工业产值用水量	米^3	0.1314	0.1167	0.0980	0.1095	0.2127	0.2122	0.2210
5	灌溉用水定额	米^3/亩	0.1333	0.1196	0.1458	0.1150	0.1685	0.1706	0.1777
6	渠系水利用系数		0.1407	0.1324	0.1351	0.1374	0.1361	0.1358	0.1415
7	节水灌溉面积比例	%	0.0848	0.1050	0.1068	0.0901	0.0478	0.0476	0.0496
8	人均粮食产量	千克/人	0.0607	0.0600	0.0646	0.0698	0.0897	0.0895	0.0496
9	人均耕地面积	亩/人	0.0744	0.1212	0.0997	0.1073	0.0527	0.0525	0.0547
10	人均生活用水量	米^3/（年•人）	0.1035	0.0897	0.0792	0.1111	0.0914	0.0912	0.0950

按照指数权重加权计算公式（8.8），计算得到该流域各区发展状况的和谐度，见表 8.9。

表 8.9 流域和谐评估计算结果

项目	AK 源流区	YE 源流区	HT 源流区	KK 源流区	干流上游区	干流中游区	干流下游区
和谐度	0.5577	0.4964	0.4814	0.5611	0.3902	0.3887	0.4102
和谐等级	接近不和谐	接近不和谐	接近不和谐	接近不和谐	较不和谐	较不和谐	接近不和谐

由表 8.9 可以看出，KK 源流区、AK 源流区的和谐度相对较高，其次是 YE 源流区、HT 源流区，干流区只有 0.4 左右，普遍较差。从各指标来看：①人口—土地—水资源不匹配，源流区人口较多，水资源相对丰富，但土地资源相对匮乏；中下游虽然人均耕地面积比较多，但水资源匮乏，造成水土资源不相匹配，严重制约了该流域干流区域经济社会的发展；②各区经济发展不平衡，AK 源流区人均 GDP 为 7128 元，明显高于其他地区；HT 源流

区经济发展比较落后，人均 GDP 只有 1943 元，恶劣的自然条件成为经济发展的制约因素；③水资源利用效率比较低，各区渠系水利用系数最高的 KK 源流区只有 0.455，灌溉用水定额、万元工业产值用水量在干流区的和谐度非常低，亟待提高；④干流区受水资源短缺限制，为缓解无水可用的局面，采取了多种节水措施，其节水灌溉面积比例明显好于源流区。

第九章　和谐调控

在现实中，由于各种因素的影响，经常会出现不和谐状况。通过上一章介绍的和谐评估方法，可以评估和谐问题的水平或状态。当发现和谐程度不满足要求时，可以根据和谐评估结果，采取一些必要措施，来改善和谐状况，这就是和谐调控（harmony regulation），也是和谐论应用的重要技术方法之一。本章将介绍两种和谐调控方法：一种是和谐行为集优选方法；另一种是基于和谐度方程的优化模型方法，并列举实例加以说明。

第一节　和谐调控的概念及方法概述

和谐调控，就是在和谐评估的基础上，针对存在的和谐问题采取一些调控措施以提高和谐程度，使得和谐问题能够朝着更加和谐的方向发展。和谐调控的主要内容，就是以和谐问题为研究对象，以提高和谐度为主要目标，通过和谐调控方法（如和谐调控模型），得到实现和谐目标的和谐行为。

通过和谐调控，可以在一定程度上提高研究问题的和谐度，使和谐问题达到最佳和谐状态。例如，人水和谐调控，能充分协调好水资源开发利用过程中方方面面的关系，包括人文系统与水系统的关系、各用水部门间的关系等，提高水资源开发利用的效率，对防止水资源短缺、水环境污染等问题的出现有一定的指导作用，最终实现优化人水关系、促进人水和谐的目标。

和谐调控有简单和复杂两种不同的思路。简单思路就是按照和谐度大小进行直接选择，也就是根据和谐度大小先选择和谐行为集，再根据对和谐问题的全部要求筛选确定最终的和谐行为集，据此确定满足要求的调控措施，即和谐行为集优选方法。复杂思路就是通过建立和谐调控模型，得到最优和谐方案，以此作为满足要求的调控措施，即基于和谐度方程的优化模型方法。本章将详细介绍这两种方法。

第二节 和谐行为集优选方法

一、方法介绍

和谐行为集优选方法（the optimal selection method of harmony actions set），就是按照某一目标，把能实现这一目标的所有和谐行为放在一起，组成和谐行为集（harmony actions set），再从和谐行为集中优选需要的和谐行为（或方案）。如图 9.1 所示，和谐行为集为

$$\{方案\ k,\ \cdots,\ 方案\ m,\ \cdots,\ 方案\ p\}（且\ \mathrm{HD}\geqslant u） \tag{9.1}$$

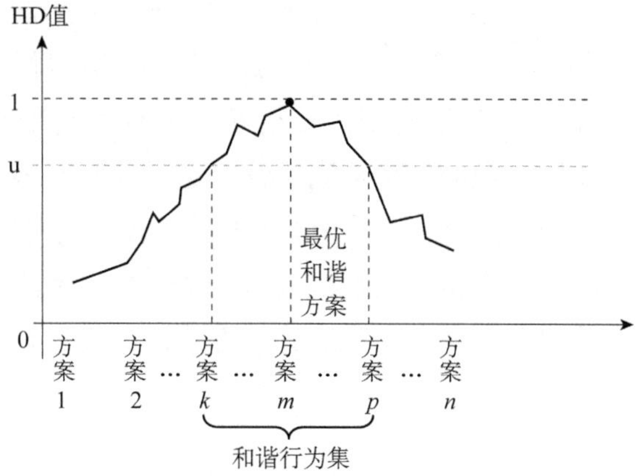

图 9.1 和谐行为集示意图

如果所选择的和谐行为，其和谐度是和谐行为集中和谐度的最大值，此

和谐行为称为最优和谐行为（the optimal harmony actions）。假如方案 m 为最优和谐行为，则

$$\mathrm{HD}_m = \max\{\mathrm{HD}_k\}(k=1,2,\cdots, n) \tag{9.2}$$

如果最大值难以寻找到，可以选定相对最优的方案，此和谐行为称为近似最优和谐行为（the quasi optimal harmony actions）。

因此，该方法的关键步骤是：要组合很多个方案（或和谐行为），再按照和谐度计算方法，计算各个方案对应的和谐度；按照和谐度目标值大小，来组合符合和谐度目标值的所有和谐行为集，在这些和谐行为集中选择最优和谐行为或近似最优和谐行为。

这种方法用于和谐调控有两个方面的作用：

一是确定和谐度最大或近似最大时的和谐行为，即和谐行为的优化（the optimization of harmony actions）。通过对多个方案的和谐度 HD 进行计算，可以找到和谐度最大或近似最大时的各组方案，即最优或近似最优和谐行为，有助于方案的优化选择，为寻找最和谐方案提供方法论。例如，在人水关系研究中，通过各种分水方案的计算，得到一组和谐度最大的分水方案，作为水资源分配的依据。

二是通过变化各种可能方案，选择最有利情况下的和谐规则，即和谐规则的优化（the optimization of harmony regulation）。有时候和谐规则是一个重要的可变关系，对整个和谐问题的分析和处理有重要影响。在这种情况下，需要寻找一个比较合理的和谐规则。针对这一问题，可以变化各种和谐规则，计算相应的和谐度，然后对和谐度进行比较，选择最有利的和谐规则。例如，在跨界河流分水中，分水规则是一个十分敏感的指标，解决如何分水使总效益最大的问题，就可以采取这种方法，寻找最有利的分水规则。

二、应用举例

这里以“分区水资源分配问题”为例来说明。已知研究区共分 3 个分区，分别编号为 1 分区、2 分区、3 分区；可利用水资源量为 7.64 亿米^3，

原达成的分水比例为 4∶4∶2；目前总人口数量为 358 万人，其中三个分区分别为 149 万人、134 万人、75 万人；三个分区平均每立方米水带来的总产值分别为 96 元/米^3 、112 元/米^3 、105 元/米^3 。

针对这个和谐问题，假定考虑两个和谐因素：一是分水和谐因素，就是考虑水资源分配的要求，其和谐规则是以分水比例为依据的；二是效益和谐因素，就是考虑水资源带来的效益要求，其和谐规则是以人均产值相等为依据的。关于第一个和谐因素（即分水问题）的统一度计算，已在本书第三章第十节介绍过。针对第二个和谐因素（即效益和谐因素）的统一度计算，假定三个分区的人均产值完全相等时，其统一度 a=1；假如不相等时，分别为 x_1、 x_2、 x_3，可以用每个值与最大值的比值按等权指数权重加权计算得到，针对本例，其统一度 a 计算公式如下：

$$a = \sqrt[3]{\frac{x_1 \times x_2 \times x_3}{[\max(x_1,\ x_2,\ x_3)]^3}} \tag{9.3}$$

第一个和谐因素，要求“分水总量小于可利用水资源量”，也就是当满足这一目标要求时，和谐系数 i=1，当不满足要求时，i=0。并且，不考虑不和谐系数影响，即 j=0。

第二个和谐因素，没有具体的和谐目标要求，和谐系数 i=1，不和谐系数 j=0。

再采用等权指数权重加权计算方法，如式（3.4)，考虑两个和谐因素的多因素和谐度计算。

（一）和谐行为的优化：寻求最优和谐行为，即和谐度最大的水资源分配方案

如表 9.1 所示，列出了 38 个方案的计算结果，每个方案有 3 个分区的分水量数据（即该问题的和谐行为）。按照第一个和谐因素（分水和谐因素）、第二个和谐因素（效益和谐因素）的和谐度计算公式，得到每个方案的单因素和谐度，再根据等权指数权重加权计算得到最终的多因素和谐度。

表 9.1 分方案计算的和谐度一览表

方案编号	1 分区分水量/亿米^3	2 分区分水量/亿米^3	3 分区分水量/亿米^3	第一个和谐因素的和谐度	第二个和谐因素的和谐度	多因素和谐度
1	3.06	3.06	1.52	0.9948	0.8624	0.9262
2	3.50	2.50	1.64	0.8181	0.9633	0.8877
3	3.40	2.50	1.74	0.8181	0.9171	0.8662
4	3.30	2.50	1.84	0.8181	0.8748	0.8460
5	3.20	2.50	1.94	0.8181	0.8359	0.8269
6	3.10	2.50	2.04	0.8181	0.7998	0.8089
7	3.00	2.50	2.14	0.8181	0.7663	0.7918
8	3.50	2.60	1.54	0.8508	0.9731	0.9099
9	3.40	2.60	1.64	0.8508	0.9666	0.9068
10	3.30	2.60	1.74	0.8508	0.9200	0.8847
11	3.20	2.60	1.84	0.8508	0.8773	0.8639
12	3.10	2.60	1.94	0.8508	0.8380	0.8443
13	3.00	2.60	2.04	0.8508	0.8015	0.8258
14	3.50	2.70	1.44	0.8835	0.9629	0.9223
15	3.40	2.70	1.54	0.8835	0.9752	0.9282
16	3.30	2.70	1.64	0.8835	0.9691	0.9253
17	3.20	2.70	1.74	0.8835	0.9221	0.9026
18	3.10	2.70	1.84	0.8835	0.8790	0.8813
19	3.00	2.70	1.94	0.8835	0.8393	0.8611
20	3.39	2.70	1.55	0.8835	0.9763	0.9288
21	3.38	2.70	1.56	0.8835	0.9775	0.9293
22	3.37	2.70	1.57	0.8835	0.9786	0.9298
23	3.36	2.70	1.58	0.8835	0.9797	0.9304
24	3.35	2.70	1.59	0.8835	0.9808	0.9309
25	3.34	2.70	1.60	0.8835	0.9818	0.9314
26	3.33	2.70	1.61	0.8835	0.9829	0.9319
27	3.32	2.70	1.62	0.8835	0.9790	0.9301
28	3.31	2.70	1.63	0.8835	0.9741	0.9277
29	3.35	2.69	1.60	0.8802	0.9853	0.9313
30	3.34	2.69	1.61	0.8802	0.9839	0.9306
31	3.33	2.69	1.62	0.8802	0.9788	0.9282
32	3.32	2.69	1.63	0.8802	0.9738	0.9259
33	3.31	2.69	1.64	0.8802	0.9689	0.9235
34	3.35	2.71	1.58	0.8868	0.9763	0.9305
35	3.34	2.71	1.59	0.8868	0.9774	0.9310
36	3.33	2.71	1.60	0.8868	0.9784	0.9315
37	3.32	2.71	1.61	0.8868	0.9795	0.9320
38	3.31	2.71	1.62	0.8868	0.9793	0.9319

表 9.1 所列的 38 个方案，基本反映了寻找最优和谐行为的过程。首先，按照约定的分水比例，计算多因素和谐度（如方案 1）；其次，判断 3 个分区的分水量变化的方向，使多因素和谐度增大，寻找最优方案的大致范围（按照分水量步长 0.1 计算），如方案 2～方案 19，搜寻到方案 15 和谐度最大（指按 0.1 步长方案中的最大值），这时，3 个分区的分水量分别在 3.40 亿米^3、2.70 亿米^3、1.54 亿米^{3}左右；最后，分别在方案 15 的分水量前后变化（步长缩小到 0.01），经计算对比，得到最优和谐行为为方案 37，即 3 个分区的分水量分别为 3.32 亿米^3、2.71 亿米^3、1.61 亿米^3，和谐度为 0.9320，属于“基本和谐”，接近完全和谐状态。

（二）和谐规则的优化：变化分水比例，寻求最合适的分水规则

跨界河流分水或区域水量分配，一直是水利工程实践中非常重要也非常棘手的问题，因为水资源的有限性和稀缺性，每个地区都希望获得更多的水量，所以，常常出现争水矛盾。如何合理分配水量，也是学术界一直讨论的难点问题。

针对本例，变化分水比例，就是变化和谐规则。计算和谐度的方法、过程与上相同，但最根本的区别在于，和谐规则的变化。上述（表 9.1）计算的和谐规则是原来达成的分水比例 4∶4∶2，以下计算的和谐规则是变化后的分水比例。

如表 9.2 所示，是变化和谐规则（分水比例）情况下计算得到的最优和谐行为及和谐度。每变化一次和谐规则（分水比例），就采用类似上述（表 9.1）的方法步骤，得到相应的最优和谐行为及和谐度。例如，表 9.2 中编号 1 的情况，和谐规则（分水比例）为 3.36∶2.68∶1.60，计算得到的 3 个分区的分水量分别为 3.35 亿米^3、2.69 亿米^3、1.60 亿米^3。分水比例按照 0.01 步长进行计算，如表 9.2 所示，只列举了部分计算结果。其中编号 4 是和谐度最大的一组结果，即得到的最优和谐规则为 3.35∶2.69∶1.60，最大和谐度为 0.9889，比上述（表 9.1）计算的最大和谐度（0.9320）明显要大，说明通过和谐规则的优化，确实提高了总体水平。

表 9.2　和谐规则（分水比例）变化情况下最优和谐行为及和谐度一览表

编号	分水比例（和谐规则）			最优和谐行为（分水量 / 亿米³）			多因素和谐度
	1 分区	2 分区	3 分区	1 分区	2 分区	3 分区	
1	3.36	2.68	1.60	3.35	2.69	1.60	0.9874
2	3.36	2.69	1.60	3.35	2.69	1.60	0.9881
3	3.35	2.68	1.60	3.35	2.69	1.60	0.9883
4	3.35	2.69	1.60	3.35	2.69	1.60	0.9889
5	3.34	2.69	1.61	3.34	2.69	1.61	0.9879
6	3.33	2.69	1.62	3.34	2.69	1.61	0.9848
7	3.32	2.69	1.63	3.34	2.69	1.61	0.9818
8	3.31	2.69	1.64	3.34	2.69	1.61	0.9788
9	3.30	2.69	1.65	3.34	2.69	1.61	0.9758
10	3.36	2.70	1.58	3.36	2.69	1.59	0.9871
11	3.35	2.70	1.59	3.35	2.69	1.60	0.9871
12	3.34	2.70	1.60	3.35	2.69	1.60	0.9871
13	3.33	2.70	1.61	3.33	2.70	1.61	0.9871
14	3.34	2.71	1.59	3.33	2.70	1.61	0.9853
15	3.33	2.71	1.60	3.33	2.70	1.61	0.9853

第三节　基于和谐度方程的优化模型方法

一、方法介绍

优化模型是运筹学、系统科学中常见的一类计算方法，在国民经济实践中广泛应用。一般优化模型由目标函数和约束条件组成，一般形式如下：

$$\begin{cases} Z=\max[F(X)] \\ G(X)\leqslant 0 \\ X\geqslant 0 \end{cases} \tag{9.4}$$

式中，X为决策向量；$F(X)$为目标函数，式（9.4）列出的目标函数值 Z 是对目标函数 $F(X)$ 求最大值。如果是求最小值，可以通过两边取负数转化为求最大值；$G(X)$ 为约束条件集，上式列出的是小于等于 0，如果约束条件中有大于等于 0 的情况，可以通过两边取负数转化为小于等于 0 的情况。

基于和谐度方程的优化模型（the optimization model based on harmony degree equation），主要有以下三种情况。

（1）和谐度方程作为目标函数建立的优化模型。这一模型主要用于寻找和谐度最大时的最优和谐行为（优化方案）。把和谐度方程 HD（X）作为目标函数，一般形式如下：

$$\begin{cases} Z = \max[\mathrm{HD}(X)] \\ G(X) \leqslant 0 \\ X \geqslant 0 \end{cases} \tag{9.5}$$

（2）和谐度方程作为一个约束条件建立的优化模型。这一模型主要用于寻找和谐度不小于某一极限值的最优方案。一般要求和谐度大于等于某一个极限值（设为 u_0），作为优化模型的一个约束，一般形式如下：

$$\begin{cases} Z = \max[F(X)] \\ G(X) \leqslant 0 \\ \mathrm{HD}(X) \geqslant u_0 \\ X \geqslant 0 \end{cases} \tag{9.6}$$

（3）和谐准则的优化。把和谐规则相关的参数作为变量来考虑建立的优化模型。设和谐规则变量为 Y，一般形式如下：

$$\begin{cases} Z = \max[F(X,Y)] \\ G(X,Y) \leqslant 0 \\ X,Y \geqslant 0 \end{cases} \tag{9.7}$$

二、应用举例

这里以“水污染负荷分配问题”为例来说明。如果向水体中排放的污染物过多，就会导致水体污染，甚至丧失水体的功能。因此，要维持水体的一定功能，就必须限制向水体排放的污染物总量。也就是说，一定范围内的水体可接纳的污染物是有限的，必须控制向水体排放污染物总量。

如果向水体排放的污染物总量超过水体可接纳的污染物量时，就必须对排放的污染物量进行一定程度的削减，使其满足水体可接纳污染物量的要求。不同地区的污染物削减量等于实际排放污染物量减去水污染负荷（即该地区允许向水体排放的污染物总量）。因此，水污染负荷分配是控制污染物排放总量的核心内容。

针对不同地区，如果要求削减的污染物量越大，其投入会越大，就会损失越多的直接经济利益，所以，水污染负荷分配问题直接关系到各个地区的利益，一直是一个难点问题，很难协调每个地区的利益和要求。

针对不同地区，如何核定其水污染负荷？这就是水污染负荷分配问题。由于利益、技术条件等因素的影响，其中必然存在对立、分歧的现象，所以方案的制订与实施存在一定的难度，无法满足每个利益相关者的要求。和谐论可以较好地解决分歧问题，为水污染负荷分配提供新的解决方法[27]。

（一）研究区概况

本节以某城市湖泊 COD_{Mn} 水污染负荷分配为例。受经济利益的驱动，人类的生产活动不断侵占该湖泊流域，导致水面面积不断减少，水环境受到严重威胁，至现状年 Y_0，水质呈现不断恶化的趋势。根据污染物的产生来源，可将该湖泊流域的污染来源分为点源、面源、内源和外源。其中点源包括生活污水和工业废水，面源包括农田径流、畜禽养殖及城镇径流产生的污染，内源包括渔业养殖及底泥释放产生的污染，外源为连接该湖泊流域的河流在汛期产生的污染。在该湖泊流域水环境管理中，仅通过控制点源污染已不能满足水功能目标的要求，必须对面源、内源和外源都进行控制。而面源、内源和外源控制措施的资金投入及治理效果影响着三者间的污染负荷量分配。如何使各污染源的负荷分配结果整体达到和谐状态是需要认真研究的。此外，该湖泊流域的水环境管理还涉及 3 个行政区之间的整体协调，而每个行政区都希望获得更多的污染物允许入湖量，以保障区域的经济发展，因此，各行政区对水污染负荷分配的最终方案均有一定的争议，阻碍了湖泊流域的水环境治理。

（二）水污染负荷分配的和谐论解读

水污染负荷分配问题是一个和谐问题，可以用和谐论五要素来描述。

（1）和谐参与者：可以是污染源、流域的行政控制单元、各排污企业，也可以是各污水排放口。比如，如果研究流域污染源的负荷削减问题，可以把点源污染、流域范围内的面源污染等作为和谐参与者；如果研究流域内各行政分区污染负荷削减问题，可以把不同行政分区作为和谐参与者。本节仅以污染源（点源、面源、内源和外源）作为和谐参与者，分析该湖泊流域 COD_{Mn} 污染物总量控制的和谐问题。

（2）和谐目标：为防止水体进一步恶化，严格控制进入水体的污染负荷。当进入水体的污染负荷总量大于水体可以承纳的最大污染物数量时，水质将恶化；而当进入水体的污染负荷总量小于水体可以承纳的最大污染物数量时，可以保持目前的水质状况，甚至可以改善水质。也就是说，可以将“污染负荷总量小于水体可承纳的最大污染物数量”作为目标。当然，也可以以“水体水质达到水功能区目标要求”为（间接）目标。本例选择的和谐目标是：污染物入湖总量不超过纳污能力，水质可以满足水体功能目标（III 类水①）；当污染物入湖总量大于 1.2 倍的纳污能力时，水体将无法承纳污染物的入湖总量，导致水质恶化。

（3）和谐规则：各参与者获得的污染物控制量之和必须小于或等于水体可承纳的最大污染物数量；各种污染物的削减目标必须小于对应污染物进入水体的污染负荷量，且应控制在污染物削减措施的技术上限范围内；可以结合污染物总量分配中的公平、效益原则，或者以人口、工业增加值与污染物排放量之间的关系来分配污染负荷，确定不同和谐参与者的污染物削减量。本例确定的和谐规则是内源和外源按各自的贡献率控制污染负荷量，点源和面源根据最小边际成本投入控制污染负荷量。

---

① 即《地表水环境质量标准》（GB3838-2002）规定的III类水

（4）和谐因素：不仅要使水质满足水功能目标，也要考虑污染物削减技术的可行性、经济的投入等因素。另外，从水污染指标来看，主要有化学需氧量（COD）、氨氮（NH_3-N）、总氮（TN）等，如果考虑的因素不是单一的，该和谐问题则为多因素和谐问题。

（5）和谐行为：参与者所获得的具体的水污染负荷分配量。

（三）计算模型

经济投入和技术可行是水污染物总量控制方案可行性的重要影响因素，在制订方案过程中需考虑这两个因素的影响。该模型以和谐度最大为目标函数，以水污染物总量控制为总目标、治理措施的技术及经济投入等为约束条件，建立单目标模型。

目标函数：

$$\mathrm{Max(HD)} = \mathrm{Max}(ai - bj) = \mathrm{Max}\left(\frac{\sum_{k=1}^{n} G_k}{\sum_{k=1}^{n} A_k} \times i - \left(1 - \frac{\sum_{k=1}^{n} G_k}{\sum_{k=1}^{n} A_k}\right) \times j\right)$$

约束条件：

$$\sum_{k=1}^{n} G_k \leqslant \mathrm{TG}$$

$$G_k = f\left(A_k\right)$$

$$0 \leqslant A_k - G_k \leqslant TL\left(A_k > G_k,\ k = 1, 2, \cdots, n\right)$$

$$0 \leqslant C_1\left(A_1 - G_1\right) + \cdots + C_k\left(A_k - G_k\right) + \cdots + C_n\left(A_n - G_n\right) \leqslant C$$

$$0 \leqslant i, j \leqslant 1$$

式中，i 为和谐系数；j 为不和谐系数；A_k 为第 k 个和谐参与者排放某污染物的数量；TG 为某污染物的总量控制目标；G_k 为根据和谐规则确定的第 k 个和谐参与者允许排放的某污染物数量；当 $A_k \leqslant G_k$ 时，表明该和谐参与者排放的污染物数量不需要削减，不需要考虑第三个约束条件，只有当 $A_k > G_k$，第三个约束条件才成立；TL 表示某措施治理某污染物的技术上限，$C_1\left(A_1 - G_1\right), \cdots, C_k\left(A_k - G_k\right), \cdots, C_n\left(A_n - G_n\right)$ 分别为和谐参与者治理某污染物的边际成本；C 为政府对环境治理的经济投入。

该模型涉及几个重要参数，其确定方法说明如下。

1. 污染物总量控制目标 TG

为保证水质达到水功能目标要求，必须控制排放到水体中的污染物总量。它可以通过水体纳污能力计算得到，与时间、水体特性、污染物特征等因素有关。

2. 治理措施的技术上限 TL

从水污染负荷分配方案的可行性角度出发，需要考虑污染物治理措施的技术削减范围，满足污染物削减的要求，从而保障分配方案的可实施性。治理措施的技术上限与治理措施的选择有重要的关系，不同治理措施的治理效果是不同的。技术上限的确定可以通过查阅相关文献，考虑地区的差异性，根据已有的研究成果来确定。

3. 治理污染物的边际成本 $C_k(A_k - G_k)$

边际成本主要与污染物的治理措施、治理效果、污染物特性等因素有关。边际成本函数确定需要考虑污染物治理措施，通过查阅研究区治理措施的基建成本和运行成本，综合分析边际成本与削减量之间的关系。

4. 允许排放的污染物数量 G_k

该变量与和谐规则及和谐参与者排放污染物的数量 A_k 有密切的联系，可通过和谐规则中的最低、最高约束或规则比例来确定。

5. 和谐系数 i

该变量反映和谐目标的满足程度，可以根据和谐目标来计算。本例采用图 3.4（b）的曲线公式来计算和谐系数 i。其中，设曲线图中 X_1 为水体纳污能力，X_2 为 1.2 倍的水体纳污能力，即当污染物入湖总量小于水体纳污能力时，i=1；当污染物入湖总量大于水体纳污能力且小于 1.2 倍水体纳污能力时，i 随着污染物入湖总量的增加而减小，通过线性插值获得相应值；当污染物入湖总量大于等于 1.2 倍水体纳污能力时，i=0。

6. 不和谐系数 j

该变量反映和谐参与者对存在分歧现象的重视程度，可以根据分歧度来计算，本例采用图 3.5（d）的曲线公式来计算。

（四）计算结果分析

根据前文建立的计算模型及各参数的确定方法，分别计算按照现状发展趋势下近期目标年 Y_1、远期目标年 Y_2 在 75%和 90%来水频率条件下该湖泊流域 COD_{Mn} 的纳污能力、入湖量、允许入湖量及和谐度，计算结果见表 9.3。

表 9.3　按现状发展趋势计算得到的 COD_{Mn} 排放量及和谐度

来水频率/%	年份	计算的入湖量 / （吨/年）	允许入湖量/（吨/年）	和谐度
75	近期目标年 Y_1	1439.043	1144.814	0.589
	远期目标年 Y_2	1764.777	1237.313	0.000
90	近期目标年 Y_1	1439.691	1059.955	0.263
	远期目标年 Y_2	1763.622	1134.226	0.000

近期目标年 Y_1 在 75%来水频率下和谐度为 0.589，处于“接近不和谐”状态；近期目标年 Y_1 在 90%来水频率下和谐度为 0.263，处于“较不和谐”状态。而远期目标年 Y_2 在 75%和 90%来水频率下和谐度均为 0，处于“完全不和谐”状态。通过分析和谐度的计算过程可知，近期目标年 Y_1 污染物的入湖量虽已超出水体纳污能力，但小于 1.2 倍的水体纳污能力，表明湖泊还可以承受污染物排放入湖，但湖泊的水体纳污能力与污染物排放总量之间已经出现不和谐状态，必须通过参与者的和谐行为来控制污染物的排放量，使不和谐状态向和谐状态转变。

下面，就根据制定的和谐规则，即内源和外源按各自的贡献率控制污染负荷量，点源和面源根据最小边际成本投入控制污染负荷量，调整近期目标

年 Y_1、远期目标年 Y_2 在 75%和 90%来水频率条件下 COD_{Mn} 的污染源允许排放量，并计算调整后的和谐度，结果见表 9.4。从表 9.4 中可以看出，和谐度均为 1.0，处于和谐状态，表明表中各污染源的允许入湖量即为满足和谐目标所具有的最优和谐行为。

表 9.4　按照和谐模型计算的 COD_{Mn} 允许入湖量及和谐度

来水频率/%	年份	允许入湖量/（吨/年）					和谐度
		点源	面源	内源	外源	合计	
75	近期目标年 Y_1	802.413	96.114	153.969	92.317	1144.814	1.000
	远期目标年 Y_2	966.260	65.687	139.286	66.080	1237.313	1.000
90	近期目标年 Y_1	773.111	77.333	132.250	77.261	1059.955	1.000
	远期目标年 Y_2	923.739	42.938	115.214	52.334	1134.226	1.000

根据表 9.4 的计算结果，近期目标年 Y_1、远期目标年 Y_2 在 75%和 90%来水频率下点源的允许入湖量占允许入湖总量的平均比例为 75.6%，面源、内源和外源的平均比例分别为 6.2%、11.8%和 6.3%，这与该湖泊流域污染物来源对水体的贡献是类似的，同时也表明该湖泊流域 COD_{Mn} 污染的主要来源是点源，这与实际调研结果吻合。

从和谐规则来看，内源和外源采用贡献率法进行允许入湖量的分配，充分体现了二者对水体的贡献。而采用最小边际成本法对点源和面源进行分配，从优化的角度体现了治理点源和面源污染物的难易程度，也充分体现了经济投入的最小化。该和谐规则不仅体现了公平性，也考虑了优化的分配原则，表明该和谐规则是合理的。另外，从和谐度的评价结果也可以看出，按照目前各污染源的允许入湖量，可以使湖泊处于和谐状态，这表明分配得到的各污染源的允许入湖量是合理的，能够满足水功能目标的要求。

第四篇

应用篇

和谐论 理论·方法·应用

Harmony Theory:

Theory

Method

Application

第十章　和谐论在社会科学中的应用

社会科学中广泛存在着和谐问题，是和谐论的重要应用领域。本章将阐述和谐论在社会科学中的应用前景，列举几个定性应用实例，包括经济学中的“投资开发协商问题”、政治学中的“多党合作问题”、社会学中的“和谐家庭的关注问题”[28]，并介绍两个定量应用实例，即大学校园和谐评估、经济开发区规划的和谐调控。通过这些例子，来说明和谐论在社会科学中的应用优势。

第一节　定性应用举例

一、经济学中的“投资开发协商问题”

一提到经济学，人们常常联想起“经济收益”，就是采用某些手段获得更大的收益，这也是博弈论的重要应用领域。一方面，博弈论在经济学的众多领域（如产业组织理论、宏观经济学、人力资源管理、金融理论和国际贸易等）得到了广泛的应用，改变了经济学思考和分析问题的方法，开创了许多新的经济学研究领域，引起了经济学的变革；另一方面，对经济学的深入研究，又形成了多姿多彩的博弈论模型，大大推动了博弈论的发展。在经济学中，有很多博弈论应用的经典例子，如房地产开发、商店占位、寡头垄断竞争、竞标要价、招标投标、税务监督、银行挤兑等。如果单纯从经济利益的角度来看，经济学中的很多问题采用博弈论比较合适。当然，也有一些例子仅考虑“博弈”是不够的，需要“和谐”的参与。下面列举一个简单例子。

比如，两个开发商投资农业生产。如果仅从商业的角度，完全靠开发商之间的博弈来获取最大的利益，就符合博弈论的研究思路。可以得出的基本结论是，开发的面积越大，投入-产出的效益比越高，收益越大，因此两个开发商会根据自己的投资能力尽可能增加投资。而实际上，在很多情况下，外界因素会有一定限制。例如，开发这片土地所需要的用水量随着开发土地面积的增加而增加，但是水利部门可以供给的水量有最高限度。在这种情况下，如果仅为个人获得最大效益而扩大投资，其考虑因素是不全面的，需要两个开发商通过协商来解决其中存在的用水限制问题。可以采取以下措施。

（1）通过协商制定用水规则。例如，用水权与农业开发面积成正比、用水权与投资额成正比、用水权各占 1/2 或其他一定比例，等等。也就是把“和谐规则”确定下来，就可以引用和谐论，建立和谐度方程，得到最优和谐行为。

（2）通过协商制定“水拍卖”规则。例如，可以在水行政主管部门的主导下，把水看成是一种“商品”，通过拍卖方式，进行交易，获得用水权。按照这样的和谐规则，也可以建立和谐度方程，得到最优和谐行为。

从以上分析可以看出，在投资的经济活动中，竞争“博弈”是经常存在的，但有时还要考虑和谐目标的要求，因此引用和谐论也是非常必要的。

二、政治学中的“多党合作问题”

中国共产党领导的多党合作和政治协商制度，是我国的一项基本政治制度，也是具有中国特色的社会主义政党制度。该制度内含巨大的政治包容性和巨大的发展潜力，具有强大的生命力。如何通过不断完善和发展这一制度，不断开发其潜在优势，以适应我国民主政治发展趋势的要求，从而使我国的多党合作制度能够长期坚持并充满生机活力？我们可以从和谐论中找到答案。

首先，“多党合作”不是“多党对立”，必须统一认识，减少分歧，提高“统一度”（a）。从世界政党政治来看，全世界200多个国家和地区实行政党政治，不同政党代表不同的阶级利益并具有不同意识形态。有些国家政党之间的纷争，导致剧烈的社会震荡和冲突，有的陷于分裂，有的走向瓦解，有的长期陷于战争。由此可见，党派之间需要合作，统一认识，减少分歧，共同构成国家发展的重要政治力量。中国共产党领导的多党合作和政治协商制度的基本特征是“共产党领导，多党派合作；共产党执政，多党派参政”。共产党是执政党，在多党合作中处于领导地位，但不是一党专政；各民主党派是参政党，不是在野党，更不是反对党，是接受中国共产党领导、同中国共产党通力合作的亲密友党，是致力于中国特色社会主义事业的参政党。在国家采取重大措施或决定国计民生的重大问题时，中国共产党都事先同各党派进行协商，取得统一认识，然后再形成决策。这一制度符合我国国情，具有巨大的优越性和强大的生命力。

其次，要坚持相同的和谐目标，提高“和谐系数”（i）。中国共产党领导的多党合作和政治协商制度是在我国长期革命和建设中形成和发展起来的，也是中国共产党和各民主党派共同创造的。这一制度体现了我国社会主义民主政治的本质要求，突出了团结、民主、和谐的精神，具有合作、参与、协商的特点，符合全国各族人民的根本利益，符合建设中国特色社会主义事业的要求，具有为落实国家发展战略和发展目标而奋斗的信念。

最后，允许存在分歧，但通过协商，减少分歧，减小“分歧度”（b）。同时，通过协商，尽量减小“不和谐系数”（j）。不同政党之间存在分歧是正常的，要允许不同政党出现不同的声音，这样更能反映社会不同阶层、不同意识形态的观点和思想。中国共产党领导的多党合作和政治协商制度，坚持广泛民主和集中领导的统一，畅通和拓宽不同观点的表达渠道。通过协商，减少分歧，求同存异，有利于保障人民的知情权、参与权、表达权、监督权，维护和实现最广大人民的根本利益。这是维护社会稳定、实现经济社会可持续发展、构建和谐社会的重要基础。

三、社会学中的“和谐家庭的关注问题”

家庭是社会的细胞，家庭和睦是保证社会稳定和可持续发展的基础。因此，在构建和谐社会中，首先需要营造和谐的家庭。和谐家庭内涵十分丰富，可以概括为：夫妻恩爱、团结友善、邻里和睦、民主平等、轻松愉快、身心健康。从和谐论的观点看，营造和谐家庭需要关注以下问题。

（1）必须有较高的认同感，即“统一度”（a）较大，“分歧度”（b）较小。家庭是以情爱和血缘为纽带的社会细胞，夫妻恩爱是一个家庭的核心。因此，在和谐家庭中，首先应维持和睦的夫妻关系，夫妻应有比较一致的价值取向、为人性格、处事哲理、兴趣爱好。家庭成员要有“我爱我家”的共同目标，具有较高的认同感。不能因为买什么品牌的家电、吃米饭还是面食、谁来做家务、谁去干活、去跳舞还是去散步等一些琐事而闹出较大的矛盾，出现不和谐气氛。在一个家庭中，需要相互理解、相互支持、相互包容，平等协商，求同存异，诚信友爱，这是和谐的重要基础。

（2）减少不和谐因素，提高“和谐系数”（i），减小“不和谐系数”（j）。影响“和谐家庭”的因素很多，如婚姻关系，老少、兄弟、姐妹、婆媳、姑嫂关系，邻里关系，工作环境，生活方式，经济状况等。为了营造一个和谐的家庭，需要共同努力，消除在恋爱、婚姻、家庭、社会公德、思想意识形态等问题上的不道德现象，构建积极向上的家庭价值取向、平等和谐的家庭关系、民主协商的家庭氛围、和睦友好的邻里关系、健康向上的生活方式，这是提高和谐程度的重要途径，也是建设和谐家庭的重要途径。

第二节 定量应用举例

一、和谐评估的应用——大学校园和谐评估

第八章第二节的第二部分介绍了和谐社区评估的应用实例，也是和谐评估在社会科学中的一个应用实例。该实例评估计算采用的是多指标建立的单因素和谐度方程。下面，再介绍大学校园和谐评估实例，采用多层次和谐度方程进行计算。这里以一个城市中 5 个高校（编号分别为 X_1，X_2，…，X_5）为例，计算采用的是某年的统计数据。

（一）确定和谐论五要素

根据第一章第四节的第三部分介绍的和谐校园问题，可以把和谐校园分成两个层次（图 10. 1）：第一层次是“和谐校园”；第二层次包括和谐同学关系、和谐师生关系、和谐教师团队、和谐校园文化、和谐校园环境。在第二层次中，分别确定不同和谐问题的五要素，如表 10.1 所示。

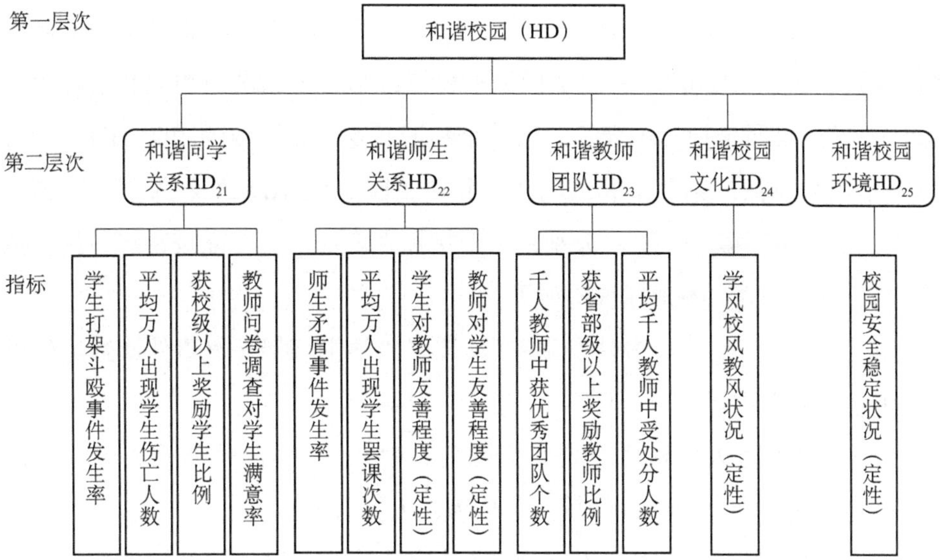

图 10.1 大学校园多层次和谐及指标体系

表 10.1 大学校园第二层次和谐五要素一览表

和谐论五要素	和谐同学关系	和谐师生关系	和谐教师团队	和谐校园文化	和谐校园环境
和谐参与者	该学校中所有学生	该学校中所有学生、教师	该学校中所有教师	校园文化的所有元素	校园环境的所有元素
和谐目标	学生打架斗殴事件发生率不得高于某一限值；平均万人出现学生伤亡人数不得高于某一限值	师生矛盾事件发生率不得高于某一限值；平均万人出现学生罢课次数不得高于某一限值	平均千人教师中受处分人数不得高于某一限值	学风、校风、教风状况合格（按百分制，达到 60 分）	校园安全稳定状况合格（按百分制，达到 60 分）
和谐规则	同学之间友好相处	师生之间友好相处	教师团队积极上进、团结友爱	建立良好的学风、校风、教风	保障校园安全、稳定、祥和
和谐因素	学生友好关系因素	师生友好关系因素	教师团队积极上进和团结友爱因素	优良的学风、校风、教风因素	良好的校园安全、稳定、祥和因素
和谐行为	和谐同学关系行为	和谐师生关系行为	和谐教师团队行为	学风、校风、教风行为	校园安全、稳定、祥和行为

（二）评估指标及说明

在图 10.1 中，第二层次包括 5 个和谐问题，其中，第一个和谐问题“和谐同学关系 HD_{21}”，有四个指标来表征；第二个和谐问题“和谐师生关系 HD_{22}”，有四个指标来表征；第三个和谐问题“和谐教师团队 HD_{23}”，有三个指标来表征；第四个和谐问题“和谐校园文化 HD_{24}”和第五个和谐问题“和谐校园环境 HD_{25}”，分别由一个指标来表征。五个高校某年各指标数据如表 10.2 所示。各指标说明如下。

Z_{11}“学生打架斗殴事件发生率”，按照“学生打架斗殴事件次数”除以“学生总人数”乘以 1000 计算，单位为：‰。

Z_{12}“平均万人出现学生伤亡人数”，按照“学生出现伤亡人数”除以“学生总人数”乘以 10000 计算，单位为：人。

Z_{13}“获校级以上奖励学生比例”，按照“获校级以上奖励学生人数”除以“学生总人数”乘以 100 计算，单位为：%。

Z_{14}“教师问卷调查对学生满意率”，对教师进行随机问卷调查，按照“对学生满意教师数”除以“教师总人数”乘以 100 计算，单位为：%。

Z_{21}“师生矛盾事件发生率”，按照“师生矛盾事件次数”除以“师生总人数”乘以 1000 计算，单位为：‰。

Z_{22}“平均万人出现学生罢课次数”，按照“学生罢课次数”除以“学生总人数”乘以 10000 计算，单位为：次。

Z_{23}“学生对教师友善程度（定性）”，对教师进行随机问卷调查，按照“认为学生对教师友善的人数”除以“教师总人数”。

Z_{24}“教师对学生友善程度（定性）”，对学生进行随机问卷调查，按照“认为教师对学生友善的人数”除以“学生总人数”。

Z_{31}“千人教师中获优秀团队个数”，按照“获校级以上优秀团队个数”除以“教师总人数”乘以 1000 计算，单位为：个。

Z_{32}“获省部级以上奖励教师比例”，按照“获省部级以上奖励教师人数”除以“教师总人数”乘以 100 计算，单位为：%。

Z_{33}“平均千人教师中受处分人数”，按照“受处分教师人数”除以“教师总人数”乘以 1000 计算，单位为：人。

Z_{41}“学风校风教风状况（定性）”，根据问卷调查或专家打分等方法，采用隶属度表征“学风校风教风状况”程度（0 为最差，1 为最好，在［0, 1］区间变化）。

Z_{51}“校园安全稳定状况（定性）”，根据问卷调查或专家打分等方法，采用隶属度表征“校园安全稳定状况”程度（0 为最差，1 为最好，在［0, 1］区间变化）。

表 10.2 大学校园和谐评估指标基础数据一览表

和谐问题	和谐同学关系				和谐师生关系				和谐教师团队			和谐校园文化	和谐校园环境
指标	学生打架斗殴事件发生率	平均万人出现学生伤亡人数	获校级以上奖励学生比例	教师问卷调查对学生满意率	师生矛盾事件发生率	平均万人出现学生罢课次数	学生对教师友善程度（定性）	教师对学生友善程度（定性）	千人教师中获优秀团队个数	获省部级以上奖励教师比例	平均千人教师中受处分人数	学风校风教风状况（定性）	校园安全稳定状况（定性）
	Z_{11}	Z_{12}	Z_{13}	Z_{14}	Z_{21}	Z_{22}	Z_{23}	Z_{24}	Z_{31}	Z_{32}	Z_{33}	Z_{41}	Z_{51}
单位	‰	人	%	%	‰	次			个	%	人		
X_1	0.61	3.01	4.65	79	0.09	1.12	0.65	0.68	0.79	7	0.05	0.6	0.6
X_2	0.58	2.62	6.85	85	0.09	0.92	0.82	0.84	1.33	9	0.06	0.75	0.7
X_3	0.21	1.21	8.42	88	0.03	0.25	0.89	0.91	1.68	13	0.03	0.85	0.9
X_4	0.51	2.42	7.89	83	0.05	0.34	0.77	0.78	1.55	10	0.04	0.65	0.7
X_5	0.06	0.32	10.22	95	0.02	0.15	0.95	0.95	1.81	15	0.02	0.95	0.9

（三）和谐度方程

对第二层次的五个和谐问题分别建立和谐度方程。其中，第一～第三个和谐问题由多指标综合计算后，再建立和谐度方程；第四、第五个和谐问题建立的是单指标和谐度方程。

对于多指标综合计算，首先按照选定的公式计算各指标对应的统一度值。再加权（本例采用等权重方法）计算得到最终的统一度综合值 a。采用公式 $b=1-a$ 计算得到分歧度 b 值。其次，根据和谐目标，计算各种情况下对应的和谐系数 i_k，再通过取最小值的方法得到最终的和谐系数值 i（如第三章第六节第二部分的论述）。最后，确定不和谐系数 j。关于不和谐系数 j 的确定也有很多形式（如第三章第六节第三部分的论述），本例选择一种简单形式，如图 3.5（a）所示，其大小等于分歧度 b 值。

1. 和谐同学关系 HD_{21} 计算

Z_{11}“学生打架斗殴事件发生率”指标的“统一度 a”计算公式如下：

$$a_{11}=\begin{cases}1, & Z_{11}\leqslant 0.1\\ \dfrac{1-Z_{11}}{0.9}, & 0.1<Z_{11}<1\\ 0, & Z_{11}\geqslant 1\end{cases} \tag{10.1}$$

式中，Z_{11}为“学生打架斗殴事件发生率”指标（‰）。

Z_{12}“平均万人出现学生伤亡人数”指标的“统一度 a”计算公式如下：

$$a_{12}=\begin{cases}1, & Z_{12}\leqslant 1\\ \dfrac{5-Z_{12}}{4}, & 1<Z_{12}<5\\ 0, & Z_{12}\geqslant 5\end{cases} \tag{10.2}$$

式中，Z_{12}为“平均万人出现学生伤亡人数”指标（人）。

Z_{13}“获校级以上奖励学生比例”指标的“统一度 a”计算公式如下：

$$a_{13}=\begin{cases}0, & Z_{13}\leqslant 1\\ \dfrac{Z_{13}-1}{9}, & 1<Z_{13}<10\\ 1, & Z_{13}\geqslant 10\end{cases} \tag{10.3}$$

式中，Z_{13}为“获校级以上奖励学生比例”指标（%）。

Z_{14}“教师问卷调查对学生满意率”指标的“统一度 a”计算公式如下：

$$a_{14}=\begin{cases}0, & Z_{14}\leqslant 50\\ \dfrac{Z_{14}-50}{40}, & 50<Z_{14}<90\\ 1, & Z_{14}\geqslant 90\end{cases} \tag{10.4}$$

式中，Z_{14}为“教师问卷调查对学生满意率”指标（%）。

在表 10.1 中，列出该问题的和谐目标是，学生打架斗殴事件发生率不得高于某一限值；平均万人出现学生伤亡人数不得高于某一限值。其中，假定“学生打架斗殴事件发生率”对应的和谐系数值 i 计算公式为

$$i_1=\begin{cases}1, & Z_{11}\leqslant 0.5\\ \dfrac{1-Z_{11}}{0.5}, & 0.5<Z_{11}<1\\ 0, & Z_{11}\geqslant 1\end{cases} \tag{10.5}$$

假定“平均万人出现学生伤亡人数”对应的和谐系数值 i 计算公式为

$$i_2=\begin{cases}1, & Z_{12}\leqslant 2\\ \dfrac{5-Z_{12}}{3}, & 2<Z_{12}<5\\ 0, & Z_{12}\geqslant 5\end{cases} \tag{10.6}$$

HD_{21} 计算结果如表 10.3 所示，其中，同学关系和谐度最大的是高校 X_5，最小是高校 X_1。

表 10.3　同学关系和谐度 HD_{21} 评估计算过程及结果一览表

高校编号	a_{11}	a_{12}	a_{13}	a_{14}	a	b	i_1	i_2	i	j	HD_{21}
X_1	0.43	0.50	0.41	0.73	0.52	0.48	0.78	0.66	0.66	0.48	0.11
X_2	0.47	0.60	0.65	0.88	0.65	0.35	0.84	0.79	0.79	0.35	0.39
X_3	0.88	0.95	0.82	0.95	0.90	0.10	1.00	1.00	1.00	0.10	0.89
X_4	0.54	0.65	0.77	0.83	0.70	0.31	0.98	0.86	0.86	0.31	0.50
X_5	1.00	1.00	1.00	1.00	1.00	0.00	1.00	1.00	1.00	0.00	1.00

2. 和谐师生关系 HD_{22} 计算

Z_{21}“师生矛盾事件发生率”指标的“统一度 a”计算公式如下：

$$a_{21}=\begin{cases}1, & Z_{21}\leqslant 0.01\\ \dfrac{0.2-Z_{21}}{0.19}, & 0.01<Z_{21}<0.2\\ 0, & Z_{21}\geqslant 0.2\end{cases} \tag{10.7}$$

式中，Z_{21} 为“师生矛盾事件发生率”指标（‰）。

Z_{22}“平均万人出现学生罢课次数”指标的“统一度 a”计算公式如下：

$$a_{22}=\begin{cases}1, & Z_{22}\leqslant 0.1\\ \dfrac{2-Z_{22}}{1.9}, & 0.1<Z_{22}<2\\ 0, & Z_{22}\geqslant 2\end{cases} \tag{10.8}$$

式中，Z_{22}为“平均万人出现学生罢课次数”指标（次）。

Z_{23}“学生对教师友善程度（定性）”指标的“统一度 a”计算公式如下：

$$a_{23}=\begin{cases}0, & Z_{23}\leqslant 0.4\\ \dfrac{Z_{23}-0.4}{0.55}, & 0.4<Z_{23}<0.95\\ 1, & Z_{23}\geqslant 0.95\end{cases} \tag{10.9}$$

式中，Z_{23}为“学生对教师友善程度（定性）”指标。

Z_{24}“教师对学生友善程度（定性）”指标的“统一度 a”计算公式如下：

$$a_{24}=\begin{cases}0, & Z_{24}\leqslant 0.4\\ \dfrac{Z_{24}-0.4}{0.55}, & 0.4<Z_{24}<0.95\\ 1, & Z_{24}\geqslant 0.95\end{cases} \tag{10.10}$$

式中，Z_{24}为“教师对学生友善程度（定性）”指标。

在表 10.1 中，列出该问题的和谐目标是，师生矛盾事件发生率不得高于某一限值；平均万人出现学生罢课次数不得高于某一限值。其中，假定“师生矛盾事件发生率”对应的和谐系数值 i 计算公式为

$$i_1=\begin{cases}1, & Z_{21}\leqslant 0.05\\ \dfrac{0.3-Z_{21}}{0.25}, & 0.05<Z_{21}<0.3\\ 0, & Z_{21}\geqslant 0.3\end{cases} \tag{10.11}$$

假定“平均万人出现学生罢课次数”对应的和谐系数值 i 计算公式为

$$i_2=\begin{cases}1, & Z_{22}\leqslant 0.2\\ \dfrac{2.5-Z_{22}}{2.3}, & 0.2<Z_{22}<2.5\\ 0, & Z_{22}\geqslant 2.5\end{cases} \tag{10.12}$$

HD_{22} 计算结果如表 10.4 所示，其中，师生关系和谐度最大的是高校 X_5，最小是高校 X_1。

表 10.4 师生关系和谐度 HD_{22} 评估计算过程及结果一览表

高校编号	a_{21}	a_{22}	a_{23}	a_{24}	a	b	i_1	i_2	i	j	HD_{22}
X_1	0.58	0.46	0.45	0.51	0.50	0.50	0.84	0.60	0.60	0.50	0.05
X_2	0.58	0.57	0.76	0.80	0.68	0.32	0.84	0.69	0.69	0.32	0.36
X_3	0.89	0.92	0.89	0.93	0.91	0.09	1.00	0.98	0.98	0.09	0.88
X_4	0.79	0.87	0.67	0.69	0.76	0.24	1.00	0.94	0.94	0.24	0.65
X_5	0.95	0.97	1.00	1.00	0.98	0.02	1.00	1.00	1.00	0.02	0.98

3. 和谐教师团队 HD_{23} 计算

Z_{31}“千人教师中获优秀团队个数”指标的“统一度 a”计算公式如下：

$$a_{31}=\begin{cases}0, & Z_{31}\leqslant 0.2\\ \dfrac{Z_{31}-0.2}{1.8}, & 0.2<Z_{31}<2\\ 1, & Z_{31}\geqslant 2\end{cases} \tag{10.13}$$

式中，Z_{31} 为“千人教师中获优秀团队个数”指标（个）。

Z_{32}“获省部级以上奖励教师比例”指标的“统一度 a”计算公式如下：

$$a_{32}=\begin{cases}0, & Z_{32}\leqslant 1\\ \dfrac{Z_{32}-1}{14}, & 1<Z_{32}<15\\ 1, & Z_{32}\geqslant 15\end{cases} \tag{10.14}$$

式中，Z_{32} 为“获省部级以上奖励教师比例”指标（%）。

Z_{33}“平均千人教师中受处分人数”指标的“统一度 a”计算公式如下：

$$a_{33}=\begin{cases}1, & Z_{33}\leqslant 0.01\\ \dfrac{0.1-Z_{33}}{0.09}, & 0.01<Z_{33}<0.1\\ 0, & Z_{33}\geqslant 0.1\end{cases} \qquad (10.15)$$

式中，Z_{33} 为“平均千人教师中受处分人数”指标（人）。

在表 10.1 中，列出本问题的和谐目标是，平均千人教师中受处分的人数不得高于某一限值。假定“平均千人教师中受处分人数”对应的和谐系数值 i 计算公式为

$$i_1=\begin{cases}1, & Z_{33}\leqslant 0.05\\ \dfrac{0.1-Z_{33}}{0.05}, & 0.05<Z_{33}<0.1\\ 0, & Z_{33}\geqslant 0.1\end{cases} \qquad (10.16)$$

HD_{23} 计算结果如表 10.5 所示，其中，教师团队和谐度最大的是高校 X_5，最小是高校 X_1。

表 10.5　教师团队和谐度 HD_{23} 评估计算过程及结果一览表

高校编号	a_{31}	a_{32}	a_{33}	a	b	i	j	HD_{23}
X_1	0.33	0.43	0.56	0.44	0.56	1.00	0.56	0.12
X_2	0.63	0.57	0.44	0.55	0.45	0.80	0.45	0.23
X_3	0.82	0.86	0.78	0.82	0.18	1.00	0.18	0.79
X_4	0.75	0.64	0.67	0.69	0.31	1.00	0.31	0.59
X_5	0.89	1.00	0.89	0.93	0.07	1.00	0.07	0.92

4. 和谐校园文化 HD_{24}、和谐校园环境 HD_{25} 计算

Z_{41}“学风校风教风状况（定性）”和 Z_{51}“校园安全稳定状况（定性）”指标的“统一度 a”计算公式如下：

$$\begin{aligned}a_{41}&=Z_{41}\\ a_{51}&=Z_{51}\end{aligned} \qquad (10.17)$$

式中，Z_{41} 为“学风校风教风状况（定性）”指标；Z_{51} 为“校园安全稳定状

况（定性）”指标（0 为最差，1 为最好，在［0，1］区间变化）。

在表 10.1 中，列出这两个问题的和谐目标是，学风校风教风状况合格，校园安全稳定状况合格（按百分制，达到 60 分）。其对应的和谐系数值 i 计算公式为

$$i=\begin{cases}0, & Z_{41}(\text{或}Z_{51})<0.6\\ 1, & Z_{41}(\text{或}Z_{51})\geqslant 0.6\end{cases} \tag{10.18}$$

HD_{24} 计算结果如表 10.6 所示，HD_{25} 计算结果如表 10.7 所示，其中，校园文化和校园环境和谐度最大的仍是高校 X_5，最小是高校 X_1。

表 10.6　校园文化和谐度 HD_{24} 评估计算过程及结果一览表

高校编号	a	b	i	j	HD_{24}
X_1	0.60	0.40	1	0.40	0.44
X_2	0.75	0.25	1	0.25	0.69
X_3	0.85	0.15	1	0.15	0.83
X_4	0.65	0.35	1	0.35	0.53
X_5	0.95	0.05	1	0.05	0.95

表 10.7　校园环境和谐度 HD_{25} 评估计算过程及结果一览表

高校编号	a	b	i	j	HD_{25}
X_1	0.60	0.40	1	0.40	0.44
X_2	0.70	0.30	1	0.30	0.61
X_3	0.90	0.10	1	0.10	0.89
X_4	0.70	0.30	1	0.30	0.61
X_5	0.90	0.10	1	0.10	0.89

（四）和谐度计算结果及分析

根据上文计算的第二层次和谐度结果，按照加权平均方法，计算得到第一层次（最终）和谐度 HD，如表 10.8 所示。总体来看，高校 X_5 的和谐度最大，属于“基本和谐”，接近于完全和谐状态；次之，是高校 X_3，也属于“基本和谐”，但接近于较和谐状态；最差的是 X_1，和谐度

HD 只有 0.23，属于“较不和谐”；X_2 和 X_4 属于“接近不和谐”。由此可见，5 个高校的和谐程度差距比较大，基本能客观反映出高校之间的差距和好坏程度。

表 10.8 大学校园和谐度 HD 计算结果一览表

高校编号	HD_{21}	HD_{22}	HD_{23}	HD_{24}	HD_{25}	HD
X_1	0.11	0.05	0.12	0.44	0.44	0.23
X_2	0.39	0.37	0.23	0.69	0.61	0.46
X_3	0.89	0.88	0.79	0.83	0.89	0.85
X_4	0.50	0.65	0.59	0.53	0.61	0.58
X_5	1.00	0.98	0.92	0.95	0.89	0.95

二、和谐调控的应用——工业区规模优化选择

这里列举一个新工业区规模选择实例。为了叙述方便，简化了部分内容。一个新兴城市，拟规划开发一个大型工业经济区。该工业经济区包括东西两个工业区（即东工业区、西工业区），其所在位置目前是一个农业区，总面积 450 千米^2，人口 2.025 万人，年产值 150 万元/千米^2（总计 6.75 亿元），年耗用水量 22.5 万米^3/千米^2（总计 1.0125 亿米^3）。现在规划在该农业区建设两个工业区，由一个开发商来投资开发，各种投资权益基本接近。每个工业区包括若干个工业园区。根据当地资源和发展的需要，拟在东工业区以高新技术产业为主，在西工业区以食品加工产业为主。其中，在东工业区，规划每个工业园区占地 4 千米^2，年产值 6 亿元，年耗用水 300 万米^3，解决 200 人就业；在西工业区，规划每个工业园区占地 8 千米^2，年产值 4 亿元，年耗用水 480 万米^3，解决 1200 人就业。并且，该区域范围内可供工农业耗用水量为 1.2 亿米^3，也就是说，工农业耗用水量不得超过 1.2 亿米^3。此外，为了保障农业土地资源利用，要求农业土地不能空余。

根据这些具体要求，可以列出该问题的和谐论五要素。

（1）和谐参与者：该区域的农业，规划的东工业区、西工业区。

（2）和谐目标：工农业耗用水量不得超过 1.2 亿米^3，农业土地不能空余。

（3）和谐规则：东、西工业区的用水基本接近。

（4）和谐因素：耗用水量、产值。

（5）和谐行为：工业规模（工业园区个数、占地面积、耗用水量）、农业规模（占地面积、耗用水量）。

从经济社会的发展需求来说，希望年总产值最大，同时也要兼顾多方面的和谐发展。这是一个规划问题，可以通过建立优化模型来寻求最佳方案。

设：东工业区有 X_1 个工业园区，西工业区有 X_2 个工业园区，农业占地为 X_3 千米^2。该区域内的东工业区、西工业区、农业区的占地面积，年产值，年耗用水量计算如表 10.9 所示。

表 10.9　分区规模及耗用水量计算结果一览表

分区	占地面积/千米^2	年产值/亿元	年耗用水量/万米^3
东工业区	$4X_1$	$6X_1$	$300X_1$
西工业区	$8X_2$	$4X_2$	$480X_2$
农业区	X_3=450−$4X_1$−$8X_2$	$0.015X_3$	$22.5X_3$
合计	450	$6X_1+4X_2+0.015X_3$	$300X_1+480X_2+22.5X_3$

（一）和谐度方程计算

根据和谐规则“东、西工业区的用水基本接近”，计算统一度 a 的公式取为

$$a=\frac{2\min\{300X_1,\ 480X_2\}}{300X_1+480X_2} \tag{10.19}$$

根据“农业土地不能空余”的要求，计算工农业耗用水量，按照“工农业耗用水量不得超过 1.2 亿米^3”的和谐目标，选择的和谐系数 i 计算公式为

$$i=\begin{cases}1, & Q\leqslant 12000\\ 0, & Q>12000\end{cases} \tag{10.20}$$

式中，Q 为工农业年耗用水总量，$Q=300X_1+480X_2+22.5X_3$ 万米^3 。

另外，取 $b=1-a$，$j=1$。这样，可以建立和谐度方程 HD= $ai-bj$，计算不同情况下的和谐度。

（二）年总产值及最优方案判断标准

根据表 10.9 的计算，该工业区年总产值 Y 等于 $6X_1+4X_2+0.015X_3$ 亿元。这一值只能表征该区域年总产值，不能说明这一产值是否符合各个方面的和谐要求，因此还应考虑和谐的因素。为此，对年总产值 Y 按照和谐度 HD 大小（HD≤1）进行折合，也就是按照如下公式作为标准来寻求最优方案。

$$Z=\max[F(X)]=\text{HD}\times Y=(6X_1+4X_2+0.015X_3)\times \text{HD} \tag{10.21}$$

（三）计算结果及最优方案选择

根据以上数据和分析方法，对于任意规划方案，均可以计算出东工业区、西工业区、农业区的占地面积，年产量，年耗用水量，以及和谐度方程。这里，列举 8 个方案，如表 10.10 所示。通过多方案对比，考虑和谐度、年产值两个方面，选择方案 3 为最佳方案。该方案中，东工业区有 4 个工业园区，西工业区有 3 个工业园区。为了和最优方案进行对比，表 10.10 分别采取增加、减少工业园区个数的方法，来选择对比方案。如表 10.10 所示，方案 3 的年产值为 42.15 亿元，并不是最大，比方案 4 和方案 7 小，但方案 3 和谐度明显较大（方案 4 和方案 7 为 0）；方案 3 的和谐度 HD 为 0.82，也不是最大，比方案 8 要小，但方案 3 的年产值明显较方案 8 大。因此，综合两方面因素，可以看出，方案 3 是最优方案。方案 3 也是通过计算机多方案搜索出的全局最优方案。

表 10.10　工业区规模优选计算过程表

分项计算		方案 1	方案 2	方案 3	方案 4	方案 5	方案 6	方案 7	方案 8
东工业区	工业园区个数/个	4	4	4	4	2	3	5	3
	占地面积/千米^2	16	16	16	16	8	12	20	12
	年产值/亿元	24	24	24	24	12	18	30	18
	年耗用水/万米^3	1200	1200	1200	1200	600	900	1500	900
西工业区	工业园区个数/个	1	2	3	4	3	3	3	2
	占地面积/千米^2	8	16	24	32	24	24	24	16
	年产值/亿元	4	8	12	16	12	12	12	8
	年耗用水/万米^3	480	960	1440	1920	1440	1440	1440	960
农业区	占地面积/千米^2	426	418	410	402	418	414	406	422
	年产值/亿元	6.39	6.27	6.15	6.03	6.27	6.21	6.09	6.33
	年耗用水/万米^3	9585	9405	9225	9045	9405	9315	9135	9495
合计	占地面积/千米^2	450	450	450	450	450	450	450	450
	年产值/亿元	34.39	38.27	42.15	46.03	30.27	36.21	48.09	32.33
	年耗用水/万米^3	11265	11565	11865	12165	11445	11655	12075	11355
和谐度计算	统一度 a	0.57	0.89	0.91	0.77	0.59	0.77	0.98	0.97
	和谐系数 i	1	1	1	0	1	1	0	1
	分歧度 b	0.43	0.11	0.09	0.23	0.41	0.23	0.02	0.03
	不和谐系数 j	1	1	1	1	1	1	1	1
	和谐度 HD	0.14	0.78	0.82	0.00	0.18	0.54	0.00	0.94
目标值	HD×Y	4.91	29.77	34.49	0.00	5.34	19.50	0.00	30.24

第十一章　跨界河流的和谐论解读和应用

第三章第十节介绍过跨界河流的概念，把跨越不同区域的河流称为跨界河流。跨越两个或多个国家的河流称为跨国界河流（有人又称其为国际河流）。一条河流的可利用水资源量是有限的，可以纳污的能力是有限的，承载的经济社会规模是有限的，为了保护河流健康，必须共同采取措施控制总引用水量，共同控制排污量，共同保护河流环境和生态。然而，由于跨界河流特别是跨国界河流，处于不同位置，有不同外部条件、不同发展水平、不同观念的差异，在对待河流开发方面存在很大差异，往往会带来人与水的矛盾、河流上下游之间的矛盾、不同区域之间的矛盾，最终的结果可能会导致河流的灾难。因此，如何和谐共处，实现水资源可持续利用，就显得尤为重要。本章在文献［29］①的基础上，针对跨界河流的特点，采用和谐论理念，来解读跨界河流分水问题，建立跨界河流分水的和谐论模型，并列举一个应用实例。

① 相关内容分别在以下学术会议上作过学术报告：2010 年 8 月 2 日第八届中国水论坛（哈尔滨）；2011 年 1 月 7 日跨界水资源国际法律与实践研讨会（武汉）；2014 年 8 月 23 日第一届西藏水资源利用暨水利水电技术学术会议（西藏林芝）

第一节 跨界河流分水问题

从自然界河流形成的规律来看，在自然界多种营力作用下，经过漫长的过程，不断形成了一个个流域，对应形成有多级河流。自然界的河流是由有自然边界的流域汇流而成的。而现实中的行政分区、国家分界多是人为划分的。因此，一条河流的边界可能与区域分界不一致，这就导致不同区域甚至不同国家共用一条河流的情况，这就是跨界河流。

由于跨界河流跨越不同区域，不同区域和不同用水户共用一条河流，在控制河流总引水量时就涉及一个水量分配问题。如果分配得当，各个区域和用水户都能严格遵守分水协定，引用水量不会超过总可利用水量，就能保护好河流。相反，如果分配不当，就会带来河流上下游之间、不同区域之间、不同用水户之间的矛盾，最终危及人与水的关系和整条河流的健康。跨界河流分水问题一直以来都是河流开发利用中的一个难点问题，历史上关于跨界河流分水方面有许多经验，也有许多教训。如果在分水上存在歧义或者分水方案不合理，一方面可能会给用水各方带来矛盾甚至战争，一方面可能会带来水资源的过度开发甚至生态环境破坏。

因为跨界河流至少跨越两个区域（或国家），不同区域特别是不同国家在思想观念、战略需求、地区（或国际）关系、政治因素等方面，可能会有很大的差异，这给分水方案的制订带来更加复杂的不确定因素，使分水问题更加复杂，主要表现在以下几个方面。

（1）一条河流的水资源是有限的，但各地区（或国家）都希望利用更多的水资源，从而就出现竞争性矛盾，这是跨界河流争水的内在因素。从本质上讲，每个地区（或国家）都希望具有更多的水资源使用权。可是，可以利用的水资源量是有限的，怎么让有限的水资源与无限占有水资源的欲望协调起来？这就需要多方的共同努力。

（2）跨界河流特别是跨国界河流涉及的地区或国家关系，除了受水资源分配因素影响外，可能还会受其他因素的影响或制约，比如社会发展与稳定、石油矿产资源、粮食安全、军事地位、国际关系等。也就是说，跨界河流分水考虑的不仅仅是水资源分配本身，可能还夹杂着其他因素，使跨界河流分水问题复杂化。

（3）可能不同地区（或国家）之间总体实力、社会福利、科技水平等有差异，对水资源的开发利用水平有较大差别，很难用一个标准和尺度来衡量和处理跨界河流开发问题，使分水技术问题复杂化。

（4）水资源利用不仅考虑水量，还要考虑水质，甚至涉及与之相关的生态系统。一般，河流分水主要针对水量，但是随着用水的不断增加，水质问题越来越复杂，需要统筹考虑水量、水质。这仍是目前学术上的难点问题。

针对跨界河流分水的复杂问题，笔者认为，首先要坚持和谐论思想来处理各种用水矛盾，保持和谐的地区（或国际）关系，创造和谐的社会氛围，通过相关地区（或国家）的共同努力，以实现水资源可持续利用；其次，要坚持人水和谐的指导思想，实现和谐目标，不能破坏河流生态系统，维持良好的河流水循环再生能力；最后，必须定量化分水，明确各用水区的用水权，从跨界河流分水谈判的角度考虑，要充分利用本地区或本国优势因素，合理争取水权。

第二节　跨界河流分水问题的和谐论解读

跨界河流分水问题，可以用和谐论五要素来描述，说明如下。

（1）和谐参与者：在跨界河流分水中，和谐参与者就是参与跨界河流分水的地区（或国家）。如果河流跨越两个地区（或国家），和谐参与者就是两个，跨界河流分水问题就转化为两个地区（或国家）间的水资源分配。这就需要加强地区（或国家）间的合作，从国家层面上实现地区或国际合作。针对一条跨国界河流，如果不加强国际合作，甚至采用强硬政治手段，肯定会严重影响河流的开发和保护，甚至会影响到国家安全。

（2）和谐目标：从流域水资源统一管理角度来看，必须保证水资源利用量小于水资源可利用量，不超出水资源系统的承受能力限度；为了保持一定的河流水质，严格控制进入水体的污染负荷，确保进入水体的污染负荷总量小于水体可以承纳的最大污染物数量；为了保护和维持水生态系统良性循环发展，必须保障河流生态系统健康发展。如果不顾河流水资源的可持续利用和保护，肯定会带来水生态灾难，对哪一个地区（或国家）都是有害而无利的。

（3）和谐规则：也就是怎么去分水，在具体工作中遵循什么样的规则。一方面，可以参考和借鉴目前已有的跨界河流分水方法；另一方面，可以通过谈判制订具体的分水方法。比如，目前关于跨国界河流分水的方法主要有六种。①按流域内的国家或地区数量平均分配水资源总量；②按流域面积分配；③按流域内人口比例分配；④按实际产水比例分水；⑤按实际用水量比例分水；⑥通过谈判确定分水量。跨界河流分水方法受多种因素的影响和制约，特别是受经济实力和政治因素的影响，有时是变化的，属于"变规则和谐"。例如，某跨国界河流的上游国比较强大，占流域面积较大，可以提出按照"按流域面积分配法"分水。但如果下游国有丰富的石油资源和潜在的恐怖分子威胁，这时上游国考虑到国家安全，可以做出一些妥协，来换取石油资源和国家安全。这样，分水的规则就随着外部条件的变化而发生变化。

（4）和谐因素：如果单纯针对分水这一行为来说，和谐因素只有分水这一单因素。如果纳入国家或地区和谐研究中，就不仅仅包括分水这一个因素，还可能包括矿产资源因素、粮食安全因素、社会稳定和安全因素等。

（5）和谐行为：就是参与者所采取的具体的分水措施（包括分水量、分水比例等），也就是得到的最终分水方案。

第三节　跨界河流分水的和谐论模型

为了叙述上的方便，本节通过一个简化的例子，介绍跨界河流分水的和谐论模型，其他复杂的跨界河流分水问题同样可以建立类似的模型。

如图 11.1 所示，某跨界河流，跨越两个地区。上游地区、下游地区都有一定量的产水，假设上游、下游地区的产水量分别为 Q_1、Q_2，则界线断面上的天然径流量就是 Q_1。用水户需要保护河流本身生态和三角洲、湖泊湿地生态。经论证，河流下泄到三角洲和湖泊湿地的最小径流量为 E_0。也就是，要求因人类活动增加的实际消耗水量 $Q_A \leqslant Q_1+Q_2-E_0$；或者是，河流下泄到三角洲和湖泊湿地的径流量 $Q_{out} \geqslant E_0$。

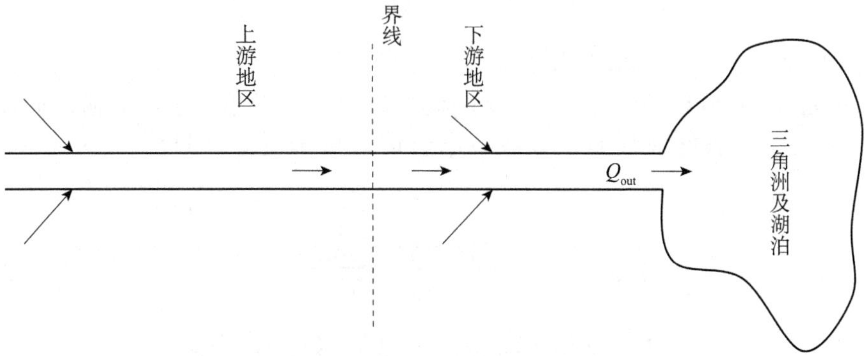

图 11.1 某跨界河流分水示意图

1）和谐目标

要求因人类活动增加的实际消耗水量（Q_A）小于等于流域总径流量（Q_1+Q_2）减去河流下泄到三角洲和湖泊湿地的最小径流量（E_0），或者，河流下泄到三角洲和湖泊湿地的径流量 Q_{out} 大于等于 E_0，则有方程式

$$Q_{out} \geqslant E_0 \tag{11.1}$$

2）和谐规则

假定按照上游地区、下游地区产流量来进行分水。假定上游地区、下游地区增加的实际消耗水量分别为 Q_{A1}，Q_{A2}，则

$$\frac{Q_{A1}}{Q_{A2}} = \frac{Q_1}{Q_2} \tag{11.2}$$

界线断面上的实际径流量 $Q = Q_1 - Q_{A1}$；下泄到三角洲和湖泊湿地的径流量 $Q_{out} = Q_1 + Q_2 - Q_{A1} - Q_{A2}$，根据式（11.1），要求：

$$Q_{out} = Q_1 + Q_2 - Q_{A1} - Q_{A2} \geqslant E_0 \tag{11.3}$$

或

$$Q_{A1} + Q_{A2} \leqslant Q_1 + Q_2 - E_0 \tag{11.4}$$

3）求定规则和谐下的解

根据式（11.2）和式（11.4）可以联合求解方程组，得到：

$$Q_{A1} = \frac{(Q_1 + Q_2 - E_0)Q_1}{Q_1 + Q_2} \tag{11.5}$$

$$Q_{A2}=\frac{(Q_1+Q_2-E_0)Q_2}{Q_1+Q_2} \tag{11.6}$$

4）考虑妥协下的变规则和谐

假如上游地区考虑到其他因素的影响，对分水做出一定的妥协，假设用妥协系数 μ（示意削减的百分数）来表达，可采用式（11.7）、式（11.8）计算。

$$Q_{A1}=(1-\mu)\frac{(Q_1+Q_2-E_0)Q_1}{Q_1+Q_2} \tag{11.7}$$

$$Q_{A2}=\frac{(Q_1+Q_2-E_0)Q_2}{Q_1+Q_2}+\mu\frac{(Q_1+Q_2-E_0)Q_1}{Q_1+Q_2} \tag{11.8}$$

如果下游地区妥协，则可以类似推导计算式，如式（11.9）、式（11.10）所示。

$$Q_{A1}=\frac{(Q_1+Q_2-E_0)Q_1}{Q_1+Q_2}+\mu\frac{(Q_1+Q_2-E_0)Q_2}{Q_1+Q_2} \tag{11.9}$$

$$Q_{A2}=(1-\mu)\frac{(Q_1+Q_2-E_0)Q_2}{Q_1+Q_2} \tag{11.10}$$

5）建立和谐度方程

以上计算的是完全满足和谐目标与和谐规则的情况。在现实中，由于外部环境的不确定性、实际问题的复杂性，可能不会严格按照这一结果进行分水，或许会有所变化。那么这种情况下，可接受的情况如何，可以用和谐度来衡量。

$$\text{HD}=ai-bj \tag{11.11}$$

针对跨界河流分水问题的具体实例，可以对式（11.11）中参数做如下计算。

（1）统一度 a，分歧度 b。统一度 a 的计算，用“按照和谐规则计算的上游地区和下游地区总耗水量”除以“实际总耗水量”。分歧度采用如下简便算法：$b=1-a$。

（2）和谐系数 i，反映和谐目标的满足程度，由和谐目标计算确定。采用第三章图 3.4（b）的曲线形式。X 表示和谐行为总值，针对本问题就是分配的水资源量之和，即 $X=Q_{A1}+Q_{A2}$。X_1 是允许人类活动消耗水量的最大值，超出 X_1 后就会给和谐目标带来影响。

（3）不和谐系数 j，反映和谐参与者对存在分歧现象的重视程度，由分歧度计算确定。采用第三章图 3.5（e）的曲线形式，即 $j=1$。

6）不同方案下和谐度计算

根据和谐度方程，可以计算不同方案下、不同分水规则下的和谐度大小。这为跨界河流分水谈判提供了定量化依据。

第四节 应 用 举 例

这里以一个跨越两个地区的跨界河流为例，对所有的数据和结果都进行了详细论证，为了突出和谐论的应用成果，对引用的数据和结果不再详细说明和论述。

一、分水的和谐目标及和谐规则

该河流承担着河流下游及湖泊的生态环境保护任务，经论证，要求河流下游平均每年下泄水量为 17.44 亿米^3，这是该河流开发应该实现的共同目标，也可以看作河流分水的和谐目标。

根据目前跨界河流可能的分水方法，阐述以下具体规则，作为分水的几种可选方案。

1. 平均分水规则

这一规则是按照流域内的地区数量平均分水。该规则要求上下游地区在保证河流生态环境保护目标的条件下，平均分配河流水量，保证具有平等的用水权利。依据规则，上游、下游地区分水比例为 50%、50%。

2. 按流域面积比例分水规则

该规则要求上下游地区在保证河流保护目标的条件下，按照上下游地区各自境内的流域面积比例分配水资源量。本例中，上游地区流域面积为11 562.6千米^2，而下游地区流域面积为18 685.2千米^2，依据上述和谐规则，上、下游地区分水比例为38.23%、61.77%。

3. 按实际产水比例分水规则

该规则要求上下游地区在保证河流下游及湖泊生态环境保护目标的条件下，按照两地区各自境内的水资源量比例分水。本例中，上游地区境内水资源量为 33.16 亿米^3，下游地区境内水资源量为 14.06 亿米^3。依据规则，上、下游地区分水比例为 70.22%、29.78%。

4. 按流域内人口分水规则

该规则要求上下游地区在保证河流下游及湖泊生态环境保护目标的条件下，按照两地区的人口数量分配水量。目前，上游地区人口数量为 48.76 万人，下游地区人口数量为 46.54 万人。依据规则，上、下游地区分水比例为51.17%、48.83%。

5. 按实际用水量比例分水规则

该规则要求上下游地区在保证河流下游及湖泊生态环境保护目标的条件下，按照两地区实际用水量分配水量。目前，上游地区农业用水为 11.01 亿米^3，工业用水为 0.51 亿米^3，生活用水为 0.18 亿米^3，总计实际用水量为11.70 亿米^3；下游地区农业用水 4.71 亿米^3，工业用水为 0.22 亿米^3，生活用水为 0.45 亿米^3，总计实际用水量为 5.38 亿米^3。依据规则，上、下游地区分水比例为 68.48%、31.52%。

二、开发利用规模和方案

由于该河流到目前还没有就分水提出各方达成共识的分水方案，故本节依据前文所述的跨界河流分水和谐论思想及模型，按照和谐规则，提出几套分水方案，以供参考。

（一）基于定和谐规则的简单方案计算

为了保证该河流健康发展，需要上下游地区公平合理地开发利用水资源。本节按照定规则简单水量核算方法，计算各种分水方案下的分配耗水量，如表 11.1 所示。这是假定上游地区境内水资源量为 33.16 亿米^3，下游地区境内水资源量为 14.1 亿米^3，保证向下游湖泊下泄水量 17.44 亿米^3 的计算结果。这里的耗水量是人类活动增加的狭义水资源量。

表 11.1 基于定和谐规则的简单方案计算

方案	分水规则	上游地区耗水量/亿米^3	下游地区耗水量/亿米^3
1	平均分水规则	14.91	14.91
2	按流域面积比例分水规则	11.40	18.42
3	按实际产水比例分水规则	20.94	8.88
4	按流域内人口分水规则	15.26	14.56
5	按实际用水量比例分水规则	20.42	9.40

（二）妥协情况下的变和谐规则计算

由于上下游地区的社会、经济、文化等背景不同，考虑到上下游之间的协调关系，加之社会稳定与安全等因素，在制订分水方案时，需要灵活掌握，可以考虑一定程度的妥协。参照本章第三节提到的妥协系数方法，可以分析不同条件下的规则变化后的分水方案。表 11.2 为上游地区妥协系数分别为 10%、20%情况下所计算出的分水方案。

表 11.2 上游地区妥协情况的变和谐规则下的分水方案

妥协系数	方案	分水规则	上游地区耗水量/亿米^3	下游地区耗水量/亿米^3
10%	1	平均分水规则	13.42	16.40
	2	按流域面积比例分水规则	10.26	19.56
	3	按实际产水比例分水规则	18.84	10.97
	4	按流域内人口分水规则	13.73	16.09
	5	按实际用水量比例分水规则	18.38	11.44

续表

妥协系数	方案	分水规则	上游地区耗水量/亿米³	下游地区耗水量/亿米³
20%	1	平均分水规则	10.73	19.08
	2	按流域面积比例分水规则	8.21	21.61
	3	按实际产水比例分水规则	15.08	14.74
	4	按流域内人口分水规则	10.98	18.83
	5	按实际用水量比例分水规则	14.70	15.12

（三）不同分水方案对比分析

综合各方案，在没有妥协的情况下，上游地区耗水量的范围为 11.40 亿～20.94 亿米³，其中方案 3 按实际产水比例分水时上游地区耗水量可达 20.94 亿米³，方案 2 按流域面积比例分水时上游地区耗水量只有 11.40 亿米³。此外，在上游地区向下游地区妥协 20%的水量情况下，双方按方案 3（按实际产水比例分水）分水时，上游地区仍然能够得到 15.08 亿米³的耗水上限。由此可见，上游地区就河流分水问题实行方案 3 最为有利，在下游地区难以接受此方案时，可以再提出向下游妥协 10%～20%水量的方案。

（四）不同分水情景下和谐度计算及评价

为了对分水方案做出正确的评价，这里引用和谐度方程来进行计算。

1.假定按人口比例分水规则

根据这种规则计算，上游地区耗水量为 15.26 亿米³，下游地区耗水量为 14.56 亿米³。如果按照这一规则，在这种情况下和谐度为 1，是最和谐的。但也可能在实际分水时上下浮动，下面假定多种情景，分别对和谐状况进行评价。

首先，根据和谐目标，给出和谐系数 i 的函数。针对本问题，要求上下游消耗水量的最大值之和不得大于某一值。假定上游地区、下游地区增加的实际消耗水量分别为 Q_{A1}，Q_{A2}，则 $X= Q_{A1}+Q_{A2}$。X_1 是允许人类活动消耗水量的最大值（X_1=29.82），超出 X_1 后就会带来影响，假设影响范围是 X_1 的 20%（即 X_2=35.78）。和谐系数 i 采用图 3.4（b）曲线，其中 X_1=29.82，X_2=35.78。

其次，确定不和谐系数 j 的函数，采用图 3.5（e）的曲线形式，即 j=1。

最后，计算统一度 a 和分歧度 b。统一度 a 的计算，用“按照和谐规则计算的上游地区和下游地区总耗水量”除以“实际总耗水量”（详见第三章论述）。分歧度采用简便算法：$b = 1 - a$。

拟订 5 种情景，分别计算其和谐度，如表 11.3 所示。按照人口比例分水规则，充分考虑可利用水量，计算的最优方案是上游地区耗水量为 15.26 亿米^3，下游地区耗水量为 14.56 亿米^3。此外，情景 2 为基本和谐状态，也是可以接受的，其对应的上游地区耗水量为 15.16 亿米^3，下游地区耗水量为 14.66 亿米^3。但当上游地区耗水量增加到情景 3 时（17.16），和谐状态就降至较和谐，可以看出，上游地区耗水量不宜超过 17 亿米^3。当然，从上游地区自身利益来说，其耗水量也不宜低于 14 亿米^3（如情景 1）。

表 11.3　按人口比例分水规则，不同情景下的和谐评估

情景	1	2	3	4	5	最优方案
上游地区耗水量/亿米^3	13.16	15.16	17.16	19.16	21.16	15.26
下游地区耗水量/亿米^3	16.66	14.66	12.66	10.66	8.66	14.56
a	0.8623	0.9934	0.8695	0.7321	0.5948	1
b	0.1377	0.0066	0.1305	0.2679	0.4052	0
i	1	1	1	1	1	1
j	1	1	1	1	1	1
HD	0.72	0.99	0.74	0.46	0.19	1.00
和谐等级	较和谐	基本和谐	较和谐	接近不和谐	基本不和谐	完全和谐

2. 假定按平均分水规则

根据这种规则计算，上游地区耗水量为 14.91 亿米^3，下游地区耗水量为 14.91 亿米^3。如果按照这一规则，在这种情况下和谐度为 1，是最和谐的。但也可能在实际分水时上下浮动，下面假定多种情景，分别对和谐状况进行评价。具体计算方法与前文相同，这里不再赘述。

拟订 5 种情景，分别计算其和谐度，如表 11.4 所示。按照平均分水规则，充分考虑可利用水量，计算的最优方案是上游地区耗水量为 14.91 亿米^3，下游地区耗水量为 14.91 亿米^3。此外，情景 2 为基本和谐状态也是可以接受的，其对应的上游地区耗水量为 15.16 亿米^3，下游地区耗水量为 14.66 亿米^3。但当上游地区耗水量增加到情景 3 时（17.16），和谐状态就降至较和谐，可以看出，上游地区耗水量不宜超过 17 亿米^3。当然，从上游地区自身利益来说，其耗水量也不宜低于 14 亿米^3（如情景 1）。这一结论与“按人口比例分水规则”一致。

表 11.4　按平均分水规则，不同情景下的和谐评价

情景	1	2	3	4	5	最优方案
上游地区耗水量/亿米^3	13.16	15.16	17.16	19.16	21.16	14.91
下游地区耗水量/亿米^3	16.66	14.66	12.66	10.66	8.66	14.91
a	0.8825	0.9834	0.8492	0.7151	0.5809	1.0000
b	0.1175	0.0166	0.1508	0.2849	0.4191	0.0000
i	1	1	1	1	1	1
j	1	1	1	1	1	1
HD	0.76	0.97	0.70	0.43	0.16	1.00
和谐等级	较和谐	基本和谐	较和谐	接近不和谐	基本不和谐	完全和谐

（五）对开发利用规模和方案的综合建议

通过上述方案的计算和分析，为了地区（或国家）间睦邻友好，为了保护河流健康和水资源的可持续利用，对开发利用规模和方案提出以下建议。

（1）要适度控制开发规模，保证水资源利用量不得超过水资源可利用量，以保障河流和湖泊生态环境不受破坏。为了实现这一目标，需要上下游全社会共同努力。

（2）综合以上分析，建议上游地区、下游地区开发所消耗的总耗水量规模分别为 14 亿～17 亿$米^3$和 13 亿～16 亿$米^3$。这种开发方案既不会引起下游生态环境显著恶化，也照顾到了上下游地区的用水需求，满足上下游地区之间的用水和谐。

（3）紧跟世界潮流，倡导上下游和谐、人类用水与自然和谐的理念，制订和谐的分水方案，促进水资源可持续利用和经济社会可持续发展。

第十二章　人水关系的和谐论研究

水是生命之源、生产之要、生态之基，是人类生存和发展的重要物质基础。但是，随着人口增长，人类对水资源的需求日益增加，对水环境的影响也越来越大。不断加重的水危机（包括水资源短缺、洪涝灾害、水环境污染等）威胁到人类生存和发展，影响到全球社会安全。如何科学合理地开发利用水资源，有效解决人与水之间出现的矛盾问题，协调好人水关系，实现人与水和谐相处，已成为全人类共同关注的问题。本章基于前期研究成果[30, 31]，在分析人水关系概念内涵及和谐问题的基础上，阐述和谐论在人水关系研究中应用的必要性、可行性，介绍和谐论在人水关系研究中的主要应用内容。

第一节　人水关系及其和谐问题

一、人水关系的概念与内涵

人水关系是指“人”（指人文系统）与“水”（指水系统）之间复杂的相互作用关系。人水关系中的人文系统和水系统之间从根本上来说是对立统一的辩证关系，二者既相互影响、相互联系，又相互冲突、相互竞争，是一种有冲突的和谐[4]。

所谓人文系统，指以人类发展为中心，由与发展相关的社会发展、经济活动、科技水平等众多因素所构成的系统。所谓水系统，指以水为中心，由水资源、生态环境等因素所构成的系统。人水系统是以水循环为纽带，将人文系统和水系统联系在一起，组成的一个复杂大系统。人水系统是一个涉及“水与社会、水与经济、水与生态”等多方面，需要在包含与水有关的社会、经济、地理、生态、环境、资源等方面及其相互作用的复杂大系统中进行研究。在人水系统中，既包含以蒸发、降水和径流等方式进行的周而复始的自然水循环过程，又包含受人类活动影响作用的社会水循环过程。因此，在人水系统定量化研究中，需要在利用水循环的规律、实验手段和模型方法的同时，考虑把经济社会发展内在规律的研究成果应用到水系统研究中，真正实现人水系统的耦合研究[32]。

现实的人文系统与水系统存在密不可分的关系。水系统是人文系统构成和发展的基础，制约着人文系统的具体结构和发展状况。可利用水资源是复杂大系统运转的基本支撑条件，然而，它有限的承受能力迫使人们不能过度利用。人文系统反作用于水系统，人文系统不同的发展模式可以使水系统朝着良性或恶性等不同状况发展。经济社会系统的调节，将直接或间接影响水系统的正常运行，对水资源采取开发与保护并重的举措，才能走人水和谐的道路。

二、人水关系的和谐问题

伴随着日益严峻的水问题，人水关系的和谐问题越来越受到人们的重视。人水和谐思想就是在这一背景下提出的重要治水指导思想。2001 年，人水和谐思想被正式纳入现代水利的内涵和体系。2004 年，“中国水周”活动主题为“人水和谐”。2011 年，“中央一号文件”针对水利改革发展的指导思想、目标任务和基本原则中提到，要坚持人水和谐这一原则。这都推动了人水关系和谐问题研究的发展。

人们在认识人与水的关系过程中，需要用综合分析的思维方式看待人水关系的和谐问题，需要树立系统观点，弄清各子系统的特点，以及各子系统之间的相互作用及影响。人水和谐就是坚持以人为本、全面、协调、可持续的科学发展观，解决因人口增加和经济社会高速发展出现的水资源短缺、洪涝灾害和水环境污染等问题，使人和水的关系达到一种协调的状态，使有限的水资源为经济社会的可持续发展提供久远的支撑，为构建和谐社会提供基本保障。它包含三方面的内容，即水系统自身的健康得到维持不受破坏；人文系统走可持续发展的道路；水资源为人类发展提供保障，人类主动采取一些改善水系统健康、协调人和水关系的措施。

第二节　人水关系研究应用和谐论的必要性及主要内容

一、和谐论在人水关系研究中应用的必要性

1. 人类改善人水关系的出发点应该是“和谐”，而不是“博弈”

笔者在多个学术报告[①]中经常提到一句话：“所有的水利工作几乎都是为了改善人水关系，但不是都朝着改善的方向，有可能事与愿违。”这只是笔者的个人观点，可能不一定准确。实际上，人类在改造自然的过程中，从出发点来讲，应该大多数都是希望“改善”人与自然的关系。既然是“改善”，其出发点就是朝着“好”的方向发展，至少愿望是这样。这是人类活动的基本出发点。同样，人类改善人水关系的出发点应该是“和谐”，而不是“博弈”。某一时期人水关系可能是和谐的，也可能是不和谐的，但通过人类活动的调控，总是希望最终实现人水和谐关系。

2. 人水关系必须走“和谐”之路，这是人类发展的必然选择

自工业革命以后，人类使用上了可以帮助人类工作的“机械”，改造自

① 比如，笔者在 2014 年 11 月 1 日第十二届中国水论坛（福州）作学术报告中提及，报告题目是：人水关系和谐论研究及应用讨论

然的能力大幅度提高，希望从自然界获得的东西越来越多，受“人定胜天”思想观念的影响，幻想着人类会征服自然。结果由于人类无限制地开发利用自然，受到自然界的无情报复，出现了一系列由开发带来的问题，特别是人类面临前所未有的开发带来的环境灾难，迫使人类必须改变自己的行为，适应自然界的发展，走人与自然和谐发展之路。人水关系是人与自然关系的一部分，同样必须走“和谐”之路，这是人类发展的必然选择，也是不得已的选择。

3. 人水关系复杂，现实水问题矛盾众多，必须贯彻和谐思想

人文系统、水系统都是十分复杂的巨系统，那么由二者构成的人水系统则更加复杂。实际上，人水系统是一个整体，很难把“人”“水”分开，也很难把其关系理顺清楚。基于人水系统的人水关系则极其复杂。由于水资源循环能力的有限性，水系统可承载人类社会规模是有限的，而人类总希望从自然界获得更多的资源和发展基础，这就必然带来人与自然的矛盾、人与人的矛盾，这也得到历史经验教训的印证。目前出现的水资源短缺、洪涝灾害、水环境污染等水问题日益突出，出现的矛盾众多，在处理现实水问题和用水矛盾时必须贯彻和谐思想，应用和谐论是必要的。

二、和谐论在人水关系研究中应用的可行性

（1）从研究人水关系的和谐问题开始，逐步推广、提升、总结成和谐论理论方法体系。所以，和谐论反过来应用于研究人水关系是可行的。笔者从2005 年开始研究人水关系的和谐问题，当时和谐问题还缺乏量化研究方法。笔者于 2006 年首次提出人水和谐量化理论及应用研究框架[7]，2009 年在《人水和谐量化研究方法及应用》一书中全面阐述了人水和谐量化研究方法及应用研究成果[18]，包括量化指标、指标度量、和谐度计算、人水关系调控与管理等。2009 年首次提出和谐论的数学描述方法，从而奠定和谐问题的数学基础[1]，又经过两年多的研究，继而系统提出了和谐论理论方法体系，第一本以和谐论量化研究为主要特色的和谐论专著——《和谐论：理

论·方法·应用》也于 2012 年 1 月出版了[3]。该书中介绍了和谐论在人水关系研究中的大量应用研究成果。因此，和谐论反过来应用于研究人水关系是完全可行的。

（2）和谐论在人水关系研究中有“用武之地”，适用于解决众多人水矛盾问题。人水关系复杂，人类开发利用水资源的欲望越来越强，人水矛盾问题越来越复杂，需要解决的呼声越来越强烈，这正是和谐论要解决的问题，因此，人水关系研究为和谐论提供了很好的用武之地，和谐论可以在人水关系研究中大显身手。

（3）从理念到定性分析再到定量分析，都说明和谐论在人水关系研究中有重要应用价值。和谐论理念可以应用于分析人水关系，指导水资源开发与保护，寻求人水和谐发展之路。从定性分析角度，和谐论可以帮助人们科学分析水资源状况，合理认识人水关系，寻找水资源管理策略。从定量分析角度，可以应用和谐论定量评估人水和谐状态、辨识主要影响因素、优化人水关系和谐调控策略。这些都说明和谐论在人水关系研究中有重要应用价值。

三、和谐论在人水关系研究中应用主要内容

如图 12.1 所示，和谐论在人水关系研究中的应用内容，大致包括以下几方面：①基于和谐论理念，解读人水关系，有助于人们正确认识人水关系，合理开发利用水资源，走人水和谐之路；②和谐平衡理论应用于人水关系研究，有助于寻找水资源开发与保护的“平衡点”，既满足人们对水资源的开发需求又满足自然界的承受能力约束，实现协调发展；③和谐辨识方法应用于人水关系，有助于科学认识人水相互作用机理，辨识主要影响因素，为和谐评估与调控奠定基础；④和谐评估方法应用于人水关系，有助于系统分析人水关系的作用及影响，定量评估人水系统的和谐程度；⑤和谐调控方法应用于人水关系，有助于科学分析人水和谐调控方向，提出调控对策，应用于水资源规划方案制订、水价制定、用水调度、政策制度制定等。

图 12.1 仅大致示意了和谐论在人水关系研究中的应用内容，下文将分两节分别介绍和谐论在人水关系研究中的定量研究部分和定性研究部分。

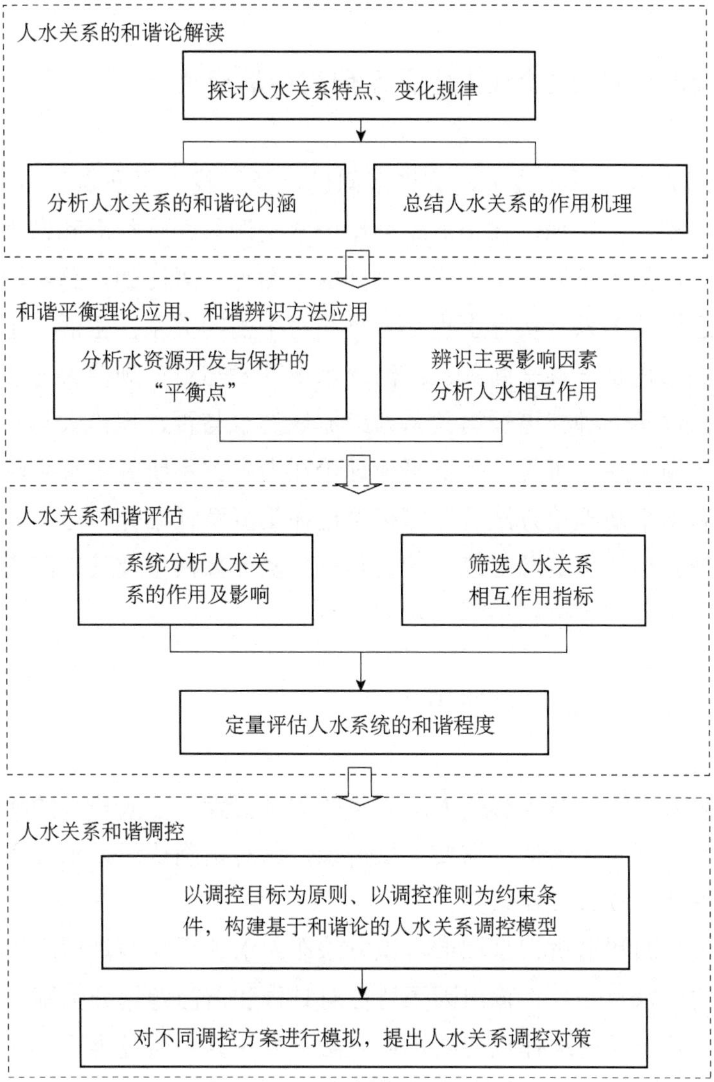

图 12.1　人水关系的和谐论研究内容关系图

第三节　人水关系的和谐论量化研究

一、和谐平衡理论在人水关系研究中的应用

在处理人水关系实践中，有许多问题需要寻找“平衡点”，正好可以用到和谐平衡理论。比如，在第五章介绍的水资源与经济社会和谐平衡研究，实际上就是寻找水资源开发与保护之间的平衡点。再比如，跨界河流流域内各个区域之间的关系，实际上也是一种相对平衡的关系；生活、生产、生态之间用水关系也是一种平衡关系；河流水电开发与否、规模大与小、环境影响与保护，都是一种和谐平衡关系；跨流域调水与否、规模大与小，也都是一种和谐平衡关系。可见，和谐平衡理论在人水关系研究中有广泛的应用。

关于和谐平衡理论方法及计算模型已在第五章详细介绍过，并在第五章第三节详细介绍了水资源与经济社会和谐平衡计算模型及其在河南省区域的应用成果，本节就不再列举其他实例。

二、人水关系的和谐辨识

在人水系统中哪些是影响人水关系的关键要素，在人与水的相互作用关系中哪一方占有主导地位，需要定量辨识，这对正确认识人水关系、科学调控人水和谐状态具有重要意义。

人水关系的和谐辨识是和谐辨识方法在人水关系中的具体应用，需要根据辨识目的，以及输入、输出因子特征对具体和谐问题划分类别，进而针对不同类型的和谐问题选择相应的辨识方法进行计算。通过辨识方法计算，可以为调控人水和谐关系提供定量化参考。以某灌区地下水开发利用为例，如果地下水位过高或过低，将会直接影响到灌区的经济、社会、生态效益。这时，用地下水位来表征灌区地下水开采的综合状态，作为输出因子，将与地下水位变化关系密切的降水量、蒸发量、引灌水量作为输入因子，应用建模辨识方法，定量辨识降水量、蒸发量和引灌水量对该灌区地下水位变化的贡

献主次和作用大小，并预测其未来变化规律，有助于相关决策者科学调整灌区用水结构、作物种植结构等，提高灌区综合效益。

关于和谐辨识的计算方法已在第七章详细介绍过，并在第七章第二、第三节详细介绍了几种辨识计算方法和应用实例，本节就不再列举其他实例。

三、人水关系的和谐评估

由于人水关系研究的对象是十分复杂的人文系统和水系统，表征人水关系水平或状态的指标很多，大致可以划分为四大类——社会指标、经济指标、水资源指标、生态环境指标。在众多的指标中，如何综合表达人水系统的和谐状态？这就需要以人水系统为研究对象，定量评估人水关系的和谐程度。这就是和谐评估方法在人水关系中的应用。具体评估方法，可采用“单指标量化-多指标综合-多准则集成”方法构建的人水关系和谐评估模型。

关于和谐评估的计算方法已在第八章详细介绍过，并在第八章第二、第三节详细介绍了和谐评估计算的两种方法，在第八章第三节列举了“某流域发展状况的和谐评估”应用实例，说明和谐评估方法在人水关系研究中的应用，本节就不再列举其他实例。

四、人水关系的和谐调控

在人水关系和谐评估的基础上，具体分析影响人水关系调控的主要因素，确定人水关系的调控目标、调控准则、调控指标及调控方向，构建基于和谐论的人水关系调控模型。主要问题包括如何针对不同的人水关系进行调控？在构建调控模型时，如何对其调控目标进行优化？如何调整调控准则？如何对选取的调控指标进行量化？如何定量化选择调控方案，以达到优化改善人水关系的目的，使人水关系朝着人水和谐状态发展？

人水关系的和谐调控优化模型，是基于一般优化模型构建，以人水关系的和谐度最大为人水关系的调控目标，同时考虑将人文系统及水系统健康发展作为调控准则，将表征人水系统的关键指标作为调控指标。根据不同的人水关系，提出不同的调控目标、调控准则及调控指标，调控目标可以是单一目标、多目标、综合目标、集成目标或者是整体目标，充分协调水资源开发利用过程中方方面面的关系，同时防止水资源短缺、水环境污染等问题的出现，得到不同人水关系水平下的调控方案，最终达到优化人水关系、促进人水和谐目标的实现。

关于和谐调控的计算方法已在第九章详细介绍过，并在第九章第二、第三节详细介绍了和谐调控计算的两种方法，在第九章第二节列举了“分区水资源分配问题”，在第九章第三节列举了“水污染负荷分配问题”应用实例，说明和谐调控方法在人水关系研究中的应用，本节就不再列举其他实例。

第四节　人水关系的和谐论定性分析

本节引用文献[33]内容，从和谐论的视野，分析了我国水资源开发利用过程中存在的问题，并总结提出水资源开发利用方略。在水资源开发利用过程中，坚持“节流优先，保护同步”、“供需管理并重，需水管理为主”的原则；实施最严格的水资源管理制度，保障水资源可持续利用；建立水权制度和水市场，实现水资源优化配置；加强合作，实现人水和谐共处与协调发展。

一、我国水资源开发利用现状及问题

根据 21 世纪初全国水资源的评价结果，我国多年平均河川径流量为 2.74 万亿米^3，多年平均地下水资源量为 0.82 万亿米^3，地表水和地下水重复水量 0.72 万亿米^3，多年平均水资源总量为 2.84 万亿米^3。

新中国成立后，随着经济建设的开展，我国开始大规模开发利用水资源，水利工程体系基本形成，水资源开发利用率大幅提高。全国已建成各类水库 8.6 万多座，水库总库容达 6924 亿米^3；水利工程实际供水量达 6100

亿米^{3}左右，水资源开发利用率达 20%以上，基本满足了城乡经济社会和生态环境的用水需求。

据《2014 年中国水资源公报》，2014 年全国水资源总量为 27 266.9 亿米^3，全国总供水量为 6095 亿米^3，占当年水资源总量的 22.4%。其中，地表水源供水量占 80.8%，地下水源供水量占 18.3%，其他水源供水量占 0.9%。用水方面，生活用水占 12.6%，工业用水占 22.2%，农业用水占 63.5%，生态与环境补水（仅包括人为措施供给的城镇环境用水和部分河湖、湿地补水）占 1.7%。

纵观我国水资源开发利用状况，可以看出我国水资源开发利用存在以下主要问题。

（1）需水量不断增加，导致水资源过度开发。近年来，我国一些地区为满足不断增长的水资源需求，加大了水资源开发力度。我国北方江河普遍存在着开发过度的问题，黄河、辽河、淮河地表水利用率大大超过 40%的河流开发利用率上限。

（2）水污染治理力度远远不够，导致水体污染严重。改革开放以来，工业化和城市化的步伐不断加快，在用水量急剧增加的同时，污水排放量也相应增加，主要污染物排放量大大超出水环境容量。由于多方面的因素，我国污水处理设施落后，污水处理率低，污水处理能力的增加幅度远低于污水排放量的增加幅度。《2014 年中国水资源公报》数据显示，Ⅰ～Ⅲ类、Ⅳ～Ⅴ类和劣Ⅴ类地表水质的河流断面比例分别为 72.8%、15.5%和 11.7%；全国地下水水质较差的监测井占 48.9%，水质极差的占 35.9%。

（3）用水效率不高，造成水资源严重浪费。受传统观念和经济条件的限制，我国水资源利用方式粗放，水资源利用率偏低，水资源浪费严重。农业、工业和城市三大用水户都普遍存在用水浪费的现象。我国平均每立方米水实现的国内生产总值仅为世界平均水平的 1/5 左右，工业用水重复利用率和农业节水灌溉率远远低于发达国家。在污水处理回用，海水、雨水利用方面也处于较低水平。城市的管网漏损高达 15%～20%，再加上使用中的跑、冒、滴、漏现象，有些城市漏损率更高。

（4）强调供水管理，忽略需水管理，造成水资源供需失衡。目前，我国水资源配置工作多强调供水管理，通过工程措施改变水资源天然时空分布与生产力布局不相适应的被动局面，供应经济社会各方面对水的需求，而较少调整产业结构和生产力布局以适应较为不利的水资源条件。

（5）水资源保护不力，严重破坏生态环境。对水资源无节制的索取、不合理的开发利用，破坏森林植被，造成水土流失、湖泊萎缩、江河断流，严重破坏了生态环境。

（6）应对气候变化的水资源管理措施滞后，防洪抗旱任务艰巨。气候变化已经引起我国水资源分布的时空变化，北方干旱、南方洪涝等极端水文事件频繁发生。未来气候变化势必会对我国的降水、水资源和地区性的分配，以及可利用量带来更大影响。目前，我国的防洪抗旱工程体系还没有达到规划标准，未来我国水旱灾害防治任务更加繁重。在这种形势下，如何规划和实施应对气候变化的水资源管理措施，还需要进一步研究和论证。

二、从和谐论五要素，诠释我国水资源开发利用方略

水资源开发利用是通过人为方式对水资源进行干预和组织，无论从经济学观点、社会学观点还是从环境学观点看，其最终目的只有一个，那就是：在质量上，要满足人类生存、生活和健康方面的要求；在数量上，不但要与当代经济社会发展的节奏相一致，满足当代人的需求，而且要有供后代使用的水资源。从战略高度看，水资源可持续利用是可持续发展的主要要求之一，也是一个国家可持续发展的重要支撑和物质基础。

为实现经济社会和生态环境的可持续发展，首先必须实现水资源这一基础资源的可持续利用。根据和谐论五要素的定义，“和谐参与者”之间要加强合作，达到和谐；以实施最严格的水资源管理制度，保障水资源可持续利用为“和谐目标”；以建立水权制度和水市场，实现水资源优化配置为“和谐规则”；以供需管理并重，需水管理为主为“和谐行为”；以节流优先，保护同步为“和谐因素”。下面，根据水资源开发利用的“和谐论五要素”，分别阐述水资源开发利用方略。

1. 和谐参与者：区域、流域、国家

水资源开发利用活动，常涉及工农业等各部门对水的需求，以及区域、流域、国家间的水资源分配。区域层面上，应该加强地区间的合作，达到和谐；流域层面上，加强各子流域间的合作；国家层面上，实现国际合作。

2. 和谐目标：实施最严格的水资源管理制度，保障水资源可持续利用

缓解水资源危机的根本出路在于实施水资源的可持续利用。水资源可持续利用，要求在水资源的开发利用过程中，不超过水资源生态系统的承受能力限度，保证水资源生态环境的稳定及水循环可再生性的维持。我国要实现水资源可持续利用，必须实施最严格的水资源管理制度，不断完善并全面贯彻落实水资源管理的各项法律、法规和政策措施，划定水资源管理“红线”。围绕水资源的配置、节约和保护，全面推行取水总量控制。根据流域水量分配方案、区域用水协议，建立流域和区域总量控制指标，对用水全面实行总量控制；科学制定区域用水效率控制指标，建立健全用水效率监测、控制与考核机制，坚决遏制用水浪费；科学核定水域纳污能力，制定水功能区限制纳污控制指标，控制污染物入河量。

3. 和谐规则：建立水权制度和水市场，实现水资源优化配置

为使有限水资源满足不同用水户的需求，实现水资源优化配置，需建立水权制度，明晰水资源产权，利用市场手段和政府宏观调控建立水市场，实行水资源有偿使用制度。在摸清流域水资源、经济社会发展现状及未来发展状况的前提下，按照“优先原则”，进行水权分配，各用水户开发利用水资源时都在自己所拥有的水权范围内进行。根据水资源分布的区域差异性和不同用水户的需求差异性，建立水市场进行水权的交易和转让，提高水资源的利用效益和效率。水权和水市场的管理，应实行“流域管理和区域管理相结合，区域管理服从流域统一管理”的运行模式。

4. 和谐行为：供需管理并重，需水管理为主

供水管理重开源、轻节流，重投入、轻效益。需水管理着眼于资源稀缺性，高度重视运用市场机制和政府调控手段对短缺的水资源在竞争性的用户之间进行优化配置，以供定需，调节供给与需求之间的矛盾，在充分考虑其他措施（如节水措施）的基础上，选择适当的工程措施，以克服水资源短缺时水资源开发利用中的盲目性和无序性，合理地满足社会各方面对水资源的长期需求。单纯的供水管理和需水管理实质上代表了水资源管理中或供应或需求的两个极端。在管理实践中，必然强调两者的相互结合，规范人类在水资源开发利用中的行为，抑制水资源需求的过快增长，实现对有限水资源的优化配置和可持续利用，保证水资源的供需平衡。

5. 和谐因素：节流优先，保护同步

提倡"节流优先"，不仅是针对我国水资源短缺情况所应采取的基本国策，也是为了减少供水投资，减少污水排放，提高水资源利用率的最合理选择。制定用水定额标准，实行总量控制，定额管理。强化节水"三同时"管理，建立健全节水产品市场准入制度，加大节水技术研发推广力度。强调"保护同步"是保护水源水质和改善生态环境的必然要求，确立水资源开发利用要与水资源保护"同步规划、同步实施和同步发展"的整体观念和全局意识。以水功能区管理为载体，加强水资源保护和综合治理，强化入河排污总量控制。强化水生态系统保护与修复，维持合理流量，维持合理水位。合理安排生态环境用水，保障生态环境需水。

三、从和谐度方程，看我国水资源开发利用方略

水资源的适度开发利用，可以保持水资源在自然界的水文循环中得到再生和补充，而不致影响水资源的形成和蓄存条件，保持水资源的可持续开发利用。如何有效开发利用水资源，使其在发挥最大效益的同时能够保持可持续发展？从和谐度方程中的各要素剖析，实现水资源可持续利用需要关注以

下问题。

（1）水资源开发利用活动涉及多个用水户，各用水户之间必须达成一定共识，即“统一度”（a）较大，“分歧度”（b）较小。地球上存在着水循环作用，使水资源成为一种可再生的资源，但是水资源的这种可再生性在一定时间、一定区域内却是有限的。从我国目前的水资源开发利用活动来看，某些地区为满足经济社会用水而过度开发利用水资源，造成河湖枯干、地面沉降、生境退化等环境地质问题，不仅制约了经济社会的可持续发展，而且严重干扰和破坏了自然水文循环，直接影响了水资源循环再生。因此，各用水户必须认识到“水资源是有限的”，任何水资源开发利用活动都必须在“水资源可开发利用量”范围内进行，都不能超过其承载能力。不同地区的水资源条件存在很大差别，水资源在不同区域间流动，为获取最大经济效益，区域之间相互争夺水资源，造成区域间用水矛盾尖锐。因此，要求政府水行政主管部门采取强有力的调控手段进行宏观调控，促使水资源从富集区域流向贫乏区域。同时，一定时期内水资源的供给是一定的，必须抑制过度膨胀的用水需求而造成的水资源过度开发。各地区、各部门必须制订年度用水计划和行业用水定额，提高用水效率，实现对有限水资源的优化配置。

（2）影响水资源可持续利用的因素很多，要减少不和谐因素，增大“和谐系数”（i），减小“不和谐系数”（j）。水资源可持续利用是涉及社会、经济、环境、生态和水资源在内的复杂大系统，在该系统内既有自然因素的影响，又有社会、经济、文化、传统等因素的影响，其中，经济和水资源的关系是影响水资源可持续利用的核心问题。例如，宏观经济的发展速度影响需水量的增长速度；产业结构的变化影响水资源在各部门间的配置；经济发展过程中排放的废污水，有可能污染水体并造成有效水资源量的减小；经济积累中对水资源投资的金额多少直接关系到水资源开发利用和保护管理格局。因此，水资源开发过程中，不仅要考虑水利工程的兴建带来的经济效益，还要考虑到水量的变化对水质、水环境的影响；不仅要加强供水管理，更要加强需水管理，要以水定产、以水定规模、以水定需，使产业布局适应水资源的现状；在水资源节约与保护方面，不仅要开源，更要注重节流，积极发展高效节水产业；不仅要考虑经济发展，更要注重水污染与水体的自净能力是否相适应。

参 考 文 献

[1] 左其亭. 和谐论的数学描述方法及应用，南水北调与水利科技，2009，7（4）：129-133.

[2] 左其亭. 和谐论及其应用的关键问题讨论，南水北调与水利科技，2009，7（5）：101-104.

[3] 左其亭. 和谐论：理论·方法·应用. 北京：科学出版社，2012.

[4] 左其亭. 人水和谐量化研究进展及博弈论研究新途径//刘国东，梁川，覃光华. 第六届中国水论坛论文集——河流开发、保护与水资源可持续利用. 北京：中国水利水电出版社，2008：333-336.

[5] 左其亭，赵春霞. 人水和谐的博弈论研究框架及关键问题讨论，自然资源学报，2009，24（7）：1315-1324.

[6] 赵春霞，左其亭. 人水和谐的博弈辨识方法及博弈力计算，水利水电技术，2009，40（4）：1-4、19.

[7] 左其亭，高丹盈. 人水和谐量化理论及应用研究框架. 高丹盈、左其亭主编：《人水和谐理论与实践》，北京：中国水利水电出版社，2006：1-5.

[8] 马克思，恩格斯. 马克思恩格斯选集. 第4卷. 北京：人民出版社，1995：383.

[9] 百度百科. 和谐［EB/OL］. http：//baike.baidu.com/view/18900.htm，2010-11-20.

[10] 左其亭. 人水和谐论——从理念到理论体系，水利水电技术，2009，40（8）：25-30.

[11] 国家教委社会科学研究与艺术教育司组编. 自然辩证法概论（修订版）. 北京：高等教育出版社，1991：98-105.

[12] 马克思，恩格斯. 马克思恩格斯全集. 第42卷. 北京：人民出版社，1979：95.

[13] （日）池田大作，（意）奥锐里欧•贝恰. 二十一世纪的警钟. 卞立强译. 北京：中国国际广播出版社，1988：11.

[14] 华清建. 东方之冠，世博会中国馆实施方案. 上海工艺美术，2010，（1）：8-13.

[15] 迪耶•萨迪奇. 权力与建筑. 王晓刚，张秀芳译. 重庆：重庆出版社，2007.

[16] 李广久. 博弈论基础教程. 北京：化学工业出版社，2005：1-30.

[17] 左其亭，张云，林平. 人水和谐评价指标及量化方法研究，水利学报，2008，39（4）：440-447.

[18] 左其亭，张云. 人水和谐量化研究方法及应用. 北京：中国水利水电出版社，2009.

[19] Zuo QT， Jin RF， Ma JX，et al. Description and Application of a Mathematical Method for the Analysis of Harmony. The Scientific World Journal. 2015(6):1-9. Article ID 831396. ISSN 1537-744X. DOI：10.1155/2015/831396.

[20] 左其亭，赵衡，马军霞，等. 水资源利用与经济社会发展匹配度计算方法及应用. 水利水电科技进展，2014，34（6）：1-6.

[21] 左其亭，臧超，马军霞. 河湖水系连通与经济社会发展协调度计算方法及应用. 南水北调与水利科技，2014，12（3）：116-120.

[22] 左其亭. 净水资源利用率计算及阈值的讨论，水利学报，2011，42（11）：2214-2220.

[23] 刘晓燕，李小平，张原锋. 黄河下游主槽恢复目标研究. 泥沙，2009，（2）：1-7.

[24] 左其亭，赵衡，马军霞. 水资源与经济社会和谐平衡研究，水利学报，2014，45（7）：785-792.

[25] 左其亭. 和谐论及其在水资源学中的应用展望//夏军，贾绍凤，刘苏峡. 第七届中国水论坛论文集——水系统与水资源可持续管理. 北京：中国水利水电出版社，2010：43-47.

[26] 左其亭，王丽. 资源节约型社会的评价方法及应用. 资源科学，2008，30（3）：409-414.

[27] 左其亭，庞莹莹. 基于和谐论的水污染物总量控制问题研究，水利水电科技进展，2011，31（3）：1-5.

[28] 左其亭，马军霞. 和谐论——一种新的研究社会科学的理论方法，社科纵横，2010，25（3）：8-10.

[29] 左其亭. 国际河流分水的和谐论理念及计算模型//戴长雷，吴敏，李治军. 第八届中国水论坛论文集——农业、生态水安全及寒区水科学. 北京：中国水利水电出版社，2010：409-412.

[30] 左其亭，毛翠翠. 人水关系的和谐论研究. 中国科学院院刊，2012，27（4）：469-477.

[31] Zuo QT，Zhao H，Mao CC，et al. Quantitative Analysis of Human-Water Relationships and Harmony-Based Regulation in the Tarim River Basin. Journal of Hydrologic Engineering, 2015，20（8）：1-11：Article ID 05014030（2015）.

[32] 左其亭.人水系统演变模拟的嵌入式系统动力学模型. 自然资源学报，2007，22（2）：268-273.

[33] 郭丽君，左其亭. 从和谐论看水资源开发利用方略，水资源与水工程学报，2010，21（4）：81-85.

附录一　和谐论理论方法体系汇编

和谐论理论方法体系：是以辩证唯物主义“和谐”思想为基本指导思想，倡导“以和为贵、理性看待差异”的和谐思想，用和谐论五要素来定性描述和谐问题，用和谐度方程来定量刻画和谐问题，度量和谐程度，用和谐分析数学方法来构筑和谐论量化研究的数学基础，运用和谐平衡理论来寻找和谐问题的“平衡点”，采用和谐辨识、和谐评估、和谐调控方法对和谐问题进行量化研究。

为了便于读者阅读和掌握和谐论的主要内容，现把本书正文中关于和谐论理论方法体系的主要内容进行汇编。

一、和谐论的主要理念

和谐论是研究多方参与者共同实现和谐行为的理论和方法，具有广泛的应用前景，是揭示自然界和谐关系的重要理论，蕴含着辩证唯物主义哲学思想，是辩证唯物主义哲学思想关于“人与自然协调发展”论断的具体体现。

和谐论的主要论点如下。

（1）和谐论提倡用“以和为贵”的理念来处理各种关系。和谐的思想是和谐论的基石。

（2）和谐论提倡理性地认识各种关系中存在的矛盾和冲突，允许存在“差异”，提倡以和谐的态度来处理各种不和谐因素和问题。既要看到和谐的主流，又要看到不和谐的存在。

（3）和谐论坚持以人为本、全面、协调、可持续的科学发展观，解决自然界和人类社会面临的各种问题。

（4）和谐论坚持辩证唯物主义哲学思想，关注人与自然界的唯物辩证关系，提倡人与自然和谐相处的观念，认为人与自然协调发展是必要的、可能的；主张人类应主动协调好人与人的关系，这是协调人与自然关系的基础。

（5）和谐论坚持系统的观点，提倡采用系统论的理论方法来研究和谐问题。

（6）和谐论是研究多种多样关系的重要理论方法。和谐论为揭示自然界和人类社会的和谐关系奠定理论基础，具有广阔的应用前景。

二、和谐论量化研究基础

（一）和谐论五要素

（1）和谐参与者，就是参与和谐的各方，一般为双方或多方，称为“和谐方”。

（2）和谐目标，是指和谐参与者为了达到和谐状态所必须满足的目标。如果不满足这一目标，整个问题就不可能达到和谐状态。当然，达到这一目标只能说明有可能达到和谐状态。这是从和谐问题的整体出发，要求需要达到的状态。

（3）和谐规则，是指和谐参与者为了达到和谐目标所制定的一切规则或约束。为了实现和谐，必然要有一些规则或约束。

（4）和谐因素，是指和谐参与者为了达到总体和谐所需要考虑的因素。

（5）和谐行为，是指和谐参与者针对和谐因素所采取的具体行为总称。

（二）和谐度方程

某单因素（F^p）和谐度方程为

$$\mathrm{HD}_p=ai-bj$$

或简写为 $\mathrm{HD}=ai-bj$。

多因素和谐度方程为

$$\mathrm{HD}=\sum_{p=1}^{m} w_p \mathrm{HD}_p$$

或 $HD=\prod_{p=1}^{m}(HD_p)^{\beta_p}$。

以上各式中符号含义，参见本书正文内容。

（三）和谐平衡理论

和谐平衡是指和谐参与者考虑各自利益和总体和谐目标而呈现的一种相对静止的和谐参与者各方暂时都能接受的平衡状态。和谐平衡呈现的是一种相对静止的和谐状态，这种平衡可能会在某一条件下被打破，从而失去平衡，又可能在某一条件下逐渐形成新的和谐平衡。

和谐平衡是维持某一和谐状态的和谐行为的集合，可以把和谐平衡表达为如下基于和谐度计算的集合形式：

$$\{和谐行为\ A \mid HD \geqslant HD_0\}$$

或

$$\{和谐行为\ A \mid HD \in [HD_-, HD^-]\}$$

三、和谐论主要研究方法

（一）和谐辨识

和谐辨识是对和谐问题中各和谐方对和谐程度的贡献大小或主次的辨识、不同影响因素对和谐程度的贡献大小或主次的辨识。通过辨识，可以反映出某一时刻各和谐方的主次和作用大小、不同影响因素的主次和作用大小，以及这种特征的时空变化规律，有助于进一步认识和谐问题。

当一个和谐辨识问题转化为一个定量化的辨识计算问题后，就变成一个纯粹的系统辨识问题。因此，一般的系统辨识方法都可以应用于此计算。关于系统辨识的计算方法很多，也有不同分类，比如，大类上可以分为建模辨识方法和非建模辨识方法两大类。

（二）和谐评估

和谐评估是对和谐参与者所处的状态和和谐程度水平进行的评估。通过评估，可以反映出总体和谐程度、所处的状态和水平，以及时空变化规律，为和谐问题评价、寻找和谐策略提供依据。

和谐评估主要有两种方法。

（1）和谐度评价方法：通过建立和谐度方程，计算得到不同和谐问题的和谐度，以作为定量评估和谐程度的依据。

（2）多指标综合评价方法：通过建立一套指标体系，采用综合评价方法，来综合评估其和谐程度。

（三）和谐调控

和谐调控主要是在和谐评估的基础上，针对和谐问题采取一些措施以提高和谐程度而进行的调控。通过和谐调控，可以在一定程度上提高研究问题的和谐度，使和谐问题达到最佳和谐状态。

和谐调控主要有两种方法。

（1）和谐行为集优选方法：根据和谐度大小先选择和谐行为集，据此确定满足要求的调控措施。

（2）基于和谐度方程的优化模型方法：通过建立和谐调控模型，得到最优和谐方案，以此作为满足要求的调控措施。

附录二　本书涉及的主要概念

中文	英文	定义或说明参见本书的章节
和谐	harmony	第一章第二节
和谐论	harmony theory	第一章第三节
和谐论五要素	five essential factors of harmony theory	第三章第一节
和谐参与者	harmony participator	第三章第一节
和谐目标	harmony objective	第三章第一节
和谐规则	harmony regulation	第三章第一节
和谐因素	harmony factor	第三章第一节
和谐行为	harmony action	第三章第一节
最优和谐行为	the optimal harmony actions	第三章第一节
最优和谐平衡	the optimal harmony equilibrium	第三章第一节
n 方和谐	*n*-participator harmony	第三章第一节
单因素和谐	single-factor harmony	第三章第一节
多因素和谐	multiple-factor harmony	第三章第一节
和谐度方程	harmony degree equation；function of harmony degree	第三章第三节
左氏和谐度方程	Zuo-harmony degree equation；Z-HD equation	第三章第三节
和谐度	harmony degree	第三章第三节
统一度	unity degree	第三章第三节
分歧度	difference degree	第三章第三节
和谐系数	harmony coefficient	第三章第三节
不和谐系数	disharmony coefficient	第三章第三节
综合和谐度	comprehensive harmony degree	第三章第三节
和谐状态	the state of harmony	第三章第三节
敌对状态	the state of opposition	第三章第三节
匹配	matching	第三章第五节
协调	coordination	第三章第五节
匹配度	matching degree	第三章第五节

续表

中文	英文	定义或说明参见本书的章节
协调度	coordination degree	第三章第五节
和谐平衡	harmony equilibrium	第五章第一节
边界和谐平衡	boundary harmony equilibrium	第五章第一节
和谐平衡边界	the boundary of harmony equilibrium	第五章第一节
和谐平衡范围	the range of harmony equilibrium	第五章第一节
和谐平衡表达式	harmony equilibrium expression	第五章第二节
和谐辨识	harmony identification	第七章第一节
和谐评估	harmony assessment	第八章第一节
和谐度评价方法	the method of harmony degree evaluation	第八章第二节
多指标综合评价方法	the method of multi-index comprehensive evaluation	第八章第三节
单指标量化-多指标综合-多准则集成评价方法（SMI-P方法）	the evaluation method of single index quantification and multiple index synthesis and poly-criteria integration	第八章第三节
单指标量化-多指标综合评价方法（SI-MI方法）	the evaluation method of single index quantification and multiple index synthesis	第八章第三节
和谐调控	harmony regulation	第九章第一节
和谐行为集优选方法	the optimal selection method of harmony actions set	第九章第二节
和谐行为集	harmony actions set	第九章第二节
近似最优和谐行为	the quasi optimal harmony actions	第九章第二节
和谐行为的优化	the optimization of harmony actions	第九章第二节
和谐规则的优化	the optimization of harmony regulation	第九章第二节
基于和谐度方程的优化模型	the optimization model based on harmony degree equation	第九章第三节

附录三　笔者主持或参加的与和谐论有关的研究课题*

1. 主持：国家自然科学基金项目——《人水和谐量化方法研究》（50679075）（2007~2009 年）。备注：从国家自然科学基金层面首次资助开展人水和谐量化方法研究。

2. 主持：国家社会科学基金项目——《建设资源节约型社会指标体系和评价体系研究》（06CJY016）（2006~2008 年）。备注：在该项目中用到和谐评价指标和评价方法，也为和谐评估奠定基础。

3. 主持：横向课题——《人水和谐量化理论及其在郑州市水资源规划中的应用研究》（2007~2008 年）。备注：该项目是与郑州市水务局合作，2009 年获得河南省水利科技进步奖一等奖、河南省科学技术进步奖三等奖。

4. 主持：横向课题——《新密市城区水资源规划》《新密市水资源开发利用规划编制项目》，（2009~2012 年）。备注：该项目与新密市水务局合作，在水资源规划中构建了基于人水和谐量化理论的水资源优化配置模型。

5. 主持：国家自然科学基金——《人水关系的博弈机理及理论方法研究》（51079132）（2011~2013 年）。备注：开始系统研究人水关系的博弈本质、和谐本质。

6. 主持：横向课题——《登封市城市供水与节约用水规划暨水资源利用专项规划项目》（2012~2013 年）。备注：该项目与登封市水务局合作，用到基于人水和谐量化理论的水资源优化配置模型。

7. 主持：国家自然科学基金——《人水关系的和谐论调控理论方法研究》（51279183）（2013~2016 年）。备注：开始系统研究和谐调控理论方法。

8. 主持：国家社科基金重大项目——《基于人水和谐理念的最严格水资源管理制度体系研究》（12&ZD215）（2013~2016 年）。备注：人水和谐理论方法应用于水资源管理研究中，基于人水和谐理念提出最严格水资源管理制

---

* 大致按立项时间顺序排列。

度核心体系。

9. 主持：横向课题——《河南省最严格水资源管理关键技术方法及和谐调控策略研究》（2013~2015 年）。备注：该项目是与郑州大学综合设计研究院有限公司合作，研究水资源规划管理的和谐调控策略。

10. 参与（排第二）：河南省科技攻关计划项目——《河南省人口资源环境和谐调控关键技术研究》（132102310528）（2013~2015 年）。备注：本人为技术负责，主要研究和谐平衡理论及应用、和谐调控关键技术及应用。

附录四　笔者发表的与和谐论有关的论著、论文*

一、论著

1. 左其亭，张云. 人水和谐量化研究方法及应用. 北京：中国水利水电出版社，2009.

2. 左其亭. 和谐论：理论・方法・应用. 北京：科学出版社，2012.

3. 左其亭. 和谐论：理论・方法・应用. 第二版. 北京：科学出版社，2016.

二、论文（按时间顺序）

1. 左其亭，高丹盈. 人水和谐量化理论及应用研究框架//高丹盈，左其亭. 人水和谐理论与实践. 北京：中国水利水电出版社，2006：1-5.

2. 林平，左其亭，张云. 塔里木河流域人水和谐探讨. 水资源与水工程学报，2007，18（4）：12-16、22.

3. 左其亭，张云. 塔里木河流域人水和谐定量评价及调控对策. 干旱区地理，2008，31（2）：164-174.

4. 左其亭，张云，林平. 人水和谐评价指标及量化方法研究. 水利学报，2008，39（4）：440-447.

5. 左其亭. 人水和谐量化研究进展及博弈论研究新途径//刘国东，梁川，覃光华. 河流开发、保护与水资源可持续利用. 北京：中国水利水电出版社，2008：333-336.

6. 赵春霞，左其亭. 人水和谐的博弈辨识方法及博弈力计算. 水利水电技术，2009，40（4）：1-4，19.

* 大致按时间顺序排列。

7. 左其亭. 和谐论的数学描述方法及应用. 南水北调与水利科技，2009，7（4）：129-133.

8. 左其亭，赵春霞. 人水和谐的博弈论研究框架及关键问题讨论. 自然资源学报，2009，24（7）：1315-1324.

9. 赵春霞，左其亭，于洪涛. 人水和谐的博弈内涵及认识新途径. 人民黄河，2009，31（8）：8-9，12.

10. 左其亭. 和谐论及其应用的关键问题讨论. 南水北调与水利科技，2009，7（4）：101-104.

11. 左其亭. 人水和谐论——从理念到理论体系. 水利水电技术，2009，40（8）：25-30.

12. 左其亭. 和谐论——研究水问题的重要理论方法//中国水利学会水资源专业委员会. 变化环境下的水资源响应与可持续利用. 大连：大连理工大学出版社，2009：195-199.

13. Zhao CX，Zuo QT. Study on the Evaluation of Equilibrium Degree for Human-water Game. Proceedings of the 4th International Yellow River Forum on Ecological Civilization and River Ethics（2009.10，Zhengzhou），2010.3：309-316.

14. 左其亭，马军霞. 和谐论——一种新的研究社会科学的理论方法. 社科纵横，2010，25（3）：8-10.

15. 左其亭. 和谐论及其在水资源学中的应用展望//夏军，贾绍凤，刘苏峡. 水系统与水资源可持续管理. 北京：中国水利水电出版社，2010：43-47.

16. 赵春霞，左其亭. 基于五元联系数和博弈辨识的人水和谐度评估. 节水灌溉，2010，（12）：74-78.

17. 左其亭. 国际河流分水的和谐论理念及计算模型//戴长雷，吴敏，李治军，等. 第八届中国水论坛论文集——农业、生态水安全及寒区水科学. 北京：中国水利水电出版社，2010：409-412.

18. 郭丽君，左其亭. 从和谐论看水资源开发利用方略. 水资源与水工程学报，2010，21（4）：81-85.

19. 左其亭，庞莹莹. 基于和谐论的水污染物总量控制问题研究. 水利水电科技进展，2011，31（3）：1-5.

20. 左其亭，马军霞，陶洁. 现代水资源管理新思想及和谐论理念. 资源科学，2011，33（11）：2214-2220.

21. 郭丽君，左其亭. 基于和谐论的水资源管理模型及应用. 水电能源科学，2012，30（6）：1-5.

22. 左其亭，毛翠翠. 人水关系的和谐论研究. 中国科学院院刊，2012，27（4）：469-477.

23. 李可任，左其亭. 基于和谐论的黄河下游河段健康评价. 水电能源科学，2013，31（1）：68-71+103.

24. 赵衡，左其亭，毛翠翠. 最严格水资源管理制度的和谐论解读及研究方法//中国水利学会水资源专业委员会. 最严格水资源管理制度理论与实践——中国水利学会水资源专业委员会 2012 年年会暨学术研讨会论文集. 北京：中国水利水电出版社，2013：59-68.

25. 刘军辉，左其亭. 人水关系的和谐程度评价方法//中国水利学会水资源专业委员会. 最严格水资源管理制度理论与实践——中国水利学会水资源专业委员会 2012 年年会暨学术研讨会论文集. 北京：中国水利水电出版社，2013：110-119.

26. 刘军辉，左其亭，张志强. 水资源利用矛盾的和谐论解决途径. 南水北调与水利科技，2013，11（3）：106-110.

27. Zuo QT，Ma JX, Tao J. Chinese Water Resource Management and Application of the Harmony Theory. Journal of Resources and Ecology，2013，4（2）：165-171.

28. 梁士奎，左其亭. 基于人水和谐和“三条红线”的水资源配置研究. 水利水电技术，2013，44（7）：1-4.

29. 张志强，左其亭，马军霞. 最严格水资源管理制度的和谐论解读. 南水北调与水利科技，2013，11（6）：133-137.

30. 靳润芳，张竞予，左其亭. 人水关系博弈论研究进展与研究思路探讨. 南水北调与水利科技，2013，11（6）：138-143.

31. 赵衡，左其亭.人水关系博弈均衡研究方法及应用. 水电能源科学，

2014，32（1）：137-140+106.

32. 左其亭，胡德胜，窦明，张翔，马军霞. 基于人水和谐理念的最严格水资源管理制度研究框架及核心体系. 资源科学，2014，36（5）：0906-0912.

33. 左其亭，臧超，马军霞. 河湖水系连通与经济社会发展协调度计算方法及应用. 南水北调与水利科技，2014，12（3）：116-120.

34. 左其亭，赵衡，马军霞. 水资源与经济社会和谐平衡研究. 水利学报，2014，45（7）：785-792.

35. 左其亭；张志强. 人水和谐理论在最严格水资源管理中的应用. 人民黄河，2014，36（8）：47-51.

36. 刘欢，左其亭，马军霞. 基于"三条红线"约束的区域人水和谐评价. 水利水电技术，2014，45（9）：6-11.

37. 刘军辉，左其亭. 基于和谐论的登封市人水关系评价与调控//陈晓宏，等. 第十一届中国水论坛论文集——流域水循环与水安全. 北京：中国水利水电出版社，2014：191-200.

38. 左其亭，赵衡，马军霞，等. 水资源利用与经济社会发展匹配度计算方法及应用. 水利水电科技进展，2014，34（6）：1-6.

39. 张志强，左其亭，马军霞. 基于人水和谐理念的"三条红线"评价及应用. 水电能源科学，2015，33（1）：136-140.

40. 左其亭. 基于人水和谐调控的水环境综合治理体系研究. 人民珠江，2015，36（3）：1-4.

41. Zuo QT， Jin RF， Ma JX，et al. Description and Application of a Mathematical Method for the Analysis of Harmony. The Scientific World Journal，2015，（6），1-9. Article ID 831396.

42. Zuo QT， Zhao H，Mao CC，et al. Quantitative Analysis of Human-Water Relationships and Harmony-Based Regulation in the Tarim River Basin.

Journal of Hydrologic Engineering，2015，20（8）：1-11. Article ID 05014030（2015）.

43. 张志强，左其亭. 基于人水和谐理念的三条红线量化研究//陈兴伟，等. 第十二届中国水论坛论文集——变化环境下的水科学及防灾减灾. 北京：中国水利水电出版社，2015：128-136.

44. 郭唯，左其亭，马军霞.河南省人口-水资源-经济和谐发展时空变化分析. 资源科学，2015，37（11）：2251-2260.

45. 左其亭，郭唯.能-水关联的和谐论解读及和谐发展途径. 西安交通大学学报（社科版），已录用待刊.

附录五　笔者指导的与和谐论有关的研究生毕业论文*

1. 张云，2007 年硕士毕业，题目：人水和谐量化理论及应用研究。备注：在该论文中系统研究了人水和谐量化方法及应用。

2. 赵春霞，2010 年博士毕业，题目：人水和谐博弈理论及应用研究。备注：在该论文中系统研究了博弈论在人水和谐量化中的应用。

3. 庞莹莹，2010 年硕士毕业，题目：湖泊流域纳污能力及污染负荷分配研究。备注：在该论文中研究了水污染负荷和谐分配计算模型及应用。

4. 郭丽君，2011 年硕士毕业，题目：基于和谐论的水资源管理理论方法及应用研究。备注：在该论文中系统研究了和谐论在水资源管理中的应用。

5. 陶洁，2012 年硕士毕业，题目：变化环境下人水关系模拟及适应性策略研究。备注：在该论文中运用和谐论方法来综合衡量人水关系的和谐程度，并应用于实例研究区。

6. 毛翠翠，2013 年硕士毕业，题目：人水关系的作用机制及量化方法研究。备注：在该论文中研究了人水关系的和谐评估方法及应用。

7. 刘军辉，2014 年硕士毕业，题目：基于和谐论的登封市人水关系评价与调控研究。备注：在该论文中应用和谐论方法研究了实例区人水关系评价与调控。

8. 李可任，2014 年硕士毕业，题目：河湖水系连通下郑州市人水关系变化及调控研究。备注：在该论文中研究了河湖水系连通下人水关系的和谐评估指标及评估方法应用。

9. 张志强，2015 年硕士毕业，题目：基于人水和谐理念的最严格水资源管理三条红线量化研究。备注：在该论文基于人水和谐理念研究了最严格水资源管理三条红线量化方法，阐述了人水和谐与最严格水资源管理之间的

* 按研究生毕业时间先后顺序排序。

关系。

10. 藏超，2015 年硕士毕业，题目：河湖水系连通与经济社会发展协调程度研究。备注：在该论文中研究了河湖水系连通与经济社会发展协调程度的度量方法及应用。

11. 赵衡，2016 年博士生（计划答辩），题目：人水关系和谐调控理论方法及应用研究。备注：在该论文中系统整理了和谐调控理论方法，并进行深入应用。

12. 刘欢，2016 年硕士生（计划答辩），题目：人水关系的和谐辨识方法及应用研究。备注：在该论文中系统介绍和谐辨识方法，并进行应用。

13. 郭唯，2016 年硕士生（计划答辩），题目：区域水资源与经济社会和谐发展理论及支撑体系研究。备注：在该论文中介绍了河南省水资源与经济社会和谐发展理论及支撑体系建设方案。